たたかう警官

原田宏二

ハルキ文庫

角川春樹事務所

序文

私が、北海道警察で長年続いていた「裏金システム」について告白したのは、二〇〇四年二月一〇日のことである。

その後、地元紙の北海道新聞が警察相手にペンで闘いを挑み、敢然とキャンペーンを張ったことで、ついに、この税金（公金）不正使用は白日の下に晒《さら》されることになった。中央の大新聞やテレビがいまだに、こうした警察のスキャンダルに腰が引けているのを思えば、巨悪を追いつめた地方紙ジャーナリズムの大金星だった。

白旗を揚げた体《てい》の北海道警察は、〇四年一一月に七ヵ月に及ぶ内部調査の最終結果を公表した。だが、その内容は、わずか一〇日後に公表された道の監査報告によって、警察の組織防衛最優先の姿勢と隠蔽《いんぺい》体質を露呈しただけだった。道監査委員は、警察の内部調査の結果を覆《くつがえ》し、公金が不正に執行されたとする額が、道財政への返還対象金額で、なんと二倍超もの差があることを指摘したからだ。

警察組織の閉鎖性、国民の批判や意見を受け入れにくい体質や、「時代の変化」への対応能力の不足などについては、二〇〇〇年に開かれた警察刷新会議の緊急提言で、すでに指摘されていたことである。だが、それらの問題点が、依然として何ひとつ変わっていないことが、先の内部調査の結果から、はからずも国民の目に晒されることになったのである。

現在の警察制度が発足してから五〇年、警察が抱えている問題は裏金だけではない。キャリア制度の腐敗、捜査能力の低下、非合理的な業務管理と非民主的な内部管理などなど。数多くの問題が相互に関連しながら、警察組織の内部に遊弋《ゆうよく》しているのだ。

北は北海道から南は沖縄県まで、全国都道府県の警察職員は約二七万人。警察は国民の安全を守るための組織である。戦後、民主的な自治体警察を標榜《ひょうぼう》し改組された警察制度も、その頂点に君臨する警察庁に象徴されるように、実態は国家警察にほかならない。

しかも警察庁を頂点とした「鉄のピラミッド」とも称される警察組織の実態は、一般国民にはほとんど知られていない。そして、そこで働く警察官は、一般の国民とは異なる、特殊な存在として世間から見られている。警察と庶民の間には、抜き差しならぬ巨大な乖《かい》離《り》が存在しているのだ。

私は、けっして世にいう「理想の警察官」ではなかった。自分自身も裏金問題の当事者だったという慙愧《ざんき》の念から、北海道議会での参考人、裁判所での証人として、あるいは全国市民オンブズマン大会のシンポジウムの討論会、マスコミの取材などで、北海道警察の裏金の実態を述べてきた。

しかしながら、伝えることができたのは警察の実態のごく一部にすぎない。巨大な警察が、真に国民のための警察に生まれ変わるためには、長い時間と国民の絶えざる監視が必要である。そのためにも、警察組織の実情を世の中に十分理解していただくことがなによりも大切である。

私は、この恥多き警察人生の体験を踏まえて、警察組織とそこで働く現場の警察官の実態を明らかにして、警察がその役割を果たせる組織として再生することを祈りつつ、本書を世に出すことにした。

本書を書くにあたってじつにいろいろな著作を読んで参考にさせていただいた。この場を借りて謝したい。とくに、北海道で活躍するジャーナリスト・曽我部司氏、東京の同・織川隆氏のお二人が切り開いた真相解明への道程がなければ、この本は陽《ひ》の目を見ることはなかったと思う。また、私の後を追って弟子《てし》屈《かが》署の告発に踏み切った斎藤邦雄氏、私の記者会見や議会証言を見守ってくれた市川守弘弁護士、『全国市民オンブズマン連絡会議』の事務局長を務める名古屋の新海聡弁護士、『明るい警察を実現する全国ネットワーク』の事務局長（後に代表）に就かれた清水勉弁護士、道新（北海道新聞）はじめマスコミ関係者諸氏、そして道警の声なき声、いまも捜査の最前線で働く後輩警察官たちや道警OB諸兄、この間に出会ったさまざまな方々の温かいお言葉や親切なご助言がなければ、私は、私の警察官人生の過ちを悔い改めることはできなかっただろう。

二〇〇五年三月に単行本として講談社から世に出た本書は、タイトルを変更し、加筆・訂正をいたし、この度ハルキ文庫の一冊に加えて頂いた。

原田宏二

〈目次〉

序文　3
第一章　告発　10
第二章　稲葉事件の暗部――北海道警察が隠蔽したもの　39
第三章　稲葉の「告発」　73
第四章　裏金追及　118

第五章　裏金追及を阻む者たち　150
第六章　私の裏金実録　186
第七章　権力構造としての警察組織——キャリア天国、デカ地獄　250
第八章　いまだ「鉄のピラミッド」落城せず　289
文庫版あとがきに代えて　たたかう警官　301

本書は『警察内部告発者』として、講談社より二〇〇五年三月に
刊行された本文に、加筆・訂正をし、改題したものです。

たたかう警官

第一章　告発

記者会見当日

二〇〇四年（平成一六年）二月一〇日午前六時、私は、いつものように愛犬を連れて、散歩に出た。約一〇キロの道のりを早足で歩くのが、私の長年の日課になっている。

一面の雪景色が広がる札幌市内は、気温マイナス一〇度。空はすでに薄青さを増していたが、さすがに、明け方の冷え込みは厳しい。しかし、私は不思議なほど寒さを感じなかった。

今日の午後二時、私は弁護士会館におもむき、北海道警察在職中、自ら体験した裏金の真実を記者会見で発表する。

私は一九五七年（昭和三二年）、北海道警察に採用され、翌年、札幌中央警察署に勤務し、初めて裏金なるものの存在を知った。六四年に北見方面本部刑事課に異動になってからは、直接、ニセ領収書の作成に手を染めるようになり、釧路《くしろ》方面本部長を最後に九五年（平成七年）に退職するまで、すべての所属部署で、直接的間接的に裏金に関与してきた。

そうした関与の中には、出向先である警察庁保安部防犯課や、山梨、熊本両県警の捜査二課勤務時代の体験も含まれている。全国警察組織を束ねる警察庁の裏金の実態については、すべてを知る立場になかったため、一部のことしかわからない。だが、警察内部の裏金疑惑が、私が道警に採用される以前から、連綿と続いていたのは疑いようのない事実だ。

〈私は日本国憲法および法律を忠実に擁護し、警察職務に優先して、その規律に従うべきことを要求する団体、または組織に加入せず、何ものにもとらわれず、何ものをも恐れず、何ものをも憎まず、良心のみに従い、不偏不党かつ公平中正に、警察職務の遂行に当たることを誓います〉

かつて旭川《あさひかわ》の警察学校入校式で、私は右のような宣誓書を提出した。

だが、その後の三八年間の警察官生活で、私はこの誓いをすべて破ることになった。徽《き》章《しょう》の「星の数」が増え、黒塗りの車に乗り、部下から祭り上げられているうちに、私は何か大切なものを失ってしまった。それは、私の人間としての弱さ、自己保身へのこだわり以外の何ものでもない。

裏金問題の根幹には、人間の欲望が横たわっている。誰もがカネの前に弱さをさらけ出し、欲望をむき出しにする。目の前に領収書のいらないカネがある。後のチェックもない。そこで、カネを受け取ってしまうかどうかは、つまるところ、人間の倫理観、良心の問題だ。私はこれ以上、自分の良心をあざむくことはできない。

しかし、これから自分がすることを、事前に家族に知らせたくはなかった。一時、体調を崩して入院していた妻は、ようやく退院して自宅に戻ってきたばかりだ。病後の女房に面と向かって、裏金のことなど話せるか。

嫁いだ娘には、メールで簡潔に用件を告げた。自宅にいる女房と娘には「やることができた。心配するな」とメモを書き置いて、市川守弘弁護士の事務所に向かうため家を出た。バス停の前まで歩いて自宅を振り返ると、女房が門前から、不安気にこちらを見つめている。出がけに「オレの机の上を見ておいてくれ」と声をかけておいたので、きっとメモを読んだのだろう。すぐに携帯電話が鳴った。出ると、思い詰めたような女房の声がした。

「よけいなことをしないでね」

だが、私にとって、これはよけいなことではない。

「わかった。心配するな」

とだけ答えて、携帯を切る。自分の考えだけで走り出す。いつも私はこうであった。そのわがままも、これで最後だからと、心の中で女房に詫《わ》びた。バスがやってきた。午前一一時を過ぎていた。

バスと地下鉄を乗り継いで、市川弁護士の元に向かう途中、何回も携帯が鳴る。すべてマスコミ関係者からのものだった。午前一〇時きっかりに、市川弁護士のほうから、マスコミ各社に記者会見の予定を告げる段取りになっていたのだ。

電話してきた何人かは、私の行動を無謀だと判断したのだろう。「記者会見をするのはやめたほうがいい」と忠告してくれる。しかし、もう決めたことだ。矢は弦から放たれたのだ。ふと、「道警では、今頃、大騒ぎになっているだろうな」と思う。

市川弁護士事務所前には、顔見知りの記者が待ち受けていた。硬い表情で、「記者会見を中止すべきだ」と説得された。私にはなぜ、彼が止めようとするのかわからなかった。彼を振りきるように事務所に入り、市川弁護士と会見の打ち合わせをした。午後一時四五分、市川弁護士とともに徒歩で、二〇〇メートルほど先にある会見場所の弁護士会館に向かう。

あとでわかったことだが、道警では私が記者会見をすると知って、

「原田を拉致せよ」

と指令が出されたそうだ。自宅には私が外出するのと入れ替わりに道警から電話が入り、記者会見場所となった弁護士会館周辺にも、私と親しくしていた某幹部が待ち構えていたという。だが、市川弁護士が一緒だったため、私との接触をあきらめざるを得なかったようだ。

しかし、私にすれば、こうした道警のあわてぶりは、ある意味、意外でもあった。在職中の私の数々の言動、のちに触れる「稲葉《いなば》事件」での私の行動、道警のOB会である「警友会」を一年前に退会していたことなど、私が今回の行動を起こす予兆はいくつもあったからだ。

なのに、道警は私の発していたシグナルを、すべて見落とした。それは「退職しても階級がついて回る」といわれる警察OBの世界を警察組織が過信していたせいなのか？　あるいは、「警察一家」を自任する彼らには、もう世の中の変化を察知する力がなくなっているのか？

おそらく、どちらも正しいのだろう。警察という「鉄のピラミッド」のような組織の、

驕《おご》りと過信が彼らに判断を誤らせたのだ。鉄のピラミッドは、外から内部をうかがい知ることはできないが、内部から外を見ることもまた、できない。だから、彼らは時代の変化に気づかず、いつまでも、これまでどおりに物事が続くと錯覚している。だが、錯覚はしょせん、錯覚にすぎない。いつかは、錯覚から目覚めなくてはならぬ日がやってくる。

私はなぜ、北海道警察を告発するのか？

私が北海道警察の裏金問題を告発するキッカケとなったのは、〇二年七月に起こった道警最大のスキャンダル事件といわれた「稲葉事件」だった。

かつて私の部下であった稲葉圭昭《よしあき》・元北海道警警部が、覚醒剤《かくせいざい》使用、拳銃《けんじゅう》不法所持などの容疑で逮捕されたこの事件は、第二章の「稲葉事件の暗部」で詳細に触れるので、ここでは簡潔に触れるに留《とど》めるが、稲葉の逮捕を知った瞬間、私は、この事件の背景には何かがあると直感したのである。

同時に私は自分の知っていた稲葉という優秀な刑事と、事件後、さまざまな形で報道される稲葉の悪徳警官ぶりのあまりの落差に、強い違和感を覚えずにはいられなかった。稲葉の犯した罪をかばう気は毛頭ない。しかし、いったい、なぜ、稲葉は別人のように変わってしまったのか？　その原因は、はたして本人だけにあるのか？　いや、そうではあるまい、と私は思った。

しかし、私は稲葉に対して何かをしてやりたいと思いながら、なんの力にもなれぬまま、いたずらに時を過ごすことしかできなかった。そして、〇三年四月二一日、稲葉に一審の判決が下り、彼は罪を認めて九年の懲役刑に服した。

私が天下り先の生命保険会社を退職したのは、稲葉の判決が出る三週間ほど前のことである。三八年間の警察官生活と、その後の八年間のサラリーマン生活の計四六年の勤め人生活を振り返って、私は忸怩《じくじ》たる思いにかられた。そこにいたのは、常に仮面をかぶった自分だったからである。

それは酒と女とカネの人生だった。タダ酒を飲むことに慣れ、ときにはちょっとした浮気を楽しみ、平気で裏金を懐に入れてきた。自分は日本でいちばん悪い奴ではないか、という寒々しい思いが胸を去来する。

私は六五歳になっていた。せめて、残された人生だけはまともに過ごしたい。そんな思いの中で年金生活が始まった。幸いなことに自宅のローンは完済していた。ささやかながら貯金もある。これまで世話をかけっぱなしだった女房と旅行に出かけ、趣味のサイクリングやサックスの演奏を友人たちと楽しむことに熱中した。放送大学の受講も続けた。平穏にして、かつてない充実した日々が過ぎ、稲葉事件は私から少しずつ遠ざかっていった。

だが、穏やかな時間は長くは続かなかった。

一〇月のある日、私は「稲葉事件」にメスを入れた、『北海道警察の冷たい夏』（曽我部司著）が出版されたことを知った。さっそく、入手してむさぼり読んだ。読み終わって、長嘆息せざるを得なかった。

一〇〇人以上の警察官から取材をしたというこの本は、稲葉の犯した罪を厳しく糾弾しながらも、事件の背景には道警の組織的関与があったことを鋭く指摘していた。

私は改めて獄中の稲葉を思い、この事件で稲葉を監督する立場にあった道警上層部の、無責任ぶりに暗澹《あんたん》たる思いになった。稲葉の上司だった幹部連中は訓戒、注意処分など、およそ形式的な大甘の処分を受けたにすぎない。監督責任のかけらも感じられない見せかけの処分だ。それどころか、処分の対象にすらなっていない幹部たちもいた。

稲葉事件に関する道警の内部処分の甘さについては、多くの現職警察官の「道警に絶望した」「一日も早く辞めたい」という切実な叫びが私の耳に届いていた。そうした反応は、つまり、稲葉事件への道警の関与を示唆《しさ》するものでもあった。

私は、すでに道警を退職して久しい男である。そんな人間の元に現場からの訴えが届くのは、現場では訴える相手が誰もいないということだ。警察内部では、誰もが内心の憤懣《ふんまん》を打ち明けられず、誰もが疑心暗鬼になっているのだ。

そう考えると、強い危機感を持たざるを得なかった。このままでは、現場がダメになる。そう思ったのである。同時に自分が稲葉に何もしてやれなかったという後悔の念がこみ上げてきた。いま、彼は一人黙したまま刑に服している。その彼を見捨て、現場からの訴えに耳を塞《ふさ》ぎ、自分一人が安閑と気楽な隠居生活を送っていいのだろうか。悶々《もんもん》とする日々が続いた。

そんなある日、私は人を介してテレビ朝日の報道番組スタッフから、取材の申し込みを受けた。取材内容は、稲葉事件後の捜査員の意識の変化、稲葉のような警察官が生まれた背景、警察官と組織の乖離《かいり》など、稲葉事件に関するもので、「匿名で取材させてほしい」

との条件付きだった。私が稲葉事件で、彼のために動こうとしたのを耳にしての取材らしい。快く引き受けることにした。あの事件の背景を明らかにする、よい機会かもしれぬと思ったのだ。

取材は〇三年一一月七日、札幌市内のホテルで行われたが、最初の打ち合わせで、私は思いがけないものを取材スタッフから示された。「裏金に関する内部告発がありまして……」という説明とともに、机の上に置かれたのは、旭川中央警察署の「捜査用報償費」の九五年度と九七年度の会計書類のコピーだった。

コピーとはいえ、現職時代の私が見た書類と、明らかに同じものである。本物のコピーであることは疑いの余地がなかった。署長の決裁欄には、私もよく知る二人の人物の署長印があり、彼らが旭川中央署長をしていたことを思い出した。私自身、かつて旭川中央署の署長を務めたが、その頃にも裏金は存在していた。「やはり、まだ続いていたのか」という思いだった。

取材スタッフからは「ぜひ、裏金問題について話してもらえないか」と要請された。当初の予定にはない質問だったが、結局、応じることに決めた。本来のテーマである「稲葉事件」にしても、その背後に裏金問題があるというのが、私の一貫した考えだったからだ。

収録後、なんともやりきれない気持ちを抱いて、帰途についた。

私が取材を受けたテレビ朝日の報道番組『ザ・スクープスペシャル』は〇三年一一月二三日に放映された。その内容に私はほぼ満足したが、驚いたのは、元長崎県警警部補の大宅武彦氏、元福岡県警警部の杉浦生氏の二人が、実名で証言していることだった。

驚きはすぐ、恥ずかしさに変わった。お二人は他県警のOBだが、失礼ながら、私は彼らより立場が上の役職にあり、責任も重い立場にあった。その私が匿名で発言するのは許されないことだ、と感じたのだ。

しかし、だからといって、実名で道警を告発する決心は、なかなかつくものではなかった。なにより、心に引っかかっていたのは、私自身が裏金作りに関与し、それを使う立場にあったことだ。そんな人間に裏金問題を告発する資格があるのだろうか？

それに、私が実名で証言すれば、必ず道警やOBからの集中的なバッシングが起こる。在職中に世話になった先輩、上司、同僚、私を支えてくれた直属の部下たちのことも心配だ。彼らも程度の差はあっても、裏金にはなんらかの形で関与している。多方面に迷惑をかけることになるのは避けられない。告発後、家族がマスコミ攻勢に巻き込まれる懸念もあった。やはり、このまま黙っていたほうがよいのかもしれぬ……。どうにも、心の整理がつきかねた。

テレビ放映を機に、マスコミは連日のように裏金報道を続け、道内での関心は高まる一方だった。一二月三日、北海道議会が始まり、ここでも裏金問題が取り上げられた。たまたま、私は夕方のニュースで、その模様を眺めていた。

テレビ画面には共産党の花岡ユリ子議員が、問題の会計書類の拡大パネルを、議場の芦刈勝治北海道警察本部長に示す場面が映し出されていた。

「この資料を見ていただきたい」

そう花岡議員が本部長に迫った。次の瞬間、私は「あっ！」と声を上げそうになった。芦刈本部長が誰の目にもわかるほど激しく、パネルから顔をそむけたのである。

本部長は北海道警察のトップである。どんなときでも、毅然《きぜん》としていてほしいというのが部下の願いであり、それはＯＢでも同じことだ。本部長の態度は、そうした期待を大きく裏切るものだった。

しかし、それでも、本部長はこう答えた。

「コピーされたものの出所が明らかでない資料は受け取る必要はない」と、花岡議員の資料を受け取り調査するようにとの要求を拒否したうえ、「平成七年（九五年）度と、九年（九七年）度の内部監査の結果では、不正経理の事実はありません」

完全に疑惑を否定した。本部長発言は道警の公式見解でもある。もう、これで道警の見解が覆ることはないだろう、と私は思った。

事実、道警の強気の姿勢はその後も続いた。

札幌市内の弁護士グループが北海道監査委員に住民監査を請求し、受理されたものの、道警は証拠の会計書類を「適格性に欠ける」と断定し、監査委員による現場の警察官・捜査員への事情聴取も拒否した。〇四年一月一四日、弁護士グループと道警が顔を合わせた「意見陳述」の場でも、道警の佐々木友善総務部長は、

「請求人の主張する事実はけっしてなかった。捜査用報償費の執行は適切であった」

と、旭川中央警察署の不正経理疑惑を真っ向から否定してみせた。

総務部長は私のかつての部下である。彼は警察署長も副署長も経験し、私と同様、道警

で何が行われていたか熟知しているはずだ。だが、彼は総務部長という組織の一員として、裏金の存在を否定したのだ。

それにしても、道警の否定はあまりに強引というほかはなかった。問題の会計書類は九七年までのものである。もしかしたら、現在では裏金システムはなくなっているのかもしれない。ならば、道警は少なくとも、旭川中央警察署のケースについては、判明した疑惑を潔く認めるべきではないか。それをせず、見る者が見れば明らかに本物とわかる会計書類についてまで、「適格性に欠ける」とかたくなに否定するのは、やはりいまもなお裏金システムは続いているからか。

決断

しかし、私はまだ迷っていた。

道警本部長や総務部長など幹部が口をそろえて「裏金」の存在を否定したことは、いまとなっては白々しいにもほどがあるが、実名での告白となると、二の足を踏まざるを得ない恐怖——。

本書を読んで初めて警察の「裏金問題」を知る読者の方は、おそらく耳を疑うはずだ。

警察は、これまでずっと、国民からいただいた税金(公金)を、不正使用してきたのである。手口は、国からもらう「捜査費」、道予算である「捜査用報償費」などを、捜査に協力してくれた一般市民に謝礼を支払ったとして領収書を偽造したり、カラ出張や、架空の事件をデッチ上げるなどして、適正な予算執行をしたように装い公金を裏金化するのである。そうして作られた裏金は、主に幹部の交際費、ゴルフ代、飲食代、警察内での餞別《せんべつ》や会合に使われ、警察官の捜査現場に回ることはほとんどない。警察キャリアなど幹部たちは、裏金作りに手を染めずに、領収書もいらなければ課税対象にもならないカネを手にしている。

これがいまのいままで大問題にならなかったほうが不思議なくらいだが、それほど、「鉄のピラミッド」といわれる警察組織の「隠蔽《いんぺい》体質」は蟻《あり》一匹這《は》い出る隙《すき》もないほど鉄壁だ。

裏切り者は潰《つぶ》す、裏金スキャンダルをつかんだマスコミなどは恫喝《どうかつ》したり懐柔したりして、このことが大事にならないよう徹底的に封印してきたのだ。

裏金の問題で、道警を相手に戦うことになれば、凄《すさ》まじい圧力と誹謗《ひぼう》中傷の渦に巻き込まれるのを覚悟しなくてはならない。私には味方が必要だった。誰か私の話を聞き、力になってくれる人物がいないだろうか？　といって、おいそれと誰かに相談できるようなことではない。

そんなとき、頭に浮かんだのが、市川守弘弁護士の名前だった。市川氏は旭川中央警察署の不正経理疑惑で住民監査請求を行った弁護士グループの一員で、警察の協力者として、不正に名前を使われたとする住民の損害賠償請求訴訟の代理人としても、その名前は大きく報道されていた。

とはいえ、私は市川弁護士とは一面識もない。その人となりも経歴も知らなかった。私が市川弁護士について知りたかったのは、彼が私の言葉に耳を傾け、巨大な警察組織を相手に裏金問題を追及してくれるかどうか、ということだけだった。

〇四年二月二日、私は意を決して市川弁護士に手紙を書いた。

私の道警時代の経歴を綴《つづ》り、稲葉問題と裏金問題の根っこは同じであり、道警再生のためには過去の事実を認めることが不可欠である、という考えを記した。

返事はすぐに来た。「裁判も重要だが、もっと大事なのは、実態を知る人がそれを社会に明らかにして、警察のあるべき姿を語ることだと思う」という文面だった。私は、直接、会って話を聞くことにした。

二月六日、私は市川弁護士の事務所を訪ねた。市川夫人と女性二人が働くこぢんまりとしたその事務所は、札幌の大通公園の近くの小さなビルの中にあった。

私は、監査請求や訴訟についてはズブの素人である。自分にできることといったら裁判の証人くらいしか思いつかない。まず自分に何ができるのかを知りたかった。市川弁護士は私に言った。

「裁判は、結論が出るまで時間がかかります。しかも、結論が出ても、それは問題になった部分だけです。組織的な問題が明らかになることはありません」

その言葉を、私は頭の中で反芻《はんすう》した。「大事なのは、実態を知る人がそれを社会に明らかにすること」という氏の手紙の文面が思い浮かんだ。市川氏の言わんとすることが、わかってきた。

「マスコミに実名で話すのですね」

そう尋ねると、市川弁護士は無言でうなずいた。

私はすでに匿名で、稲葉事件の背景や裏金の問題についてマスコミに話していた。その体験から、匿名の報道に疑問を持っていた。市川弁護士の考えは的を射ている。

思いきって聞いてみた。

「実は女房の健康状態があまりよくありません。医者には精神的なプレッシャーがよくないと言われています。マスコミが自宅に押しかけて来ないようにできますか？」

市川弁護士は私を見据えて、「何とかしましょう」と言ってくれた。あとは私の決心ひとつにかかることになった。

これから私のやろうとしているのは、三八年間籍を置いた組織と当時の上司、同僚、部下への裏切り行為だ。しかし、いま、何もしなければ、裏金システムは永遠に続くことになる……。そのふたつの思いに、揺れ動く私の心を察したかのように、市川弁護士が口を開いた。

「じつは、私も警察を相手に戦うにあたっては周囲から反対されたのですよ」

ハッとする思いだった。弁護士とはいえ市川氏は一般人である。その彼が勇気を奮って戦っているのだ。お前は少し前まで道警の最高幹部だったんだぞ。そんな声が聞こえるような気がした。肚《はら》がきまった。

「いつやります？」

私は身を乗り出した。話し合いの末、二月九日に予定されていた住民監査請求の結果が明らかになった時点で、行動を起こすことになった。Xデーは二月一〇日。午後二時から弁護士会館でマスコミ向けの記者会見をすることを申し合わせた。

打ち合わせを終えたその日の夜、私はかつての部下たちとの集まりに顔を出した。私を含めて四人の小さな集いは、私が退職してから、定期的に開かれていた。その一人が定年退職することになり、彼の慰労会という形での飲み会となったが、みんなと顔を合わせるのも、これが最後だと思うと、さすがに胸が詰まった。私がこれから取る行動は、彼らにも迷惑をかけることになるだろう。

翌日から、マスコミに発表するための原稿作りが始まった。手元にあるのは警察の勤務履歴だけである。記憶をたどりながら書いた。しかし、肝心の所属長（警視以上の階級になって就く署長や課長職のこと）になってから受け取っていた交際費（ヤミ手当）の額が、正確には思い出せない。まさか、当時の次席などの〝金庫番〟に聞くわけにもいかず、記憶を呼び戻しながら、おおよその額で書いた。

A4判六枚の文章は、記者会見を翌日に控えた九日に出来上がった。すぐ、市川弁護士にメールで送った。

資料を作成した後、私は在任中、世話になった仲間たちに手紙を書いた。彼らに迷惑をかけることへのお詫びと、今後、いっさい、私との付き合いを絶ってくれるよう伝えた。それが、私を信頼してくれた人たちにできる、たったひとつのことだった。記者会見後、これらの手紙を投函《とうかん》することにした。

この日、道の監査委員は不正を示す内部文書のコピーは「本物の可能性が高い」としながらも、裏付けが取れず、「違法な支出があったとは言い切れない」として、住民監査請求を却下した。

この時点で、道議会で裏金追及の姿勢を見せたのは共産党のみで、他の党派はまったく腰が引けていた。そして、道監査委員の監査も不発に終わった。警察を管理する公安委員会も何も動かなかった。道警の不正を糺《ただ》すべき公的機関は、道警組織に小さな風穴一つすら空けられなかった。恐ろしく強大な鉄のピラミッドは、傲然《ごうぜん》とそびえ立ったままだった。

運命の日

午後二時、会見場に入ると、ひしめいていた五〇人ほどの記者たちがいっせいにこちらを見た。退職後、九年も過ぎていたので、顔を知らない記者がほとんどだった。壁際にはテレビカメラがズラリと並び、会場内には熱気のようなものが漂っていた。ここでも、一人の記者から、「いまからでも、やめられますよ」と忠告された。

しかし、私は自分でも不思議なほど落ち着いていた。自分が体験した事実だけを話せばいいのだ。もちろん、私にだって隠しておきたいことはある。だが、それを隠せば話の信《しん》憑性《ぴょうせい》が疑われかねない。あえて、わが身の恥も話さねばならない。保身の気持ちや、自分の弱さを包み隠さず述べねばならない。

自分自身が裏金に手を染めた身だ。けっして偉そうにモノが言える立場ではない。だが、その事実も認めた上で、道民にお詫びをするしかない。非難は重々覚悟している。沸き起こる非難に対しては、ただ、繰り返し謝罪し続ける。いま、私が責任を取る方法はそれしかない。身を捨ててこそ、浮かぶ瀬もあれ、そんな心境だった。

席につき、みんなの視線がこちらを向くのを確認して、口を開いた。

「実は妻の体調が思わしくない、ついては、自宅での取材はご遠慮願いたい。明日からは、マスコミ各社の個別取材を受ける。その後の取材はメールでお願いしたい。これを了解していただければ、今日、私がお話しする内容を書いた書面をお配りします」

それだけ一気に言ってから、少し待った。申し出を記者たちは了承してくれた。そこで、各自に私が書いた「告白文」を配布し、読んでもらったあとで、質疑応答に入った。体験したことだけを、淡々と話すことを心がけ、現時点で話せないことについては、「それは話せない」と断った。記者会見は午後三時三〇分まで続いた。

その夜は、目立たない店で親しい連中と静かに酒を飲んだ。長年の胸のつかえが、ようやく下りたような気分だった。


翌日の新聞各紙は、一面で私の会見の様子を伝えた。どの記事も、私の話の信憑性を疑ってはいないことを知って、ホッとした気分になった。

しかし、同時に軽い違和感も覚えた。どの記事も、私が北海道警察釧路方面本部長だったという肩書や、元警視長という階級を過大に評価していたからだ。警察には下は巡査から上は警視総監まで九つの階級がある。新聞各紙は「上から三番目の階級にまで上り詰め、方面本部長まで務めた道警最高幹部」だった私が裏金を告白したという点に、記事のウエイトを置いていた。

だが、それは買いかぶりである。ノンキャリアである私は、たかだか地方の幹部にすぎず、方面本部長の役職も、強大な警察組織の中では、単なる歯車のひとつにすぎない。辞めてしまえば、なんの価値もないと思っていた「星の数」が、私の話の信憑性の裏付けになってくれたのは、皮肉といえば皮肉ではあった。

翌日から一週間あまり、マスコミ各社の個別取材を受けた。私は地元の新聞やテレビで英雄扱いされるようになりつつあった。これは絶対避けなければならない。私は裏金に手を染めた男なのだ。マスコミ対応はすべて、市川弁護士が仕切ってくれた。

「まるで、私は原田さんのマネージャーですね」

と市川さんは笑っていたが、思えば、これが私と氏の二人三脚の始まりとなった。そして、私の発言に対して、予想をはるかに超えたバッシングの波が押し寄せてきた。

恫喝とネガティブキャンペーン

バッシングは記者会見が終わったその日から始まった。留守中に見知らぬ男性から電話があった。応対に出た女房に、

「あんたの亭主は何を考えてるんだっ！」

と怒鳴りまくって電話は切れた。どうやら、道警ＯＢのようだ。女房は怯《おび》えた。彼女には罪はない。申し訳ない、と思ったが、「同じようなことが続くだろう。我慢してくれ」と言うしかなかった。

それから、嫌がらせや、抗議めいた封書やハガキが、連日のようにわが家に届けられた。中には同一人物が、同じ内容の文面を定期的に出してくるものもあった。内容から見て、ほとんどがOBからのものと思われたが、一部、現職幹部、あるいはその家族からのものと思われるものもあった。

しかし、私が公にした裏金を否定する内容のものはひとつもなかった。ひたすら、私を罵《ば》倒《とう》する言葉だけが並んでいた。裏切り者、偽善者、卑怯者《ひきょうもの》、ゴキブリ野郎、アカの手先、守銭奴、カネを返してからしゃべれ、などなど。冷静さのかけらもない罵詈《ばり》雑言《ぞうごん》の氾濫《はんらん》だった。あまりの程度の低さに情けなくなった。

一人だけ、実名で封書をくれたOBがいた。警備・公安部門のOBで、私も知っている人物だった。「原田宏二君に一筆啓上」で始まる手紙は、私の「決意と勇気に頭の下がる思いがした」としながら、賛同と激励の意思を伝えるべく電話をしたところ「電話は現在使われておりませんとの返答に裏切られた」として、一転して長文の激越な抗議に変わる。そして、最後は「そこまで言うのなら、先に自らの命を絶ってでも先鞭《せんべん》をつけて見せろ」とまるで右翼まがいの言葉で、私に返答を求めてきた。

私は、電話番号を変更したことはない。

OB会発行の名簿の電話番号が、誤って掲載されていただけのことだ。しかも、彼は、九七年以前には、餞別・官官接待などの慣行があったことや、運営費なる裏金の存在は認めているのだ。

私は返事を出さなかった。警察組織を私は外から、彼は中から見ている。これでは、話し合っても時間の無駄だ。

署長経験があるという匿名のOBからの便りもあった。冷静で節度のある文面で、「裏金の問題は、予算の仕組みに問題があったことに端を発している」と指摘し、「自分は署員の士気高揚のためには自腹を切ってやり繰りしていた。原田さんの話は、道警全体に不正が続いているとの印象を与えるような発言で納得できない」という趣旨の抗議だった。

たしかに私の在職当時も、そうした良心的な署長がいたことは知っている。しかし、匿名なので返事は書けなかった。いずれ、これについての答えは出るだろうと思っていた（その後、道警は九八年度から二〇〇二年度まで、ほとんどの組織で不正経理が行われていたことを認めた。また、その後も一部で続けられていたことが明らかになってきた。全体像はいまだ不明な部分もあるが、これが私からの彼らへの回答である）。

こうした手紙やハガキとともに、私に対するネガティブキャンペーンが大量に、そして執拗《しつよう》に流されはじめた。いわく、
原田はマスコミから三〇〇〇万円もらった。高級住宅街のマンションを買った。稲葉（元警部）から金が出ている。原田は、実際は莫大《ばくだい》な裏金を懐にした。女房が精神病院に入院した。原田が行方をくらました。原田が離婚した——。

およそ、根も葉もない噂《うわさ》はどこから流されてくるのか、想像はついた。道警とその周辺しか考えられない。幼稚といえば幼稚だが、願わくは、「密告者の原田」がそうなってほしいという願望が込められているのだろう。

嫌がらせの中には、思いがけぬ形のものもあった。

私は、犬を飼っている。いつ、他人に噛《か》みついたりして、迷惑をかけるかもしれない。そこで、毎年掛け捨ての損害賠償保険に入っていた。ところが、ある日、保険会社から、「代理店があなたとの保険契約の更新の手続きはしないと言ってきたが?」との問い合わせがあった。その後も同じことが繰り返された。今度は積立傷害保険だ。

その代理店は、道警の警備部門出身のOBが責任者である。明らかに私への嫌がらせだと感じた。保険会社にお願いして、代理店を変更してもらった。

こうした恫喝《どうかつ》や圧力を知った、心あるOBや現職からは、

「身辺に注意したほうがいい。道警は何をやるかわからないぞ」

というアドバイスをいくつももらった。中には「ボディガードを引き受けてもいいぞ」と声をかけてくれたOBもいた。

まさか、危害を加えられるとは思わなかったが、道警が私の行動を監視するだろうことは、容易に想像できた。警察という組織は、尾行、張り込みによる行動監視、盗聴による接触人物の割り出し、捜索・差し押さえによる事件のデッチ上げなど、やろうと思えば何でもできるのだ。

そこで、外出の際、尾行に注意し、重要書類は分散保管をした。親しいOBや現職の人たちとの電話も控えるように気を配った。

ちなみに、道警の圧力は私以外の人たちにも向けられることになった。

〇四年八月末、道警の代理人・斎藤祐三弁護士は、市川守弘弁護士と、旭川中央署問題で監査請求を申し立てた弁護士グループの渡辺達生弁護士の二人を、「品位に欠ける」と

して、札幌弁護士会に懲戒請求を行った。信じがたい行為だが、これは道警の意向により行われた、と理解するほかはない。

最近、私は『内部告発の力』（奥山俊宏著）という本を読む機会を得て、アメリカでは、内部告発者を「ホイッスル・ブロワー」と呼ぶことを初めて知った。警笛を吹いて警告する人という意味だろうか。イギリスでは「レイジング・コンサーン」で、こちらは、懸念の声を上げるという意味だそうだ。

この本の中で著者は、内部告発者と密告者の違いを次のように説明している。

〈「密告者」は、お上と私利のために行動する。一方、「内部告発者」は、個人的利益をしばしば犠牲にして、公衆の利益のために働き独裁や権威と戦う。自由のない国では、密告者がはびこり、内部告発者は弾圧される。自由な国では、みずからを危険にさらして社会のために責任を引き受ける内部告発者は賞賛され、ヒーローとみなされる〉

わが国にも「内部告発者支援センター」が存在する。〇四年六月一四日には公益通報者保護法も成立した。しかし、それでも、内部告発者に対する社会の眼《め》はまだまだ冷たい。それは私に対する、数々の嫌がらせや、ネガティブキャンペーンに如実に表れている。

殺到する激励

こうした状況にあって、だが、二人の娘は私の行動を強く支持してくれた。嫁いだ娘からは、「お父さんを誇りに思います」というメールがあり、彼女たちは勤め先でも「キミのお父さんはすごい人だ。頑張るように伝えてほしい」と口々に励まされたという。あまり行き来のなかった親戚《しんせき》や、ご近所の方たちからも、思いがけず励ましの言葉をいただく機会が増えた。

そして、激励や賞賛の手紙、メール、電話が殺到した。その量は嫌がらせや抗議の手紙の数をはるかに上回っていた。

こうした温かい声に私はどれほど励まされたか知れない。私ばかりではなく、一時は緊張のあまり落ち込んでいた女房も、次第に元気を取り戻すことができた。私が数々の誹謗中傷や嫌がらせを乗り切ることができたのも、多くの人々の支えがあったからこそだ。

手紙の差出人は、見ず知らずの方たちをはじめ、道警の現役やOB、マスコミ関係者、中学・高校の同窓生、趣味の仲間、さらに北海道庁や中央官庁のOBなど、じつに幅広かった。なかには中央省庁のキャリアOBからのものもあって、ちょっと驚かされたものだ。当然ながら、すべて実名での便りだった。

私もすべての方たちに、お礼と感謝の手紙を出した。いただいた手紙の一部をここで紹介させていただく。

〈恵庭《えにわ》市内のMさん　今から一〇七年前に開拓の鍬《くわ》を入れた入植五代目です。警察の幹部には正義がないのかと思っていました。正義とは何か、前へ一歩出ることとの大切さを教えてもらいました〉（Mさんからは、畑で採れたジャガイモやかぼちゃが送られてきた）

〈釧路市のTさん　道の監視委員の（請求却下の）結果を聞いたときは、日本もひどい国になったとがっかりした。貴方《あなた》が現れて、こんな警察官がいるのだと安心した。貴方に偏

見を持つ道民はいない。日本のいたるところでモラルの低下が見られる中で、子供達のために光明を見出《みいだ》した〉

次は現職やOBの人たちからの便りを紹介する。

〈現職警察官Aさん　私は、数年後に退職します。貴方の告発は真実であり、道警のしたことは許される限度をはるかに超えたものです。稲葉事件以来、指揮官と現場の信頼関係は崩れました。職場では、指揮官の無責任さをひそひそと批判しています。自由に使える金をたくさん作れる人が栄進し、地域住民のため目立たなくても黙々と働いている職員には光が当たりません。こうした職員が大勢いるのを思うとやりきれなくなります。警察はぜったい必要ですから胸を張って仕事をやりたいです。共鳴者がたくさんいますから頑張ってください〉

〈旭川市内の道警OBのYさん　現場の署長や本部長は知っていても言えない、言ってはいけない、ジレンマがあります。今の生活も将来もあります。誰かが、いつかはきっと、はっきりさせてくれると思っていました。心の中がすっきりした気持ちです。多事多難と思いますが、身辺にはご注意ください〉

紙幅の関係ですべてを紹介することはできない。こうした便りに共通していたのは、警察は正義の存在であってほしい、そのためにも、道警はすべてを明らかにして出直すべきだ、という意見だった。

また、なかには、「裏金の存在」にばかり固執すると〈組織は、表に出せないカネがかかるんだよ。仕方がないだろう、といった、いわゆる「大人の論理」にすり替わってしまう〉という鋭い意見もあった。ありがたく拝読させてもらった。

身辺が少し落ち着いてからは、署長時代の部下たち、趣味の仲間、警察学校の同期生、マスコミの人たち、中学や高校の同窓生、心あるOBの人などが、激励の席を設けてくれた。私たち夫婦を気遣って、わざわざ温泉旅行に誘ってくれたOBご夫婦もいた。

また、中学の恩師N先生もはるばる東京から訪ねてきてくれた。八〇歳になられる先生は、中学校在職中に教職員の組合運動に疑問を感じ、校長に辞表をたたきつけて退職し、その後アメリカの航空会社に転職された。その当時の行動に、今回の私の行動が重なったと話された。ススキノで夜遅くまで先生と杯を重ねることになった。

こうした世間の反応に関連して、私は、最近、興味深い経験をした。

家族と近所の寿司《すし》屋に入ると、顔見知りのOBご夫妻が席にいた。署長経験者のOBと私の視線がパッタリと合った。彼はスッと目線を逸《そ》らした。私は、せっかく、お寿司を食べにきたのに申し訳ないことをしたと思い、やや離れた席に着いた。ご夫妻は私を避けるようにすぐ店を出た。その間、一言の挨拶《あいさつ》も交わすことはなかった。

私たちも、一時間ほどで寿司を食べ終わり店を出た。通りを歩きだすと、背後から「本部長、本部長」と呼ぶ声がする。

振り返ると、若い男が私を小走りに追ってきた。見覚えのない顔だったが、私を「本部長」と呼ぶのだから、おそらく、現職の警察官だろう。はたして、彼は名前と現在の所属を名乗ってから、こう言った。

「本部長のおかげで現場におカネが少し回るようになりました。携帯電話もまだ台数はわずかですが配分されました。ありがとうございました。どうしてもお礼が言いたかったものですから」

年齢から見て、おそらく巡査部長か、警部補くらいだろう。

「そうか、よかったな、みなに迷惑をかけたな、現場がよくなれば俺《おれ》もうれしいよ」

そう私は答えた。

警察関係者の間でも、裏金を受け取った側の幹部やOBと、現場で働く警察官とでは、私への態度が正反対だということを、この小さな出来事は象徴しているように思う。

道警の反応

私の記者会見後、警察の動きはあわただしかった。警察庁は、会見の三日後に「予算執行検討委員会」を設置し、道警も、その数日後に「予算執行調査委員会」を設置した。

しかし、これはタテマエとして作られた調査委員会にすぎなかった。なにしろ、調査委員会のメンバーに名を連ねた道警上層部の幹部は、いずれも過去に署長、副署長、本部の課長や次席を経験している。そこで不正な経理が組織的に行われていたことは、彼らも知っていることである。なにも、調査するまでもない。それでなくても、身内だけで固め、部外の第三者を排除した調査が、公正に行われる可能性はほとんどなきに等しい。

道警が取りうる唯一の選択肢。それは、速やかに過去の事実を認めた上で、少しでも早く異常事態を収拾することだ。調査はそれをイタズラに引き延ばすだけでしかない。しかも、この調査には二〇人のプロジェクトチームがあたるという。すでに、現場は肩身の狭い思いをし、士気は衰えている。そんなときに、こんな非生産的な仕事に、職員を使う余裕などあるのだろうか？

当然、各マスコミや、道民世論の反応は冷ややかなものだった。もはや、道警は道民の信頼を完全に失いはじめていた。

二月一二日にも動きがあった。問題の旭川中央警察署の元署長二人が、突然、不正経理と指摘された金額の返還を申し出たのだ。返還申し出の理由は、「公金を不正に使用したことはないが立証できない。道民や後輩にこれ以上迷惑はかけられない」というものだった。これは道民に対する謝罪ではない。組織に詫びているのだ。この申し出は、「事実上、不正を認めたものだ」と、かえって世論の不興を買い、逆効果となっただけだった。

おそらく、この申し出は署長たちの自主的な考えではなく、道警のシナリオに違いあるまい。

そのうちの一人であるM元署長は、私が旭川中央警察署長だったときの副署長であり、もう一人のS元署長は私が釧路方面本部長のときの参事官である。M元署長は痒《かゆ》いところに手が届くほど気配りがきき、仕事の判断や取り組み方も抜群の、じつに有能な人物だった。私は、彼が責任を取るべきときに取れる男であることを知っている。けっして、責任逃れをしたり、仕事で腰が引けるような男ではない。

裏金問題で、彼が明確な態度を取れないのは、それが彼個人の問題だからではなく、組織の問題だからである。彼らにこんなことを言わせるのは、結局は、現場の署長に責任を負わせるための布石としか考えられなかった（事実、のちになって道警が一連の不正経理を認めたため、懸命に疑惑を否定していた二人の元署長はハシゴを外された形になってしまった）。

そして、道警は私にも接触してきた。

会見翌日に新聞各紙には、「報道により原田氏の告発は承知しており、本人から話を聞きたい」という道警の佐々木総務部長の談話が載った。

彼は私の総務課長時代の部下であり、裏金の存在を十分承知しているはずであることは、前にも述べたとおりだが、興味深かったのは、このときの彼の物言いである。

どうやら、総務部長は私をまだ道警の人間と思っており、そのため「本人から話を聞きたい」などという言い方になったようだ。だが、私はもう部外の人間だ。その私に話を聞くなら、「ご本人から話を聞かせていただきたい」と言うのが礼儀だろう。

総務部長の談話が載ったその日、総務課長のT警視から自宅に電話があった。私は不在だったが、翌朝早くに再び、彼から電話が入った。用件は、

「一度、話を聞きたいので、こちらまで来てもらえないか」

とのことだった。T警視も私がよく知る幹部の一人である。道警を退職後、彼にはずいぶん、お世話になった。しかし、この際、私情は禁物だ。第一、私には道警から呼び出される理由は何もない。

「すべて市川弁護士が私の代理人として回答するので、文書で依頼してほしい。ついでだが、私はもう道警の人間ではない。それなりの言葉で扱っていただきたい」

そう言って電話を切った。

いよいよ道警との戦いが始まったな、と思った。私は、長年の経験で道警が何をやるつもりなのかを承知していた。密室では、私の発言がどのように利用されるか、わかったものではない。

私はこの問題では、公の場でしか発言しないつもりだったし、市川弁護士には、あらかじめ、道警とは密室で会うことはしない旨を伝えていた。

道警からは、改めて文書で事情聴取の要請があった。私が無視すると、市川弁護士のほうに、重ねて私を説得するようにとの連絡があったが、結局、私は応じなかった。

私の発言は、当時の次席、副署長、管理官などに聞けば、詳細がより鮮明になることばかりだ。不明の点があるなら、そうした人間に聞けばいい。

裏帳簿で裏金を管理していた人間は、渡した交際費（ヤミ手当）の金額のことも覚えているだろう。私は、記憶が薄れているだけで、いまさら隠すつもりはまったくない。私に話を聞くというのなら、そちらの聞き取り調査を先にすべきではないか。私が話したことは道警の上層部の人間であればすべて知っていることなのだ。別に私から聞くこともあるまい。

私はすでに道警に向かって、「告発」という名のボールを投げた。今度は道警が私に対して、ボールを投げ返す番なのだ。

第二章　稲葉事件の暗部——北海道警察が隠蔽したもの

なぜ、稲葉事件なのか

もし、「稲葉《いなば》事件」がなかったら、私は裏金告発を実名で行っただろうか？

いまでも、私はときおり、ふと、そんな思いにかられることがある。それほど、稲葉事件は私の心の奥底に入り込み、終生、忘れることのできない暗い影を落とした事件となった。

おそらく、読者の多くは本書で初めて、「稲葉事件」なるものを知ることになると思う。無理もない。北海道警察始まって以来最大のスキャンダル、いや、警察庁を頂点とする日本の警察組織の根幹を揺るがしかねない〝爆弾〟を抱えたこの事件は、なぜか、北海道というローカルな地域の一事件として伝えられ、世間の大きな関心を呼ぶまでにはいたらなかったからである。

そして、いま、稲葉事件を知る北海道民の間でさえ、二〇〇二年に起きたこの事件は過去の出来事になりつつあり、事件の記憶は風化してきている。だが、それは、事件の背後に潜む組織の腐敗を、なりふりかまわず封印してしまった道警の思惑どおりに、事態が推移しているということにほかならない。

　稲葉事件とは、かつて道警本部生活安全部銃器対策課の「エース」と呼ばれた刑事・稲葉圭昭《よしあき》警部が、突如、覚醒剤《かくせいざい》使用容疑で逮捕されたことに端を発する。

　当初、道警の少壮幹部が覚醒剤を常用していた、というショッキングな面のみが強調されていたこの事件は、その後、次から次へと新たな事実が飛び出し、一刑事のスキャンダルとは、まったく別の様相を見せはじめるのだ。

　そこから浮かび上がってきたのは、稲葉が所属していた「生活安全部」という拳銃《けんじゅう》犯罪の摘発や覚醒剤・大麻などの薬物取り締まりを行う捜査の最前線で、暴力団やその関係者との癒着が慢性化していたという驚愕《きょうがく》の深層だった。ロシアンマフィアや中国マフィアも暗躍するアウトローの世界で、違法なおとり捜査や、やらせの拳銃押収劇が繰り広げられ、その見返りとして薬物密輸が見逃され、はては、癒着の構図の中で、稲葉のように、覚醒剤の使用、密売にまで手を染める捜査員を生み出すまでになっていたというのだ。

　しかし、個人から組織の問題に拡大し、ついには道警上層部の監督責任問題に発展するかに見えた、前代未聞の大スキャンダル事件は、時間を経るにしたがい、急速にスケールダウンし、そそくさと終焉《しゅうえん》を迎えることになった。

　すなわち、道警は終始一貫、事件を稲葉個人の犯罪として処理し続けたのである。

　それに足並みを合わせるように、検察も稲葉を、覚醒剤使用、営利目的の所持、銃器の不法所持などという個人的犯罪としてのみ起訴した。そして、稲葉本人も公判で己が罪状をすべて認め、裁判は第一回公判からわずか五ヵ月という、異例のスピードで判決が下った。懲役九年、罰金一六〇万円の刑が確定した稲葉は、控訴することもなく、静かに塀の中へと消えていったのである。

まさに、大山鳴動してネズミ一匹。そう言うしかない形で、稲葉事件は強引にその幕が引き下ろされたのだった。

だが、私はこの事件をぜったいに忘れはしない。そして、事件はまだ終わっていないとも考えている。

なぜなら、稲葉事件は警察組織の抱えるさまざまな歪《ひず》みが、そこに凝縮されており、また、監督責任を問われるべき上層部の処分が、ほとんどないも同然で終わった点など、警察が組織ぐるみで税金＝公金を横領する「裏金作り」という犯罪と、きわめて似通った構造を持っているからだ。

だからこそ、私は、事件の真実を隠蔽《いんぺい》した道警上層部の卑劣さ、姑息《こそく》さに、目もくらむような絶望と怒りを覚えるのである。

すでに裁判を終えてしまったこの事件の真相究明は容易ではない。なにしろ、事実を解明すべき警察組織が、それを隠蔽する側に回っているのだ。しかも、稲葉逮捕からわずか二ヵ月の間に、事件の鍵《かぎ》を握る二人の人間が相次いで謎《なぞ》の自殺を遂げてしまった。

彼らの死によって、いくつもの違法な捜査や、複雑な人間関係が絡み合った稲葉事件の真相は、その輪郭をわずかに見せながら、いまも、深い闇《やみ》の中に置かれたままになっている。

だが、この事件の鍵を握り、それを話せる人物が、まだ一人だけ残っている。稲葉事件の当事者で、いまは獄中にいる稲葉圭昭元警部である。そして、彼はかつて私の部下であった。当初から、私がこの事件の経緯に、強い関心を持ち、さまざまな疑念を感じたのも、私の知る刑事・稲葉と犯罪者・稲葉の顔があまりに違っていたからなのである。

おそらく、道警は二度と再び、この事件の捜査に動くつもりはなかろう。事件が風化し、人々がそれを忘れ去ることだけを、彼らは強く望んでいる。しかし、それは、警察という組織の浄化、再生を自ら阻《はば》もうとする愚かな行為でしかない。

私はこれから、謎の多い稲葉事件について、自分が知り得たすべてのこと、そして、最近になって、獄中にいる稲葉が私に伝えてきた、彼なりの事件の「真相」も交えつつ、もう一度、この複雑怪奇な一連の事件の全体像を検証してみたい。

稲葉と私

二〇〇二年七月一〇日、日韓共催のワールドカップが終わったばかりの夏。再就職先の会社から帰宅して、くつろいだ気分になっているとき、電話が鳴った。出てみると、嫁いだ娘からだった。彼女は、出し抜けに、

「お父さん、いまテレビを見ていたら、稲葉さんが逮捕されたってニュースが出たわよ」

と言う。あわてて、テレビをつけると、稲葉が覚醒剤使用で捕まったというニュースが流れていた。

不意打ちを食らった気分だった。「なぜ?」という疑問と、「とうとうミイラ獲《と》りがミイラになってしまったのか」という感想が交互に浮かんだ。「ミイラ獲り〜」は稲葉が覚醒剤捜査と拳銃摘発のエキスパートだったことから、とっさに浮かんだ連想だった。

しかし、気持ちが落ち着くにつれ、次第に大きくなっていったのは、「なぜ?」という疑問のほうだった。

現職時代の私は、稲葉とは三つの部署で上司と部下の関係にあった。最初の出会いは八二年の機動捜査隊長時代である。私は警視、彼は駆け出しの刑事見習い的立場の巡査で、直接、話す機会は少なかったが、彼の上司を介して彼の結婚の仲人を頼まれ、快く引き受けたことがある。

大学時代、柔道部のキャプテンだった彼は、柔道家らしい木訥《ぼくとつ》さを宿した寡黙な男で、常に黙々と仕事をしている印象があった。

ただし、のちに銃器対策課で、何人もの「S」(スパイの意)と呼ばれる捜査協力者(暴力団構成員あるいは犯罪の周辺にいる警察への情報提供者のこと)を抱え、覚醒剤や銃器の摘発に辣腕《らつわん》を振るう稲葉の片鱗《へんりん》は、すでに、当時から芽生えていた。彼はSを使い、暴力団やその周辺から情報を取ることに才能を発揮しはじめていたのだ。

機動捜査隊というのは、管轄のない「遊軍」的な存在で、各隊員が自分の得意分野を専門的に扱えた。そんな環境の中で、彼はもっぱらヤクザ世界に人脈を作り、情報を得ることに力を注いでいたのである。当時の同僚に覚醒剤捜査が得意な男がいて、彼はこの男から、覚醒剤捜査のイロハを習い、捜査能力の幅をさらに広げているようであった。

彼と再び職場で顔を合わせたのは、九〇年、署長として赴任した旭川中央署だった。彼は刑事二課の暴力団事件の捜査係長（警部補）として、コツコツと築き上げてきた人脈を駆使して、バリバリ仕事をこなしていた。折から発生した暴力団の抗争事件でもその解決に力を発揮した。警察署の現場レベルで、稲葉のように、Sと呼ばれる協力者や人脈を活用して捜査ができるタイプの刑事は、まれであり、稲葉は私にとって、優秀な部下以外のなにものでもなかった。

三度目の出会いは、私が道警本部防犯部長だった九三年、保安課に銃器対策室（のち防犯部は生活安全部、保安課は銃器対策課と薬物対策課に分割独立）を立ち上げたときである。そこに当時、警部補だった稲葉が銃器対策係長として配属されてきたのだ。

刑事畑での勤務が長かった稲葉にとっては初めての防犯部門だったが、仕事の中身は暴力団事件係長時代とほとんど変わらず、彼は暴力団コネクションをフル活用して、精力的に拳銃摘発の任務にたずさわっていた。

稲葉はまた、ひどくシャイで義理堅いところのある男だった。私が仲人を務めた女性とはすぐ別れてしまったが、その直後に挨拶《あいさつ》に現れた彼が、心底、申し訳なさそうに謝り続けたことがある。その堅苦しいまでの律儀さには、こちらが、思わず苦笑してしまったほどだ。

彼は、転勤のたびに、わざわざ自宅まで挨拶に訪れてくれた。現在の奥さんと結婚したときも、夫婦そろって、わが家に顔を見せている。

「今度、一緒になりますので、よろしく、お願いします」

そう言いながら、ごつい体を縮めるようにして、もじもじしている彼の姿を、私は微笑《ほほえ》ましく眺めたものだ。稲葉は仲人を務めた私に強い義理を感じているようで、私が道警を退職してからも、ふらりと再就職先に姿を見せたり、夫婦で自宅を訪ねてくることもあった。

最近こそ、ふっつりと姿を見せなくなっていたが、あくまでも、私にとって稲葉は有能で義理堅い敏腕刑事としての印象しかない。しかも、彼は銃器対策係長として、拳銃押収の成果を顕彰され、一年前に警部に昇任したばかりだった。私は彼が警部昇任試験に合格したとき、お祝いの電話を入れたが、そのときの彼の弾んだ声は、いまも耳に残っている。

その彼が覚醒剤使用で逮捕されるとは、いったい、どういうことなのか？

私は居ても立ってもいられなくなり、稲葉を知るかつての部下たちに電話をして、事情を聞いてみた。しかし、具体的なことは何ひとつ、わからずじまいだった。かつて、彼と親しかった人物は、押し殺したような声で、

「本部長（私のこと）、あまり稲葉とはかかわりあいにならないほうがいいですよ」

と忠告してきた。彼は稲葉について、何かよからぬ噂《うわさ》を耳にしていたのだろうか？　だが、彼はそれ以上、何も語らなかった。

翌日の北海道新聞朝刊は、

〈覚醒剤警部逮捕　道警　現職では初〉

の大見出しで、事件を次のように伝えていた。

〈調べによると、稲葉容疑者は、逮捕された一〇日以前の数日間の間に、札幌市内か同市周辺で、何らかの方法で覚醒剤を使った疑い。道警は今月に入り、別の事件で逮捕された容疑者の供述から、稲葉容疑者の覚醒剤使用の情報を入手。一〇日午前、勤務中の同容疑者に任意同行を求め、尿検査を行ったところ、覚醒剤使用を示す「陽性反応」が出た。同容疑者は容疑を認めているという。道警薬物対策課は、稲葉容疑者が覚醒剤を使った日時や場所、使用方法の特定を急いでいる。また、覚醒剤使用に至った経緯や動機、入手先なども追及している〉

ほんとうに、稲葉は覚醒剤を使用していたのだ。その事実を何度も嚙《か》みしめながら、しかし、私はまだ、どこか釈然としない気分だった。

それというのも、〇一年四月、警部に昇任し、生活安全部（生安）の銃器対策課から同じ生安の生活安全特捜隊班長に栄転した稲葉から、私はこんな手紙を受け取っていたからだ。

〈新部署の生特隊は、S隊長以下二四名体制で、これまでは応援捜査が多かったようですが、四月から試験的に三ヵ月間、私以下、四名が独自捜査するように命ぜられました。正直、申し上げて、地方に行くと思っていたものですから、N（銃器対策）課長から内示をいただいた瞬間は暫《しば》し啞然《あぜん》としました。独自捜査の機会を与えてくれたことに感謝し、かつ優秀でやる気のある部下を与えてくれたことにより、私がかつて、先輩上司から習った本物の刑事というものを、仲間とともに目指していきたいと思います。刑事から生安に来て早や丸八年となりましたが、今回の異動が私自身の警察人生の中で一つの分岐点と考えており、何かが見えてきた様な気がします。すべてを真摯《しんし》に受け止め、基本を守り、「さすが、生特だ」といわれるよう、精進していく所存でありますので、今後共、御指導宜《よろ》しく御願いいたします。敬具〉（原文ではイニシャルは実名）

　いかにも律儀な稲葉らしく、便箋《びんせん》にしたためられた手紙の文面から伝わってくるのは、新天地での任務に対する彼の意気込みと喜びである。

　それはそうだろう。新たに生活安全特捜隊班長を拝命した稲葉は、三人もの部下を与えられ、「独自捜査」、つまり、稲葉がもっとも得意とする拳銃摘発、覚醒剤捜査に邁進《まいしん》するよう命令されたのだ。「銃対のエース」として名を馳《は》せた男は、これまで以上に、自分の仕事にやりがいを感じていたはずなのである。

　ところが、それから、わずか一年三ヵ月後、彼は覚醒剤に身をゆだねるような男に変わってしまった（後日、聞いた話では彼の腕は注射針の痕《あと》で真っ黒になっていたという）。その著しい落差が、どうにも、私には解せなかった。

　しかし、一方で、私は以前から彼について案じていたいくつかのことが、このような形で現れたのか、という気持ちにもなっていた。その心配とは、いみじくも、彼が手紙の中で記している〈生安に来て早や丸八年となりました〉という部分である。

　警察という組織では担当者の異動は、きわめて頻繁に行われる。その中にあって、同一部署で八年間も過ごすというのは、いかにも長い。いや、長すぎる。

　しかも、稲葉の仕事は、Sと呼ばれる捜査協力者を介在させた、暴力団周辺からの情報収集と拳銃や覚醒剤の摘発である。そこは、ドロドロした魑魅魍魎《ちみもうりょう》の跋扈《ばっこ》する世界だ。当然、危ない橋を渡ることが多くなる。彼が仕事で感じていたストレスの激しさは、並大抵ではなかったはずである。それに、裏社会との接触を長期間にわたって続けていれば、さまざまな癒着が生じてくることは避けられない。

そもそも、警察が頻繁に警察官を配置替えする理由は、長期間同じポストで仕事をすることで生じる弊害をなくすためなのだ。にもかかわらず、道警は、そうした危険性のもっとも高い職場に、八年間も稲葉を据え置いていたのだ。

人事という点では、警部昇任後の異動も、まったくおかしい。本来なら、初めての管理職である警部になった人間は、地方（郡部）の署の課長として配属されるのが通例なのだ。稲葉もそれを知っていたから、〈内示をいただいた瞬間は暫し唖然と〉したのである。

ところが、現実には、稲葉は銃器対策課から生活特捜隊という同じ部内に横すべり異動しただけだった。仕事内容も前の所属とまったく同じである。生活安全部にとって、それだけ稲葉は大切な戦力で、手放したくなかったとも言えるし、稲葉もそれを感じたからこそ、あのように張り切った手紙を私によこしたとも考えられる。

だが、人事異動の本来の目的という観点からみれば、稲葉の人事は完全なミスとしか言いようがない。稲葉は長年にわたる苛酷《かこく》な任務のストレスに押し潰《つぶ》され、覚醒剤に走ったのかもしれない。そんな考えが心をよぎった。

もうひとつ、私が稲葉の任務に関して、ひそかに心配していたことがある。それは裏金の問題である。

第一章でも触れたが、警察の捜査費というのは、いったん、すべて裏金化され、その大半が幹部のヤミの交際費などに消えるシステムになっている。最前線の現場で働く刑事たちに、捜査費なるものはほとんど回ってこないのだ。しかし、銃器対策課のように「スパイ=協力者」の存在が欠かせない部署では、捜査費が現場に下りてこないのは大きな問題になる。協力者の面倒を見なくてはならぬからである。

上からそうしたカネが、まったく現場に回ってこないわけではない。しかし、しょせん、小遣い銭程度であり、とうてい、裏社会を行き来するくせ者ぞろいの協力者たちとの関係を維持できる額ではない。

結局、現場の刑事たちは協力者との関係を保つため、あるいは新たなSを開拓するため、身銭を切るしかなくなってしまう。さもなければ裏社会に通じた彼らとなんらかの〝取引〟をすることで、関係を維持するしかない。これだと自腹を切ることなく、相手が口外さえしなければ、バレることもない。だが、それは相手の犯罪行為を見逃すことでもあり、それを逆手に取られて、相手側に取り込まれる可能性を秘めた、危険すぎる行為でもある。

私は九一年に本部防犯部長になったとき、現場の刑事と協力者の関係、その謝礼の問題、協力者を組織がどう管理していくか、などに頭を悩ませた。そして、当時の保安課の担当補佐（警部）に、

「覚醒剤や拳銃捜査で、組織がどう協力者を管理していけばいいか、検討してみてほしい」

と命じたことがあった。つまり、協力者の管理と捜査費の運用をリンクさせるシステムを考えるように求めたのだ。このときの警部の困惑した表情をいまでも忘れることはでき

ない。彼の気持ちはよくわかる。私が出した注文は、つまるところ、どれも裏金システムを廃止しなければ、解決の糸口がつかめるものではなかったからだ。要するに私は、自分でも解決できない無理難題を、愚かにも、部下に丸投げしたにすぎない。

結局、防犯部長としての私は、協力者に払う謝礼や、協力者を組織がどう管理するかという問題を、なんら改善することができぬまま、異動で防犯部を去ることになった。

稲葉は人一倍、Ｓの開拓、管理、運用を大切にしていた男だった。おそらく、彼はそのために身銭を切り続けたのだろう。

そこまでしても、実績をあげたいというのが現場で駆けずり回る刑事たちの持つ性《さが》なのであり、また、それを当然のことと見るのが警察という組織なのである。任務に不可欠な資金が組織から出ず、自分たちの持ち出しで穴埋めするという異常な行為が、警察内部ではなんら不自然なこととは思われず、日常的に慣例化していたのだ。

だが、一介の刑事が身銭を切り続けることには、しょせん、限界がある。そうなったとき、稲葉は常日頃、接触している裏の社会に取り込まれ、覚醒剤を打つようになっていったのではないか？

だとすれば、元上司としてなんら組織の環境を改善できなかった自分には、稲葉の逮捕に責任の一端がある。私はそう思わざるを得なかった。

奇怪な家宅捜索

七月一二日付の北海道新聞は、稲葉が懲戒免職になったことを伝えていた。私は彼の奥さんが心配になって電話をかけた。「稲葉はどうしているの?」と聞くと、

「まだ、接見禁止で会えないのです」

とのことだった。私は彼女から事件のことを聞く気には、とうてい、なれなかった。彼女によれば、そのころの稲葉はほとんど家に帰っていなかったらしい。ただ、給料は全額振り込みなので、当座の生活には心配はないとのことだ。「何か困ったことがあったら、連絡してください。相談に乗るから」と言って電話を切った。

稲葉が逮捕された七月一〇日以降、私のところには、彼と事件に関する情報は、何ひとつ警察内部から入ってこなかった。

情報といえば新聞とテレビのニュースだけであり、私もこの時点では、稲葉事件の背景に潜むものにはっきりとは気づいていない。

たしかに幹部職員の覚醒剤使用はとんでもない重大事だ。しかし、初犯でもあり、起訴されても執行猶予ということもあり得る。比較的、早期に拘置所から出てこられるのなら、そのときは、第二の人生をどう生きていくのか、奥さんも交えて、彼の相談に乗ろう。そんなふうに考えていた。

ところが、七月三一日になって、事態は急変する。稲葉が覚醒剤所持と拳銃不法所持で

再逮捕されたのだ。翌八月一日付の北海道新聞朝刊はこう伝えている。

〈稲葉圭昭容疑者のマンションから拳銃一丁と覚醒剤が見つかった事件で、道警薬物対策課は三一日、銃刀法違反（拳銃不法所持）と覚醒剤取締法違反（所持）の疑いで、稲葉容疑者を再逮捕した。調べによると、稲葉容疑者は本人名義で借りていたマンションの室内に、ロシア製の自動式拳銃「PSM」一丁と、ビニール袋に入った覚醒剤〇・四四グラムを不法に所持していた疑い。同課が七月一八日に行った家宅捜索で発見した。調べに対し、同容疑者は拳銃と覚醒剤について「自分のもの」と供述し、容疑を認めているという。同課は所持していた目的や入手先を追及している〉

稲葉に新たな罪状が二つ加わったことで、当初、私が予想していた早期保釈は絶望的となった。しかし、この再逮捕劇に、私は強い違和感を覚えた。

家宅捜索というのは、犯人逮捕から間髪を容《い》れずにやるのがセオリー中のセオリーである。なのに、新聞によれば、家宅捜索は逮捕から八日後に行われている。私はそこに道警の作為を感じた。長年の捜査経験から、何かおかしい、と感じたのである。

道警の不可解な家宅捜索は、これ以降も続いた。事件発覚から一ヵ月以上も経過した八月二一日、道警は唐突に稲葉の関係先から、覚醒剤約一〇〇グラム、末端価格六〇〇万円相当が見つかったとして、彼を覚醒剤の営利目的所持容疑で再々逮捕したのだ。

稲葉の逮捕からある程度の間隔を置いて、ポツリポツリと発見される拳銃や覚醒剤。私の目には、それはひどく不自然なものに思えた。

事実、この家宅捜索がきわめて奇怪なものだったことを、後に私は知ることになった。稲葉問題について、私にもう一度、考える機会を与えてくれた曽我部司氏の『北海道警察の冷たい夏』には、当時の家宅捜索の経緯が詳細に記述されている。以下、曽我部氏の記述に基づいて、その経緯を振り返り検証してみよう。

稲葉が逮捕された七月一〇日、道警は稲葉夫人の住むマンションを家宅捜索している。だが、夫人が電話で私に伝えたように、この当時、稲葉は自宅にまったく帰っておらず、当然ながら、この家宅捜索では、覚醒剤などは何ひとつ発見されなかった。

そして、道警は手ぶらのまま引き揚げ、一八日まで、まったく家宅捜索に動く気配を見せていない。しかし、当の稲葉は札幌市内に、麻薬密売で得た利益で購入したとまで噂された複数のマンションを所有していた。再逮捕のキッカケとなった家宅捜索も、そのマンションのひとつで行われている。

道警は稲葉に別のアジトがあることを、まったく知らなかったのか？　一八日の家宅捜索にあたった薬物対策課は、稲葉と同じセクションの生活安全部内にあり、稲葉とは〝身内〟である。その薬物対策課が彼の自宅以外の居住先を、把握していなかったということがあるのだろうか？

協力者たちと多くの時間を過ごしていた稲葉は、危険な仕事を家庭に持ち込むまいと、なかば、奥さんとは別居状態で暮らしていた。そのことは、当然、同僚たちも知っていたはずなのだ。

二回目以降の家宅捜索は、さらに異様である。七月一七日に稲葉の供述調書が作成されると、道警は翌一八日から二三日にかけ、稲葉が所有していた複数のマンションほか、二十数ヵ所を家宅捜索する。その結果、三一日に発表されたのが、先の拳銃一丁と、〇・四四グラムの覚醒剤だった。

ところが、曽我部氏の元には現場の警察官から、

「実は（七月）二三日の家宅捜索で、もっと大量の覚醒剤が押収されていた」

という情報が寄せられたという。そして、この情報はほかのマスコミも知るところとなり、「一〇〇グラムの覚醒剤が見つかっていた」として、八月一日に一部マスコミに報道される。同日、道警本部監察官室長は、通信社の「もっと大量の覚醒剤があったのではないか？」とする取材攻勢を受けて、その事実を認め、「七月下旬の家宅捜索で覚醒剤九三グラム（一〇〇グラム報道を訂正した）を押収した」と発表している。これが八月二一日の再々逮捕につながったのである。

この経緯から浮き彫りになるのは、薬物対策課の家宅捜索の不自然さである。典型的なのが、九三グラムの覚醒剤の発見で、道警の内部告発によると思われるマスコミ報道がなかったら、この覚醒剤は表に出てこなかったのではないか。薬物対策課の動きは、稲葉事件を、なるべく小さく目立たないものにしたい、とする意図が感じられるのだ。

稲葉の元上司が自殺

当時、私はまだそんなことを知るよしもなく事件を外側からしか見ていない。それでも、

薬物対策課の不可解な動きから、どうやら稲葉の逮捕劇は銃や薬物を取り締まる「生活安全部」全体にとって、きわめて具合の悪いことなのではないか、と怪しみはじめていた。

しかし、それが何なのかはわからず、道警内部の動きも、相変わらず、把握できないままだった。

そして、衝撃的な出来事が起きた。

くしくも稲葉が再逮捕された七月三一日、稲葉の銃器対策課時代の上司で、私もよく知る方川東城夫《かたがわとしお》警視が、自殺を遂げたのである。

その前日、方川警視は長時間にわたって、道警本部で監察官室の取り調べを受けている。翌日も取り調べが予定されていたが、彼は姿を見せなかった。捜索の結果、自宅近くの公衆トイレで縊死《いし》しているのが発見されたのである。

そんなことを知らない私は、たまたま、その日の午後二時近く、道警本部の本部長室にいた。

私が、道警の紹介で再就職した生命保険会社の大口顧客が道警の職員であることから、私は会社の役員に同道して、本部長を表敬訪問したのである。〝元方面本部長〟の肩書で〝天下り〟した人間が、会社のお役に立てるのは、こういう機会しかない。

本部長室で、私は三〇分ほど、道警本部長と役員が談笑するのを聞いていた。とりとめのない馬鹿話が続き、ときおり、本部長は呵々《かか》大笑した。よく、しゃべり、笑う警察トップだった。

方川警視の自殺の報は、本部長室を辞してから数時間後、知り合いのマスコミ関係者からもたらされた。遺体の発見は午前一一時四五分だったとも教えられた。私はとっさに、さきほどの本部長の笑い顔を思い出した。時間的に見て、私が本部長室にいたとき、すでに本部長は方川警視の死を知っていたはずである。

しかし、彼の表情、仕草からは、それを感じさせるものが、何ひとつ見えなかったことに、私は少なからずショックを受けた。そして、キャリア官僚の冷酷さが骨身に沁《し》みた。

彼らキャリアにとって、一地方の課長の死は、なにほどのことでもないのだ。彼らから見れば、ノンキャリアは路傍の石であり、稲葉と同じように使い捨ての駒《こま》にすぎない。私は翌日行われた方川警視の通夜に参列したが、そこに、本部長の姿はなかった。私が密《ひそ》かな怒りを覚えなかったといえばウソになる。

亡くなった方川警視とは、私が防犯部長、彼がまだ少年課の警部で補佐だった頃《ころ》からの知り合いである。少年の補導件数のことで激論を交わしたり、一緒に酒を飲んだりした仲であった。

その後、警視に昇任し彼は銃器対策課、小樽《おたる》警察署副署長などを経て、〇二年四月、釧路《くしろ》方面本部の生活安全課長に栄転する。彼にとっては、初めての所属長である。ノンキャリアにとっては憧《あこが》れの、署長のポストが見えはじめた矢先、彼は自ら死を選んだのだ。

彼が取り調べを受けていたのは、銃器対策課時代の稲葉との関係にあることは疑いの余地がなかった。では、銃器対策課時代に彼の周辺で何があったのか？　方川警視は稲葉と組んでどんな仕事をしていたのか？　その仕事が原因で、方川警視は命を絶つことになったのだろうか？　私は翌日の北海道新聞に載った記事に目を凝らした。

〈方川課長は一九九七年から昨年二月まで、道警銃器対策課の幹部で、稲葉容疑者の上司だった。在任期間中には、九七年に拳銃不法所持でロシア人船員が稲葉容疑者らに逮捕され、公判で被告(ロシア人船員)の弁護人側が「知り合いから『拳銃と中古車を交換してやる』と言われ、拳銃を持ち込んだ。おとり捜査だ」と主張、札幌地裁がこの主張を退け、実刑判決を下した事件などがあった。
道警はこの事件を含め、稲葉容疑者の当時の捜査手法などについて、かつての上司らから事情を聴いており、方川課長からは三一日も事情を聴く予定だった。道警監察官室は「自殺した理由はわからない」と話している〉(『北海道新聞』〇二年八月一日朝刊)
この記事を読んで私は道警の監察官室が、なぜ、方川警視ら銃器対策課関係者の事情聴取を始めたのか、理解できたと思った。監察官室は稲葉の供述から、この事件が彼の個人的な覚醒剤使用にとどまらぬ、銃器対策課全体の問題に発展するという危機感を抱いていたに相違ない。
その全体に及ぶ問題とは、道新の記事が指摘している稲葉が銃器対策課時代に行っていた〝捜査手法〟である。その具体例が九七年のロシア人船員拳銃不法所持事件であり、ポイントは、犯人とされたロシア人側が、「これは違法なおとり捜査だ」と主張している点にある。もし、これがほんとうに違法性の高いおとり捜査であるなら、銃器対策課の他の捜査でも同様のケースがあった可能性が強い。それを察して監察官室は動いたのではないか。

警察では、身内の不祥事案が発生すると、監察官室が対応し、実態の掌握に全力を注ぐ。不祥事がどこまで広がるかを見極め、マスコミなどの対応策を練らねばならないからだ。

おそらく、稲葉の供述はあやふやなもので、その全体像を知るには、ぜひとも、銃器対策課の関係者たちから事情聴取する必要があったのだ。

だが、監察官室の役目は掌握したすべての事実関係を満天下に晒《さら》し、事件を解決することではない。まず、第一に組織を守る。それが監察官室に課せられたほんとうの任務なのだ。組織がダメージを受けるような事実を確認した場合、監察官室はけっして事件の全貌《ぜんぼう》を外部に発表することはない。

そして、また、方川警視も警察は組織防衛がすべてに優先することを、長年の経験から知っていた。彼は「銃器対策課」の秘密を守ろうとして、死を選んだのではないか。つまり、組織に殉じたのではないか？

方川警視の死は、道警内部にも強い衝撃を与えたようだった。そのせいなのだろう。私の元にも、稲葉事件に関する情報が断片的に入ってくるようになった。

そのひとつは、この事件は稲葉の「S」（協力者＝スパイ）である一人の男の密告によって始まったという情報だった。

七月五日、覚醒剤の分包を所持して、札幌北警察署に駆け込み、覚醒剤所持の現行犯で逮捕されたその男の名前は渡辺司という。渡辺容疑者は勾留《こうりゅう》質問の際、稲葉の覚醒剤使用を暴露したのだという。

渡辺が九八年に挙式したとき、生活安全部銃器対策課の面々が披露宴に顔を出している。渡辺が飛びこんだ札幌北警察署長も元銃器対策課長である。

このことからもわかるように、渡辺は稲葉のSであると同時に、銃器対策課が管理していたSでもあった。銃器対策課にしてみれば、この事件は、いわば〝飼い犬〟に手を嚙まれるという、まったく予想もしない形で起こったのである。道警内部が混乱しているのは、そのせいもあるのだろう、と思われた。

もうひとつ、私に寄せられた情報は、

「九七年に小樽で起きたロシア人船員拳銃不法所持事件で、稲葉は自分が偽証していたと監察官の取り調べで供述していた」

というものだった。

この事件（これ以後、小樽事件として記す）で札幌地裁が「おとり捜査」を主張するロシア人船員を有罪としたのは、稲葉、方川警視ら当時の現場の捜査員が口をそろえて「おとり捜査の事実はなかった」と法廷で証言したからである。ところが、稲葉は今回の取り調べで「あの証言はウソだった」と告白したというのだ。

また、情報では稲葉が小樽での違法捜査を認めたことで、これに関する取り調べは、「刑事部」が担当することになったという。

そういうことなら、方川警視の取り調べは、かなり厳しいものだったろうな、と私は想像した。

なぜなら、タテ割りの警察組織にあっては、もともと部門間のライバル意識が強い上、刑事畑には、伝統的に防犯畑つまり生安部を下に見る傾向があったからだ。

しかも、銃器対策課は、九三年にできた新しい部署で、元来、刑事部の専門分野である暴力団捜査、拳銃捜査に割り込む形で、拳銃摘発を行うようになった。刑事部から見れば、自分たちの縄張りを荒らすために誕生したような、じつに腹立たしいセクションなのである。

違法捜査の調査を命じられた刑事部が、稲葉逮捕を好機としてとらえ、この際、銃器対策課を徹底追及してやろうと、意気込んだとしても、なんの不思議はない。

つまり、稲葉事件の捜査は、稲葉個人から、組織である銃器対策課に不祥事を飛び火させまいとする「生活安全部」（その証拠に、〇・四四グラム、九三グラムの覚醒剤の出所については、その後、薬物対策課からなんの発表も行われていない。一部には薬物対策課が密かに家宅捜索を行い、発見されてはまずいものを持ち去ったとする説まであった）と、銃器対策課が何をしていたのかを徹底的に暴いてやろうという、「刑事部」の、お互い百八十度違う思惑がぶつかり合う形で進行していたようだ。

そして、実態調査を主導する警務部＝監察官室は、稲葉事件がとんでもない広がりを見せる危険を察知し、あわてて事態の収拾を図りはじめた、というのが、ここまでの道警内の動きだと見ることができる。

新たな自殺者

いずれにしても、もう、道警には、この事件を本気で解決する気はないだろう。事件発生後の捜査経緯を見る限り、そうとしか思えなかった。

銃器対策課の〝捜査手法〟とは、おそらく、道警にとってパンドラの箱のようなものに違いない。もし、開けてしまったら、道警全体を揺るがしかねないものが、そこにはあるのだ。道警はこれを封印し、地下深く埋めてしまうだろう。

それは、また、道警が稲葉を完全に見捨てるということでもある。一連の裏金問題がそうであるように、不祥事案が起きれば、組織の関与を否定し、すべてが個人の犯罪であると強調するのは警察の常套《じょうとう》手段だ。この事件もまた、稲葉一人にすべてをかぶせながら、幕引きへと収斂《しゅうれん》していくに違いない。

私は組織から見捨てられ、孤立無援の状態にある稲葉が不憫《ふびん》でならなかった。その罪は罪として、誰か一人くらい、稲葉のために動いてやる人間がいてもいいのではないか。そんな気持ちを抑えられなくなった。

私はあれこれ、思いをめぐらし、自分が公判の場に情状証人として立ち、稲葉が犯した犯罪の背景には裏金や、人事、組織運営などに問題があることを、証言できないかと考えるようになった。そのことで、少しでも彼の刑期を減じることができれば、と思ったのである。

そこで、何人かの現役幹部や知人に意見を聞いてみたが、全員から強く反対された。道警から、この件については何も触れぬよう箝口令《かんこうれい》が敷かれている。そんな感触を私は持った。

いったい、どうしたら、いいのか。気持ちの整理がつかぬまま、無駄に日を過ごしていた私に、またしても、ショッキングな報がもたらされた。

稲葉のSだった渡辺が勾留中の札幌拘置支所で自殺を遂げたのである。八月二九日早朝のことだった。

〈渡辺被告は自分で使用していた靴下の片方を口の中に詰め、もう片方を首に巻いている状態で、布団の中に横たわっているところを、刑務官に発見された。すでに、意識不明の状態で、搬送先の病院で一時間後に死亡が確認された。関係者によると、渡辺被告は数年前から、稲葉被告の協力者で、小樽港で中古車の輸出などにかかわっていたという。稲葉被告とは、拳銃の密輸情報を提供するなど、密接な関係にあったが、自身が逮捕される直前には、稲葉被告と金銭トラブルを抱えていたとされる〉（『北海道新聞』〇二年八月二九日付夕刊）

死んだ渡辺は銃器対策課の捜査に深くかかわり、その内情を知る立場にある男だった。方川警視、そして渡辺司……銃器対策課の秘密を知る男たちが相次いで死んでいったのである。

次は誰だ？

私はとっさに稲葉の顔を思い浮かべた。彼の家族や奥さんのことが浮かんだ。

私は急いで稲葉の弁護人に連絡を取った。稲葉のために公判で、この事件の背景にある銃器対策課の在り方や、裏金の問題について語りたいと伝えた。なんとしても、稲葉を死なせてはならない。そう思っての行動だった。

小樽事件の問題点

稲葉の逮捕後、二人の関係者が自殺したことで、マスコミの報道は次第にエスカレートしはじめた。

九月六日の北海道新聞朝刊社会面には、「元道警警部不祥事、深まる闇」の見出しで事件の詳細が報じられている。この記事は、いわゆる、一連の稲葉スキャンダルを伝える初の詳細報道であり、この時点での事件全体の再確認をする上で、ここにその一部を紹介しておきたい。

マスコミで「小樽事件」が新たな疑惑として浮かび上がると、道警は素早い対応をとった。小樽事件にかかわった稲葉ら三人の捜査員を偽証容疑で、書類送検する方針を固めたのである。

〈調べでは、稲葉被告らは、九七年一一月一四日、ロシア人船員を逮捕したが、同船員に拳銃と中古車の交換を持ちかけた疑惑を持たれているパキスタン人が逮捕現場にいたにもかかわらず、捜査報告書に記載しなかった。稲葉被告ら三人は公判でも「逮捕当日、パキ

スタン人の姿を見ていない」など偽証した疑いが持たれている〉（『北海道新聞』〇二年九月一〇日付朝刊）

そして、一〇月一七日、道警は「小樽事件」で偽証したとして、稲葉と故・方川警視のほかに、稲葉の直接の上司だった中村均元銃器対策課課長補佐、千葉茂洋元銃器対策課主任の四人を札幌地検に送致した。

なお、「小樽事件」の詳細については、ジャーナリストの織川隆氏が、その著書『北海道警察　日本で一番悪い奴ら』で、当時の裁判記録を元に再現しておられるので、それを参考に事件の流れを簡潔に記しておきたい。

九七年一一月一三日、ロシア商船「ネフスカヤ」号から降り立ったロシア人船員Nは、以前から、「拳銃を持ってくれば中古車と取り換える」と持ちかけられていたパキスタン人Hと連絡を取り、翌日、車で迎えにきてもらった。車内には別のパキスタン人のM（原田注・この人物も銃器対策課の捜査協力者）がおり、Hから「彼が拳銃をほしがっている人物だ」と紹介される。その後、中古車販売業を営むMの店で、交渉が続くが、途中、Hは腹痛を訴えて店の奥に姿を消す。

NはHを店に残してMと船に戻ろうとするが、ここでMが「拳銃を持ってこい」と要求する。危険を感じたNはMに船に取りにきてくれと頼むが、Mは首を横に振る。しかたなく、Nが船から拳銃と実包を持ち出すと、Mは彼を近くの倉庫裏に連れだした。しかし、Nが拳銃を渡そうとすると、Mは受け取ろうとせず、次の瞬間、Nは潜んでいた捜査員たちに拳銃所持で現行犯逮捕された。

以上が、小樽事件の経緯の概要である。おとり捜査は、一定の条件下で認められてはいる。だが、小樽事件のケースは、これが事実ならば明らかにおとりを使って犯罪を誘発させている違法捜査になる。

さらに重要なのは、この規模の捜査となると、係長の稲葉レベルのオペレーションではできるはずがないということだ。事実、現場には指導官だった故・方川警視や、上司の中村課長補佐（当時）がいた。結論からいえば、「小樽事件」は、「道警本部長指揮」としか考えられないのである。

この事件では、生活安全部長以下、課長、次席、指導官らのメンバーが控え、大元の指示は道警本部から来ている。少なくとも生活安全部長は捜査内容を事前に把握しており、本部長も（ろくに内容を確認はしなかったにしろ）捜査にゴーサインを出しているはずだ。

また、問題点とされる偽証についても、捜査員の意思だけで行われたとは考えられない。

警務部監察官室には訴訟担当の監察官がおり、公判で証言するときは、担当監察官が、事件の真相を十二分に把握し、捜査員の証言内容を細かく検討する。そのうえで上層部の決裁を取り、担当検事とも、事前に打ち合わせをして公判に臨むのが通例である。これは、私自身が体験したことでもある。

つまり、捜査員が勝手に出廷し、自分たちだけで口裏を合わせて証言するわけではないのだ。あくまで、警察が組織として裁判に対応するのであり、小樽事件で行われた「偽証」は、道警という組織が認めた偽証ということになりうるのだ。

〝クビなし拳銃〟というモンスター

ところで、生活安全部の捜査の実態とはどのようなものだったのか？

それを知るためには、道警本部防犯部保安課に、生活安全部銃器対策課の前身である銃器対策室が立ち上げられたときにまで、遡《さかのぼ》らねばならない。

そして、私は当時、防犯部長として銃器対策室の設立に立ち会っている。まず、その設立までの過程を説明しておこう。

私が防犯部長に就任した九一年末当時の、防犯課の銃器対策は、もっぱら猟銃などによる危害防止のための許可行政が中心であった。それまで、拳銃などの摘発は、暴力団捜査を担当する刑事部門の捜査四課の所管だと考えられていたのである。もちろん、拳銃捜査専門の捜査官など、防犯部門には一人もいなかった。

ところが、九二年になり、突如として警察庁から全国の警察本部に、拳銃摘発の大号令がかかったのだ。

その年の三月、警察庁主催で、警視庁など指定都道府県の防犯・保安部長が東京に集められた。私もその一人として参加した会議の席で、私は元警察庁長官で、当時、警察庁保安部長だった関口裕弘氏から、

「北海道はロシアからの拳銃密輸ルートになっているとの情報があるようだが、いまだに

摘発がないのはどうしてだ！」

と厳しい指摘を受けることになった。関口保安部長は、五月になると、拳銃摘発の督励のため道警を訪れてもいる。また、この月には、警察庁主催の全国会議で、暴力団対策と拳銃摘発が議題の中心になるなど、都道府県警察は、警察庁から矢継ぎ早の拳銃摘発強化の指示を受けるようになったのである。

前述したように、当時の防犯部には拳銃専門の捜査官は皆無に等しい状態だった。そこで、警察庁の意を受けた道警は、拳銃摘発対策推進のための会議を重ねるようになり、年末には、防犯部長である私を中心に防犯部参事官、保安課長、防犯部管理官などが集まり、九三年以降の拳銃摘発体制の強化や人事の検討が始まった。このような経緯を経て、九三年四月、保安課に銃器対策室が誕生し、そこに刑事部門から稲葉が異動でやってくるのだ。

全国警察で拳銃摘発体制が強化されると、即座に警察庁は厳しいノルマを打ち出した。九二年には各都道府県の保安課に対し、目標とすべき拳銃の摘発数を示し、各警察署に対しても、具体的な数字が提示された。きわめて難しい拳銃摘発という仕事に「管理目標」という名のノルマが、全警察組織に課されることになったのである。

だが、ムチばかり入れても、馬はそう簡単に走るものではない。そこで、警察庁はノルマが達成しやすくなる方法を示す必要に迫られた。

そのニンジンとなったのが九三年の銃刀法改正である。この改正では、「拳銃を提出して自首したときは、その刑を減免する」旨の規定が新設されている。拳銃の不法所持は五年以下の懲役、または一〇〇万円以下の罰金が科せられるが、もし、拳銃を持って自首すれば、罪を免除、あるいは軽くするというのが、この規定の趣旨なのだ。警察庁としては、これを素晴らしいアイデアだと思ったのだろう。国会の地方行政委員会でも、警察庁は「この改正法は、拳銃回収には相当の効果を上げつつある」と自画自賛している。

だが、この規定が加わったことで、はたして、暴力団員が素直に「悪うございました」と反省して、拳銃を片手に続々と自首してくるだろうか？　そんなことは、現実にはあり得ない。しかも、この規定を適用するのは担当裁判官の判断次第なのだ。警察が恣《し》意的に、「よし、拳銃を持ってきたから、お前の罪を軽くしてやる」と言えるようなものではない。

もともと、警察というところは合理性のないノルマ主義に陥りやすい体質がある。銃刀法改正を楯《たて》に取った拳銃摘発の大号令は、まさにその典型であった。

さすがに警察庁も、銃刀法改正だけでは不十分と考えたのであろう。そこで、ノルマ達成の号令をかけた警察庁と、ノルマを達成せねばならぬ現場との落差を埋めるため、ひとつのアイデアが産み落とされた。

それが、〝クビなし拳銃〟という、あまりにも奇怪で化け物じみた発想だったのである。

〝クビなし拳銃〟とは、文字どおりに犯人の首から上がないという意味である。拳銃を不法に所持した犯人が捕まるわけでもなく、拳銃を持って自首する人間がいるわけでもない。最初から犯人はいらないのだ。

必要なのは拳銃のみであり、それを押収する場所はどこであってもかまわない。いつ、どういう形でもよいから、拳銃さえポロリと出てくれば、それでよしとする摘発法なのだ。

しかし、これは最初から警察が犯人を隠してしまうという点で、犯人隠避に当たる。つまり、きわめて違法性の高い、銃刀法改正の趣旨からも逸脱した、恐ろしく怪しげな摘発形態なのである。

この摘発法について、ベテランの刑事はこう嘆いていた。

「どの捜査でも同じですが、長い長い無駄な歩みを積み重ねることが捜査というものなんです。相手の懐に飛び込まないと情報は取れないが、たとえ、飛び込んでも、軸足はしっかりと自分の側に残して置く必要がある。胡散臭《うさんくさ》い近道を無理矢理作り上げ、いともたやすく、〝クビなし拳銃〟を挙げまくる。こうしたやり方が、結局は人と組織を蝕《むしば》み、取り返しのつかない事態を招くのです」

まったくの正論である。だが、悲しいかな、こうした正論を吐く刑事は、組織の中では絶対少数派であり、ノルマを最優先する幹部からは疎んじられる。

あいにく、稲葉はこういうタイプの刑事ではなかった。命令を受ければ、脇目《わきめ》もふらずに、がむしゃらに目標に向かって突き進む、ある意味、不器用な刑事だった。拳銃摘発に異常なほどの執念を燃やす彼にとって、〝クビなし拳銃〟は、むしろ、摘発のための打ってつけのターゲットでしかなかったろう。

ちなみに、私は銃器対策室が設置された半年後に異動になったが、この年の道警の拳銃押収数は七一丁と、その後七年間の中でもっとも摘発数が多い。いわば、警察庁の号令で生まれた道警の「拳銃バブル」の先鞭《せんべん》をつけたのは、この私だったと言わねばならない。

そして、私が防犯部を去ったあとも、稲葉は拳銃摘発にすべてをなげうち、〝クビなし拳銃〃という化け物を次々と摘発し続けた。

九五年になると、さらに「拳銃バブル」を加速させる事件が起こる。三月に国松孝次警察庁長官（当時）が拳銃で狙撃《そげき》されたのだ。この事態に警察庁は全国警察の尻《しり》を叩《たた》きまくり、いっそうの拳銃押収を命じるようになった。当然、稲葉は、熱にうかされたように拳銃摘発に邁進していたに違いない。

彼が銃器対策室に配属されて以降の八年間に押収した拳銃の数は、じつに一〇〇丁。同課の中で突出した「実績」であり、そのうちの六四丁がクビなしだったと聞いている。

だが、〃クビなし拳銃〃の摘発は、大きな危険を内包していた。善意で拳銃を刑事に渡すヤクザ者や犯罪者など、この世にあろうはずがない。拳銃を押収しようとすれば、そこには、必ずなんらかの〃取引〃が生まれてくる。

稲葉が罪を犯すようになっていったのも、彼をひっくるめた銃器対策課全体の捜査手法に重大な疑惑が生じたのも、私は、この〃クビなし拳銃〃というモンスター抜きには、考えられないと思っている。

稲葉については、覚醒剤の密売に手を染め、愛人を作り、高級外車を乗り回し、絵に描《か》いたような「悪徳刑事」の一面も多々報じられたが、私にはその事実を確認するすべがないし、そのころの彼の動向を何一つ知らないのだ。

だが、事実とすれば彼がそこまで堕《お》ちていった背景には、ひたすら、拳銃摘発にのめり込み、身銭を切り続け、拳銃摘発のためなら、薬物の密売にも目をつぶり、暴力団との癒着も厭《いと》わない猛烈デカとしての稲葉がいたことは、やはり、留意しておく必要があると思う。そこには、組織のために身を粉にして働き続けた男が、落ち込んでいった暗い罠《わな》がある。

そしてまた、猛烈デカとしての稲葉は、間違いなくノルマを最優先する組織にとって必要な男だった。あるいは、組織の方針に従順に従う幹部たちにとって、ほんとうに重宝な男だった。

その証拠に稲葉は道警本部長から「銃器捜査技能指導官」に指定されている。組織は、稲葉の捜査手法を肯定し、その実績を認め、後輩の刑事たちに、彼の手法を真似《まね》た捜査方法を広めようとさえしていたのだ。

ところが、稲葉が逮捕されたとたん、道警は、これまで肯定していた、もしくは現場の好きにさせていた捜査手法を世間に知られまいと、必死で隠蔽工作に走った。そして、稲葉は完全に組織から見捨てられてしまったのだ。

繰り返すが、〝クビなし拳銃〟という、胡散臭すぎる拳銃摘発の筋道を作ったのは警察庁なのである。具体的な拳銃摘発の指示を出すこともせず、現場のなすがままに任せ、捜査費の運用の実態にも目をつぶり、ひたすら「手段を選ばずに拳銃を挙げろ」と大号令をかけ続けたのは警察庁なのだ。

現場の優秀な刑事たちの声は大号令の前にかき消され、地道な捜査ばかりしている刑事たちは現場から外される。残るのは、常に上に右へならえの幹部たちと、獲物に頭から突っ込んでいく猟犬のような刑事だけだ。そして、まずいことが起きたら、すべての責任は現場の刑事にかぶせられるのだ。

これはまさに、裏金作りのノルマを末端の警察官に押しつけ、警察署などの現場が領収書を偽造するなどしてロンダリングした莫大《ばくだい》な裏金を使い放題使い続けた警察官僚たちが、いざ、裏金問題が発覚すると、すべてをごく一部の責任に限定し、下位の者に詰め腹を切らせて、そ知らぬ顔で事を済ませようとする構造と、まったく同じではないのか。

稲葉も、死んだ方川警視も、そして渡辺も、上層部のみが手を汚さない裏金作りのシステムに代表される、腐敗した官僚主義がはびこる警察組織の犠牲者ではないだろうか。

第三章　稲葉の「告発」

荒唐無稽な冒頭陳述

稲葉の初公判は、〇二年一一月一四日、札幌地裁で開かれた。

検察官が読み上げた冒頭陳述の所要時間は、わずか一〇分足らずであったという。稲葉の罪状は覚醒剤《かくせいざい》使用、所持、営利目的所持、そして、拳銃《けんじゅう》不法所持の四件である。その罪状の多さに比して、陳述時間の一〇分弱というのは、異例ともいうべき短さであった。

そして、その短さは、陳述内容の空疎さとも見事なまでに比例していた。

〈被告人は平成一一年冬ころ、かねて接触していた捜査協力者である暴力団組員から、東京から千歳《ちとせ》空港に覚醒剤を運搬してきたので、捜査用車両で札幌市内まで乗せていってほしいと依頼され、これを引き受けて同組員を送り届けたが、その際、同組員から、警察官である被告人が覚醒剤の保管などに協力すれば、摘発される心配もなく心強い旨言われ、覚醒剤密売に助力することにより、利益の分配を受ける方途があることを知った〉

ちょっと待て、と言いたくなるような犯行にいたる経緯の説明である。なぜ、話が九九年から始まらなくてはならないのか。

〝クビなし拳銃〟の説明部分でも述べたように、稲葉が犯行に走る背景には、彼の九二年に配属された銃器対策室の中で醸造された捜査手法があり、そのまた背景には、警察庁の拳銃摘発の大号令があった。その過程で〝クビなし拳銃〟という化け物が誕生し、そうした歪《ゆが》んだ捜査環境の中で、猛烈デカとしての稲葉が作り出されていくのだ。九九年に突然、覚醒剤の密売はカネになると思って始めたというような、単純な話ではまったくない。

だが、検察官の冒頭陳述はそうした背景も、彼が犯罪に走る前提も動機も、すべてを無視したものだった。言い換えれば、稲葉事件の背景にある警察の組織的な犯罪的部分と、ノルマ第一主義を掲げ、そうした行為を見て見ぬふりをし続けた上層部の行為を、すっぽりと隠蔽《いんぺい》した形で、この冒頭陳述は作り上げられていた。

そこにあるのは、すべてが稲葉個人の犯罪だとする、組織にとっては、あまりに都合のよすぎるシナリオであり、わかる人が見れば、あまりにもひどいシナリオであった。

たとえば、稲葉が覚醒剤の密売にいたる理由として、〈金銭に窮した捜査協力者には小遣い銭を与えるなどして歓心を買っていた〉と検察は説明しているが、そもそも、銃器対策課の場合は捜査協力者というのは、刑事との個人的関係だけで成り立っているのではない。

Sの渡辺司の披露宴の席には銃器対策課の幹部たちが、ズラリと顔をそろえていた。これは、銃器対策課が渡辺を管理していたことの、なによりの証拠であり、私は銃器対策課内に「S名簿」という、協力者の登録名簿があったことも知っている。そのことに、なぜ、検察は触れないのか？

稲葉の二ヵ所のアジトから見つかった〇・四四グラムと九三グラムの覚醒剤の入手先についても、陳述書の中では、いっさい触れられていない。覚醒剤捜査なら入手ルートを徹底追及するのは当たり前のことではないか。

まして、稲葉は密売目的で、末端価格六〇〇万円相当もの覚醒剤を所持していたのだ。検察は、突然、九三グラムの覚醒剤が、稲葉の前に魔法のように出現したとでもいうのだろうか。入手ルートを追及しない理由はただひとつ。その先に、道警にとっても、検察にとっても触れられたくない警察組織の秘密があるからなのだ。

もうひとつの拳銃不法所持についても、検察の言い分は、思わず耳を疑うようなものだった。

〈被告人は銃器対策室に配属されたことを契機として、拳銃に興味を抱くようになり、多種多様な拳銃を身近に保管してじっくりと鑑賞したいと思うようになった〉

バカらしいにもほどがある。稲葉は銃器対策室に来る前から、拳銃捜査にたずさわっていたのである。私は彼の親しい友人たちから、彼が拳銃マニアだったというような話は、一度だって聞いたことはない。

稲葉はクビなし拳銃を挙げるのが得意だった。そして、クビなし拳銃はどこから出てきたっていいのである。ノルマの数合わせや、クビなし拳銃の摘発工作に使うために、彼は拳銃を室内に保管していた。そう考えたほうがはるかに自然ではないか。

そうしたことに目をつむり、無理矢理、稲葉を拳銃愛好者に仕立て上げたのも、検察が、クビなし拳銃などの捜査手法に触れるのを回避したためとしか、思えないのだ。

しかし、この出来の悪すぎる冒頭陳述のあと、稲葉は検察官の質問に、「はい、はい」と従順に頷《うなず》いてばかりいた。そして、彼はすべての起訴事実を認め、公判はわずか三〇分ほどで終了したという。

どうやら、稲葉はすべての罪を自分一人で背負い込むつもりでいるらしかった。覚醒剤の営利目的の所持・売買の罪は重い。稲葉は、ほんとうにこれでかまわないと思っているのだろうか。私はなんとも言えぬ、やるせない気持ちになった。自分だけで罪をかぶる稲葉の本心が知りたいと痛切に思った。

そんな気持ちが通じたのだろうか、一一月も終わりに近づいた頃、思いがけず、私の元にある人を介して稲葉が心境を伝えてきた。

〈申し訳ないことをしました。しかし、いまさらどうすることもできません。弁護士に本当のことを話したほうがいいのかどうか今の俺《おれ》には判断できません。一旦《いったん》決めて発車したものを止めることが可能かどうかということもあるし、これ以上不幸な家族が出るのも忍びない。俺が、腹に呑《の》み込んで行けば、万事うまく納まる。今は、俺一人ですべてが決着付けられるし、家族には我慢をしてもらうしかありません。その覚悟はできています。何かがあると疑問を持たれるのかもしれませんが、それがいつも腹の中のどこかで蠢《うごめ》いているのも事実です。しかし、これ以上の自殺だの逮捕だのという最悪な局面は沢山です。俺の体から、俺の部屋からも違法なものが出たのは、これは動かし様のない事実だから。役所（原田注・道警のこと）の方も何が飛び出すかという危機感は持っていると思いますが、もうかかわりあいにはなりたくないのです。

そんなことより、将来のことを考えて生きて行きたいです。あの腐り切った役所なんか未練はありません。第一歩を踏み出します。頑張ります〉

やはり、稲葉はすべてを飲み込んで、一人刑に服するつもりなのだ。しかし、この文面からは、彼の心の迷いもうかがえる。稲葉の「腹の中のどこかで蠢いている」ものとは何なのだろう？　どうして、それをはき出す気持ちにはならないのか？　私は彼に返事を書いた。

〈元気そうで何よりです。私も、早くも退職して七年が経過しました。今の仕事も三月で終わり、いよいよ待望の年金生活がはじまります。

思えば、稲葉と初めて会ってから二〇年の歳月が流れました。私はあの仕事に入り、いつも警察ってなんだ、と自問自答しながら過ごしていました。気がつくとあの立場になり、退職の時期となっていました。その間、これではいけないと気づいたことも多々ありましたが、力およばず、あるいはあきらめるなど、幹部として今も自責の毎日です。

私にとっては、稲葉のことを世間がどう評価しているかは関係ありません。ただ、何度か仕事をともにした仲間が傷ついたことを悲しみ、何かできることはないかと模索しているのです。稲葉が立ち向かった相手は途方もなく大きな目に見えない化け物です。残念ながら、かつて我々が所属した組織に打ち勝つ力はなかったのです。誰の責任でもありません。強いて言えば、そうしたことに気がつきながらなんのサポートシステムも作らず、戦うための十分な装備を持たせず、戦場に部下を送り出した、われわれ幹部の責任でしょう。

自分に何かできることがあればと思い、近く弁護士のHさんと会います。ただ、稲葉の意向に反して行動する気持ちはありませんので、心配しないでください。必要であれば、奥さんの相談にも乗ります。また、便りをします〉

この手紙を出して、ほどなく私は、かねてから会いたいと連絡をもらっていた稲葉の弁護人であるH弁護士と面会した。私は稲葉事件の背景、銃器対策課の成り立ちや、裏金のことについて証言したいと、改めて彼に伝えた。

H弁護士は一〇月に道警が送致した稲葉たちの偽証事件を、札幌地検が起訴すれば、公判で争う気でいた。

彼としては、銃器対策課の実態を明らかにするために、そちらの公判絡みで情状証人に立ってもらいたい、と感じているようだった。とりあえずは、基本的に情状証人になることを承諾し、稲葉の第二回公判が行われる一二月二六日以降に態度を明らかにすることにした。

しかし、思いがけず第二回公判の開廷は延期となった。理由はすぐに判明した。

一二月二七日、札幌地検は「小樽《おたる》事件」の偽証容疑で送致されていた稲葉、中村、千葉の元銃器対策課捜査員三人を起訴猶予とし、故・方川警視を不起訴としたのである。

事件の起訴を望んでいたH弁護士の思惑は外れ、私が情状証人に立つ話も、一時、宙吊《ちゅうづ》り状態となった。しかし、この地検の決定は、ある意味、当然だったのかもしれない。地検も裁判所もすでに、稲葉たちの「パキスタン人はいなかった」という証言を取り入れて、「小樽事件」本件を裁いている。なまじ、偽証を起訴することは、かえって自分たちの不手際を認めることにほかならないからだ。

だが、この日は、もっと不快な出来事があった。

よりによって、官庁御用納めの二七日に、道警は稲葉事件の内部処分を発表したのだ。まさに、どさくさ紛れの発表である。しかも、その内容は、私を絶句させるものだった。

最高責任者の上原美都男道警本部長は警察庁長官訓戒、主管部長の片貝忠男生活安全部長は、本部長注意、歴代の銃器対策課長、次席、指導官はいずれも訓戒や注意処分といった、単なる口頭での軽い注意に終わっていた。

私は先に稲葉を長期間、銃器対策課に置いたことの人事ミスを指摘しておいたが、彼の昇任や異動に関与した警務部長をはじめ、警務部の幹部は処分の対象にもなっていない。ただ一人、減給という「実刑」を食らったのは稲葉の直属の上司だった中村均警視のみ。まさに上に手厚く、下に厳しい処分だった。

第一回公判の稲葉の様子から、彼は何もしゃべらないと踏んでの軽い処分なのだろう。これが、前代未聞のスキャンダルに対する、重責を担う幹部たちの責任の取り方なのかと、私は暗澹《あんたん》たる思いにかられた。

おそらく、地検が偽証容疑を同じ日に不起訴（起訴猶予）としたのも、道警との連携によるものだろう。あるいは、道警が小樽事件で稲葉たちを地検に送致したのも、最初から地検との間に、いずれ不起訴に、という密約ができていたのではないかとさえ思われた。送致は世間の目をそらすためのガス抜きだろう。そんな想像が浮かぶほど、道警の処分は生ぬるいものだったのである。

処分が発表された直後から、私の元には現職の警察官から、上層部の無責任さを糾弾する電話が数多く入ってきた。中には道警の処置に絶望し、これを機に退職した者までいたのである。


ちなみにこの処分には後日談がある。

その後の異動で、警察本部長、警務部長、生活安全部長、銃器対策課長はそれぞれ栄転した。稲葉を「銃対のエース」に仕立てあげた生活安全部銃器対策課で、警察庁の鳴り物入りの大方針に従った形で、歴代の生活安全部長、銃器対策課長はみんな、出世、栄転しているのだ。ちなみに銃器対策課発足以来、歴代の課長には道警幹部のエリートが配置された。彼らの下で馬車馬みたいに銃の摘発だけに体を張り、道警主要ポストについた。歴代課長五人のうち三人が警視正に昇任し、道警主要ポストについた。

彼らの下で馬車馬みたいに銃の摘発だけに体を張り、あげくミイラ獲《と》りがミイラになってしまった稲葉。拳銃捜査をめぐり彼のような目にあった警察官は、全国に何人も存在するのではあるまいか。

偽証事件に関与した幹部についても触れておこう。彼らは、組織としてダメージの軽いポストに横すべりした。ほとぼりをさますための人事である。その一方で、現場で直接、捜査していた捜査員たちは、それぞれ左遷されたり、銃器捜査から外され、課は事実上の解散状態に追い込まれた。

〇三年四月、銃器対策課は薬物対策課と合併する形で、その姿を消すことになった。この事件の核心を握っていたセクションを、道警は自らの手で消滅させたのである。

稲葉を見捨てる

「ちょっと会いませんか。稲葉のことで聴きたいこともありますし」

道警本部監察官室のM警視から、そんな電話が入ったのは、年が改まり〇三年一月一三日のことだった。彼とは岩見沢警察署で私が警部、彼が巡査だった頃《ころ》からの付き合いで、階級の差を超えて親しく付き合う仲であった。

彼からは一ヵ月ほど前にも、「稲葉の件で証人になるってほんとうですか」という電話をもらっていた。「個人的に会いたい」とのことだったが、その背後に道警上層部の意向が働いているのは明らかだった。道警は私と親しいMを使って、私が稲葉公判に証人出廷するかどうか、探りを入れてきたのだ。

そのあたりが、道警のなんとも言えぬいやらしさだ。本来なら監察官室長が来るのが筋だ。しかし、Mとは長い付き合いでもある。あえて、会うのを断る理由もないと判断した。翌日、指定された札幌グランドホテルのコーヒーラウンジに行くと、すでにMは私を待ち受けていた。私は座るなり、

「年末の御用納めの日、こそこそ処分するなんて何を考えてるんだ。みっともない真似《まね》をするなよ」

とMをなじった。私はまだ、暮れの内部処分の不愉快さを引きずっていた。それに内部処分を担当しているのは、Mの所属する監察官室なのである。さすがにMはばつの悪そうな顔になったが、それでも、

「検察庁との折衝もあって、あの時期になりました」

と必死に抗弁する。そこで、

「それなら、年明けに堂々とやれ」

と畳みかけると、かなり困惑した様子だった。それから、私の証人出廷の話になった。

「先輩、稲葉の証人に出るのですか?」

Mが尋ねてきた。

「いや、まだ、決めていないよ」

そう答えると、彼はいぶかしげな表情になった。実際、私はまだ出るとも出ないとも判断を決めかねていた。だが、彼は私が本心を隠していると思ったのかもしれない。

「先輩のようなタカメの人が、そういう場所に出るというのは、あまりよくないんじゃあ

りませんか」

そんな言葉が彼の口から出てきた。

「タカメ」とはヤクザ用語で、地位の高い人を指す。Mはそうした物言いで、OBである私に道警への〝義理〟を大切にしろ、という気持ちを込めたのかもしれなかった。

Mと言葉を交わしながら、私は二人を秤《はかり》にかけるように仕組んだな、と感じていた。道警は私が可愛《かわい》がっていた後輩のMをよこし、私に稲葉を取るか、Mを取るかの二者択一を迫ったのだ。

私がはっきりした態度を示さなかったのは、Mに対する配慮もあった。もし、私が「ぜったいに証人出廷する」とその場で断言してしまえば、Mは役所内での面目を失いかねない。

「稲葉の奴《やつ》は昔の部下だろう。誰か一人ぐらい弁護してやる人間がいてもいいんじゃないかと思ってるんだ。ただし、まだ、決めたわけじゃない」

私は、そう言葉を継いだ。

「そうですか、もしやるのなら、事前に教えてくれませんか」

Mはあくまでも、私の口から答えを聞きたがっていた。

私はそれにはイエスともノーとも答えなかった。私はそのころ稲葉事件の背景には裏金問題があると思っていた。ついでに「裏金のことはどうなっている」と聞いた。彼はこう答えた。

「本部長の指示でいっさいやっていません」

もう、彼と話すことは何もなかった。おざなりな会話を少し交わして、それで終わりだった。私は先にラウンジを出た。

歩きだすと、えもいわれぬ寂しさが私を包んだ。いったい、私は稲葉とMのどちらを選んだのだろう？

私は態度を保留することで、一応はMの顔を立てた。すると、私は稲葉を捨てたことになるのだろうか？　私は稲葉に対して罪悪感を感じた。同時に、これで、もうMと付き合うこともないだろうとも思った。まだ、巡査だった頃の彼と飲んだときのこと。遊びに行った彼の家で、明るく出迎えてくれた奥さんのことが懐かしく思い出された。

だが、それも、今日ですべて終わりだ……。

そして、Mとの面会を機に、偽証事件が起訴されなかったことも手伝って、私は情状証人に立つことに意欲を少しずつ失っていった。いまごろになって、私の知っている稲葉は一〇年前の稲葉であり、いまの稲葉でないことが、気にかかりはじめたのだ。

たとえ、公判で一〇年前の稲葉が優秀な警察官だったことを証言したとして、それが彼にとって、なにがしか有利な材料になるのだろうか？　そんなことばかりが、頭に浮かぶようになった。

いったん萎《な》えた気持ちは簡単には元へは戻らない。私は情状証人に立つのを断念した。稲葉への負い目が、私の中に重く残った。

稲葉の告白

〇三年一月二三日、稲葉事件の第二回公判が開かれた。

この日、稲葉の情状証人に長男が立ち、「父親を尊敬している」と述べたが、稲葉本人は、依然として起訴事実を追認し続けた。彼にはもはや争う気はなく、諦念《ていねん》の中に埋没しているかに見えた。

稲葉は何もしゃべらないまま、判決を聞く覚悟を決めたのだな、と私は理解した。私にとっては残念なことだが、稲葉がそう決めたことなら、それに口を差し挟むことはできない。重苦しいようなむなしさが、私の胸に広がっていった。

そんなある日、稲葉は私に、なぜ、覚醒剤に手を染めるようになったかを告白してきたのである。

〈九六年公安委員会の許可を得て、おとり捜査を実施し、八丁の拳銃と実弾を押収しました。情報では、まだ、ブラジル製のロッシーという拳銃が大量に隠匿されているのがわかりました。このことは警察庁もつかんでいるのに、何故《なぜ》か私たちには判《わか》らないままに捜査は中止となりました。当時の指導官はW警視です。私は、このやり方に不満を募らせたのです。なんのためのおとり捜査なのか、大量のロッシーが国内にあるはずだったのです。

そのうちに自殺した方川さんと、(自殺した捜査協力者の)渡辺司が、私が入校中(警察大学校で警部昇任の研修中）に激突しました。このことが刑事部に報告されました。虚偽の報告です。私が、おとり捜査の金を着服した、（直属の上司だった）中村警部が捜査情報を漏らした、などです。私は、入校から帰った途端に銃器捜査から外され、生経（生活経済犯罪）担当にされ、スタッフも全員替えられました。この時点で、私はグレ始めました、いわゆる本格的な（覚醒剤の）使用です〉（カッコ内の補足は原田による）

私は道警を去ってのち、稲葉を陰ながら、「頑張っているな」と見守ってきたつもりだった。だが、彼の話は、私の知らなかった、身分を偽装して潜入捜査に従事する「銃対のエース」に成長したもう一人の稲葉圭昭の姿だった。

しかし、この話は、前後関係がまったく抜きで語られているので、読者の方々には意味不明の部分が多すぎるだろう。また、これだけでは、彼が覚醒剤使用にいたる心の変化も、よくつかめない。

そこで、稲葉の第三回公判などの発言や、それ以外に私自身が知り得たことを交えて、手紙の内容を補足し、整理することで稲葉の心の軌跡を追ってみたい。

まず、稲葉が組織に対して不信感を強めるキッカケになったというブラジル製拳銃『ロッシー』の押収事件だが、これは警察庁指定の登録五〇号事件と呼ばれるものである。

五〇号事件は、警察庁の指揮の下、道警、警視庁、千葉県警が合同で、九六年に行った大規模な拳銃摘発捜査だ。このとき、稲葉は捜査協力者の一人であるIとともに、暴力団員に身分を偽装し、ヤクザ組織に潜入するという、アクション映画まがいの危険な任務を遂行している。

だが、潜入任務の最中、彼は凄《すさ》まじい恐怖を味わうことになった。取引相手の暴力団員から正体を怪しまれ、耳元に拳銃を突きつけられ、引き金をひかれる寸前までいったのである。彼が九死に一生を得ることができたのは、稲葉とコンビを組んでいたIが、機転をきかせて、必死で取りなしてくれたためだった。

だが、そんな極限体験までしながら、捜査はなぜか、なんの説明もないまま、打ち切りになってしまうのだ。

中止と決まった段階で、すでに稲葉は三五〇丁の拳銃が倉庫に隠匿されているのを突き止めていたという。稲葉にすれば、文字どおり命をすり減らしたあげく、いきなり、ハシゴを外されたような失望と虚脱感と、やり場のない怒りを味わったに違いない。それに、潜入捜査の途中で任務が中止されると、暴力団に正体がバレる危険性も高くなる。彼が自宅に寄りつかず、いくつかのマンションを転々としていたのもこうした理由があったに違いない。彼が組織や上司に激しい不満を持ったのは、当然といえば当然なのかもしれない。

しかし、彼は心の憤懣《ふんまん》をなだめつつ、その後も任務を継続する。彼の鬱憤《うっぷん》が爆発するのは二〇〇〇年になってからである。引っ越し先の大家とトラブルになり、大家が道警本部に稲葉を詐欺師まがいの男だと非難するファックスを送りつける騒動が勃発《ぼっぱつ》した。これが原因で彼は上司と衝突し、発作的に辞表を書くにいたるのだ。

〈自分なりに、警部補とはいえ存在価値を認めてくれてもいいじゃないかという気持ちが、

強かったですね。なんで、詐欺師呼ばわりされるんだという気持ちはありました〉（第三回公判の供述）
それでも、腹の虫が収まらない稲葉は、やけくそ気分で覚醒剤の吸引を試みるが、初めてのことだったので、うまくいかなかったと公判で供述している（ちなみに稲葉は酒が一滴も飲めない下戸である）。
あまりに短絡的な行動とも思えるが、五〇号事件の捜査中断を契機として、彼の内部に積もり積もっていた組織への不満、上司への鬱憤が四年の間に沸騰点に達していたのだろうか。しかも、彼には、道警の拳銃摘発を、自分一人で背負ってきたという自負があった。そのプライドを傷つけられ、膨らみきっていたストレスが一気に破裂したのが、この辞表騒動ではなかったか。それは、当時の彼の生活ぶりからもうかがえる。
〈銃器対策課では単独捜査だったんです。夕方から朝までという毎日でした。Sと接触、Sの開拓、カネをどうやって作るか、どうやって実績を上げるか。ほとんど、家庭のことは考えていませんでした〉（同前）
稲葉はその後、辞表を撤回するが、重要なのは、すでにこのとき、稲葉が覚醒剤に対して、一種のマヒ状態にあったのではないかと思われる点である。
稲葉は、簡単に覚醒剤を入手できる環境に慣れすぎていた。覚醒剤は彼にとって、もはや、反社会的な違法薬物ではなく、単なる捜査のための「餌《えさ》」であり、「道具」になっていた。だから、自分の身辺に覚醒剤があっても、彼はなんの違和感も覚えていない。おそらく、稲葉の拳銃不法所持も、これと同様な感覚マヒの中で行われていたように思われる。

次に稲葉が〈本格的な覚醒剤の使用〉が始まった原因だと言う、方川警視と渡辺司の衝突について触れよう。

〇一年、生活安全部特別捜査隊班長になった稲葉は、その年の八月から三ヵ月間、警部としての研修を受けるため、東京の警察大学校へ入校する。

トラブルはその間に勃発した。銃器対策課で稲葉の上司だった方川警視（当時、小樽警察署副署長）の元へ、渡辺が怒鳴り込むという騒ぎが起こったのだ。

〈当時、小樽署でロシア向けの盗難車の捜査をやっていたんです。そのときMというパキスタン人の捜査協力者が、盗難車の件で取り調べをうけました。そのときにMがまったく根拠のないこと（一説には稲葉とMが拳銃摘発のバーターとして盗難車情報を流したという噂《うわさ》がある）を言われ、それを知った渡辺が小樽署の方川副署長のところに抗議に行った。それでとんでもないSだということになり、そんなSを使っている自分もとんでもないということになって、（警察大学校から）帰ってきて、（任務を）外されました〉（第三回公判供述）

ここに登場するパキスタン人Mは小樽事件に出てくるMと同一人物で、渡辺とはS仲間であり、当然、渡辺は小樽事件のことは裏の裏まで知っている。その渡辺が銃器対策課時代から知っている方川警視のところに乗り込んでいったのである。

彼らの間にどんな会話があったのか、二人が亡くなったいま、知るよしもない。しかし、これが原因で稲葉はそれまでの仕事から外されることになったのだから、トラブルになったのは間違いない。銃器対策課の内情に精通していた渡辺が小樽事件の偽証などをネタに、方川警視になんらかの脅しをかけたとも考えられる。

私がこの件で、気になったのは、どのような経緯で稲葉がそれまでの仕事から外されることになったか、という点である。

いまとなっては、方川警視に確かめようもないが、想像するに、彼は渡辺とのトラブルを自分だけでは処理できず、当時、小樽署長だった上司のMにこの問題を報告したのではないだろうか。だとすれば、そこで騒ぎが大きくなった可能性がある。M署長は刑事部それも捜査四課の強者《つわもの》で、ヤクザもの捜査のオーソリティだった。しかも前述したようにもともと刑事部にいた稲葉というのは、「裏切り者」にも等しい。

なぜかといえば、刑事部から見れば、稲葉という男は、刑事部門にいた頃に培《つちか》った暴力団関係の人脈や、情報源をゴッソリ持って、出来たばかりの銃器対策室に移っていったからである。とくに捜査四課系列では「稲葉の野郎、防犯で無茶な捜査してチャカ（拳銃）挙げやがって」などという思いが強かったのかもしれない。

方川副署長から報告を受けたとすればM署長は、この案件を道警本部に上げる。そのときまっさきに刑事部に上げたのではないか。稲葉が〈刑事部に報告されました〉と述べていることも、私の想像の裏付けになると思う。

こうして、本来は内々で収まってもよいはずの渡辺の起こしたトラブルは、大きな案件となってしまった。しかも、この案件は、渡辺と親しい稲葉がおとり捜査のカネを着服した（稲葉は事実関係を否定している）というような噂の尾ひれがついて、さらに大きくなった。ヘタをすれば不祥事案として、監察官室の事案になりかねない。それを恐れた当時の生活安全部長が、稲葉を配置替えさせたのではないだろうか。

あるいは、監察官室が別ルートから報告を受け、この一件が小樽事件の偽証問題に及びかねないと懸念して、生活安全部に稲葉の処置を指示したというケースも考えられるかもしれない。

いずれにしても、この際、稲葉を銃器や薬物とは、まったく関係ない仕事に押しやって、一種の飼い殺し状態にする。そうすることで、稲葉と一蓮托生《いちれんたくしょう》の関係にあった渡辺のようなトラブルメーカーの「S」も、一緒に乾干《ひぼ》しにしてしまおう。そんな思惑が道警にはあったとも想像できるのだ。

一方、稲葉にすれば、意気揚々と警察大学校の研修から戻ったとたんの配置替えは、まさに青天の霹靂《へきれき》だったろう。

しかも、仕事を降ろされた稲葉が回されたのは生活経済捜査担当だった。ここは産業廃棄物の不法投棄やマルチ商法などを捜査する、「銃対のエース」稲葉に言わせれば「ゴミ拾い」の部署である。

彼がこれまで培ってきた実績もスキルも、ここではなんの役にも立ちはしない。長年にわたり関係を培ってきたSたちと一緒の仕事も、もうできない。少し前まで、新しい任務を得て意気軒昂《けんこう》だった稲葉は、これまで、自分が積み重ねてきたものすべてを剝《は》ぎ取られ、精神的に完全に落ち込んでいく。

彼は自暴自棄になり、再度、覚醒剤に手を出した。渡辺にクスリを注射してもらうようになり、本格的な覚醒剤使用が始まった。こうなれば、あとは一気に堕《お》ち続けていくしか道はない。

その後、渡辺が警察署に駆け込み、稲葉を密告するにいたるまで、二人の間にどのような軋轢《あつれき》があったのかは、当事者の一方が死んでしまったいま、永遠の謎《なぞ》である。

だが、飼い殺し状態の中で、憂さを晴らすために覚醒剤を乱用するようになった稲葉と、自身も薬中毒気味だったといわれる渡辺の関係が、それ以前の第一線の敏腕捜査員と、彼のもっとも親しいSという関係とは、まったく違ったものになっただろうことは、想像に難くない。

私は稲葉が堕ちていく軌跡を眺めながら、改めて稲葉をかわいそうな男だと思った。もちろん、彼の罪はけっして許されるものではない。だが、もし、周囲がしっかり、彼を管理していたら、彼はここまで堕ちることはなかったのではないか。

渡辺の起こした事案を受けた生活安全部長は、稲葉のそれまでの実績や人間関係、抱えているSの実態などを正確に把握して、彼らをどうすべきか処遇の方針を立てる必要があったのだ。たとえ、稲葉のしていたことが監察事案になったとしても、毅然《きぜん》とした処置をすべきだったのだ。

このトラブルが起きたとき、稲葉はすでに薬物密売に手を染めていた。聞くところによると、この頃、道警内部では、「私生活が派手すぎる、うんぬん」といった稲葉に関する黒い噂がいくつか囁《ささや》かれていたという。

もし、道警が渡辺の起こしたトラブルを機に、稲葉を本気で潰《つぶ》す気であったのなら、こうした噂の裏を取り、きちんと事件を立件し、身柄を取る必要があったのだ。必要なら彼を懲戒免職処分にして、彼が使っていたSたちの、新たな管理、運用をしなくてはならなかったのだ。

だが、銃器対策課の数々の違法捜査を知っていながら周囲の事情聴取もやらず、すべてうやむやにしたまま、ことをやり過ごそうとした。その結果、誰も予想しなかった渡辺の「自爆テロ」のような警察駆け込み騒動が起こって、稲葉のことを暴露され、その背後にあった銃器対策課の違法捜査が、明るみに出かかった――。

そう考えると、稲葉事件は、道警にとって、まさに自業自得の事件だったことが、わかってくる。道警は稲葉を〝飼い殺し〟にするという中途半端な隠蔽人事をしたあげく、さらに大きな隠蔽工作を必要とする事態に追い込まれることになったのだ。

暴露

稲葉が重い口を開きはじめたのは、〇三年二月一三日の第三回公判だった。彼はSとの関係を口にし、彼らにどれだけ身銭を切っていたかを語りはじめた。

〈(銃器対策課は)Sの名簿を持っているが、組織から出るカネは一万〜二万円のレベルです。たとえば、クビなし拳銃が一丁なら一万円、複数なら三万円見当という具合。上限はせいぜい五万円です。実際にはSとの関係を維持していくのは、非常にカネがかかります。たとえば、(Sの一人である)Iからは、三〇〇万円の借り入れの保証人になってくれと言われ、それはいやだったので、自分のカードから五〇〇万円下ろして貸しました。Sにかかる費用は「天引き貯金」を下ろしたり、マンション購入の際に、金融公庫に内装費用名目で七〇〇万〜八〇〇万円借りたカネを使いました。そうしたカネは飲み食い、小遣い、生活費などに消えました〉

拳銃不法所持についても、彼は口を開いた。

〈自分の部屋から見つかった拳銃は、おとり捜査でひっかけようとしていたロシア人のもので、上にも報告は出してあります。だから、自分の部屋にあってもおかしくはありません。暗黙の了解のようなものです。拳銃はいずれ、クビなし拳銃か、あるいは誰かを自首させるとき携行させようと思っていました〉

稲葉を〝売った〟渡辺の不可解とも思える自首にいたる行動については、彼はこう説明している。

〈最後に彼と会ったのは、〇一年の七月三日でした。その前々日に、札幌市内の喫茶店で私を通じて六〇〇万円ほど借りていた人から、カネの催促を受けていたらしい。会ったときは、いつもの渡辺とは違っている感じがしました。彼は数年前から睡眠剤のハルシオンを常用していました。数百錠も飲んで病院に運ばれたこともあります。気持ちに浮き沈み

が激しくなっていた……〉

それにしても、これまで沈黙を通してきた稲葉は、なぜ、この段になって事件の真相を、語りはじめたのか？

理由のひとつは〇二年末の道警の内部処分にあると、私は思う。稲葉は処分の結果を担当弁護士から聞き、自分が守ろうとしている組織から、どんな仕打ちをされたか思い知らされたはずである。

もうひとつ、これが稲葉の気持ちを激しく動かしたのではないか、と思わせる出来事があった。第三回公判の中で弁護人の口から明らかにされた、こんなエピソードである。

過去、稲葉は銃器摘発などの功労で、八〇回近い表彰を受け、その表彰状は自宅に大切に保管されていた。ところが、担当弁護士が、正確な表彰回数を道警本部長宛に照会したところ、彼の表彰数は、わずか一〇回あまりに減っていたというのである。

稲葉はこの話を聞かされ、道警が彼の過去の功績までも、記録上から抹殺しようとしていることを知った。それは、彼にとって、すべてを犠牲にして取り組んできた拳銃捜査を完全否定されたも同然だった。

たとえ、それが違法な捜査であっても、彼としては、すべて組織の方針に従ったまでである。彼は、そうやってあげた成果によって、顕彰されてきたのである。上が認めてくれるのなら、稲葉にとっては違法な捜査も違法ではなくなる。そう、彼に錯覚させたのは、ほかならぬ道警なのである。

彼の口を開かせたのは、まだ、彼が心のどこかで信じていた組織への失望だったに違いない。

そして、稲葉は実名を出しながら、クビなし拳銃を使ったやらせ捜査の実態を語りはじめた。第三回公判でもっとも注目されたこの部分の、弁護人とのやりとりは次のようなものである。

――クビなし拳銃とはどういうものですか？

「被疑者のいない拳銃のことです。コインロッカーや公園とか、土に埋められていたりして、発見される拳銃のことです」

――あなたが、自分の手持ちの拳銃をコインロッカーに入れるなどして、いわばクビなし拳銃事件を仕立てたことがありましたか？

「はい、九三年の五月頃、南区の柏丘《かしわおか》に青少年会館というのがあって、そこの手前の土中に一丁を埋めて、〝ここにある〟という電話を受けた形にして押収しました」

――実際は、キミのような捜査員が埋めておくわけですね。実績をあげなければいけないということですか？

「はい、最初にやったときは北見署時代で、一二月になっても、押収数がゼロだったので、〝なんとかならんか〟と上司に頼まれて、クビなし拳銃を出すことにしました」

――誰に頼まれたの？

「Tさんという北見警察署の刑事防犯担当次長です」

――九三年の銃刀法改正後に、クビなし拳銃による事件を作ったことはありますか？

「九三～九四年頃、地下鉄大通駅の〝フジヤ〟というケーキ屋の前のコインロッカーに、弾倉の付いていない機関銃を入れたことがあります」

――その機関銃はSから入手したんですね。

「はい、それから九三年の暮れだったと思いますが、拳銃の押収数が七八丁になったところで、当時のW銃器対策室長に〝あと一丁で新記録だな〟と廊下ですれ違いざまに言われました。それで、Sに連絡してキングコブラという密造拳銃を取りに行き、やはり大通駅の地下鉄のコインロッカーに入れ、終わってから役所（注・銃器対策課）に電話を入れました」

――九八年にSが拳銃五丁を持って自首したことがありましたね。

「実はSは六丁用意していたんです。でも、六丁だとギリギリ起訴される可能性があったので、そのうちの一丁を私が取り、その扱いについて、次席のW・Hさんに相談したら、〝オレが持っていてやるよ〟ということで、その拳銃を受け取り、自分の執務デスクの引き出しに入れました」

当時の銃器対策課の雰囲気を彷彿《ほうふつ》とさせるような話だ。誰かの机の引き出しやロッカーを開けば、ゴロゴロと出所不明の拳銃が出てくる。そんな光景が目に浮かんでくる。銃器対策課の人間たちは、誰もが気軽に拳銃を不法所持していたのだ。

銃刀法の改正で、警察官は所管の公安委員会の許可があれば拳銃を譲り受けることができるようになった。だが、彼らにとって公安委員会の許可などいちいち取るまでもない。たとえ不法所持をしていても、銃器対策課ぐるみの拳銃不法所持なら、まずぜったいに摘発されることはない。稲葉のマンションから発見されたロシア製のPSMにしても、彼はごく〝気軽〟に、不法所持していたにすぎないのだ。

もちろん、稲葉の逮捕後、銃器対策課の中にころがっていた拳銃は、瞬時に始末されたと想像してもおかしくはないだろう。ブツがなければ事件は立件できない。あとは知らぬ顔をしていればいいのである。

稲葉の思いがけない暴露に、さぞや、道警幹部たちは青ざめたことだろう。だが、法廷での稲葉の供述は、なぜか、中途半端なものであり、時として断片的ですらあった。弁護人にうながされ、ぼそぼそと答えるといったほうが正確で、すべてをぶちまけるような開き直りは感じられなかった。稲葉は、まだ、組織の呪縛《じゅばく》から完全に解き放たれてはいないようであった。

泳がせ捜査

もちろん、道警に道民の理解を得られる結果など出せるはずもない。

この段階となっては、たとえ事前のシナリオが崩れようと、強引に正面突破をするしか、道警には手だてがなかった。

道警は名前の出た幹部たちにおざなりの事情聴取をするだけにとどめ、二月一九日の道

議会では、上原本部長が、

「元警部が『上司が拳銃の不法入手を指示・黙認したり、不正に入手した拳銃を預かった』などと陳述しましたが、当時の関係者から再度確認したところ、そのような事実は把握されませんでした」

と答弁した。道警ははっきりと稲葉の発言を無視する姿勢を取ったのだ。

しかし、稲葉の暴露は、これだけにとどまらなかった。

〇三年二月二四日の第四回公判で、彼はコントロール・デリバリー（CD）、すなわち泳がせ捜査の実態を暴露する。それは、三回目の家宅捜索で発見され、これまで出所がまったく不明のままだった約九三グラム（九二・九二グラム。公判での発言は九二グラムとなっている）の覚醒剤について、弁護人が尋ねることから始まった。

――検面調書によると、九二グラムの覚醒剤は予備の密売用に確保された、となっているが、これは違うんじゃないですか。

「はい」

――九二グラムの入手先を、法廷できちんと話す気持ちがあるのなら、言ってください。

「二〇〇〇年の四月か五月に、Iという S（捜査協力者）を使って、クリーン・コントロール・デリバリー（CCD）という覚醒剤の泳がせ捜査をしていました。発見されたブツをすり替え、捜査員が配達人を装って、配達先まで運んで、ブツの入手先をつかむというものです。九二グラムはそのブツの一部です」

――キミが担当でやったのですか。

「銃器対策課です」

――それはどこから来たんですか。

「……申し上げられません」

――なんで、言えないのですか。

「……最終的な目標は拳銃でした。ですから（覚醒剤取引の）一回目、二回目は見逃して、三回目に被疑者を（拳銃不法所持で）挙げる予定でした」

――拳銃をおびきだすために、覚醒剤取引を餌に使った、ということですか。

「はい、最終的なブツの到着地は札幌です」

――九二グラム以外にはどれくらいの量が入ったのですか。

「……莫大《ばくだい》な量です。量は言えません」

――莫大な量だから言えないということ？

「はい」

この泳がせ捜査に関する稲葉の供述は、前回公判と同じく、全体のポイントをはぐらかした、あやふやなものである。ためらいながら発言している様子がありありで、話の内容はいまひとつ不鮮明だ。

だが、〇三年三月一七日の論告求刑を迎えた稲葉は、裁判長宛《あて》の上申書の中で、この件に再び言及した。しかも、その内容は前回よりも具体的なものであった。

なお、この上申書は一と二に分かれ、一の「謝罪と責任について」の項で、稲葉はひたすら陳謝している。しかし、二の「被告人質問での私の答えについて」では、取り調べと違った発言をしたことについて、「公訴事実を否定したり、歪めるようなことはいっさいしておりません。むしろ、けん銃については、入手経路を明確にし、公訴事実以外の犯罪事実を告白しております」と公判中とは、うってかわって、吹っきれた様子がうかがえる。

その上申書で彼は二〇〇〇年に行われた「泳がせ捜査」について、こう述べていた。

〈また、営利目的所持の覚せい剤についても、入手経路を上申させていただきますが、入手先は香港《ホンコン》であり、到着港は石狩《いしかり》新港であります。

公判でお話ししたように、最終的に目的を拳銃とした泳がせ捜査の初回のブツの一部です。

公判では申し上げませんでしたが、この泳がせ捜査は税関と合同で実施した捜査であり、警察との緊密な連携により、実行されました。（略）以上の泳がせ捜査の失敗は、結局、関係者全員の秘密とすることにより、闇《やみ》に葬られましたが、皮肉にも私の事件によって露見したことになりました。

被告人質問で答えようと思いましたが、できませんでした。二度と方川様、渡辺様のような不幸な事態を招きたくなかったからでもあります。あの二名の自殺はさまざまな捜査の秘密を共有してしまった者の悲劇にほかありません。以上のとおり上申させていただきましたが、私が法廷で申し上げたことに嘘《うそ》、偽りはありません。また、言い逃れや責任転

嫁も決してありません〉

莫大な薬物密輸を容認？

もし、稲葉の述べていることが事実とすれば、これは驚くべき事件である。

二〇〇〇年、北海道警銃器対策課は、札幌税関と合同で拳銃摘発を目的とした覚醒剤取引の泳がせ捜査を行い、香港から石狩新港に陸揚げされた「莫大な量」の覚醒剤密輸をあえて見逃すことにした。しかし、その後、本来の目的である拳銃摘発は失敗に終わり、捜査は打ち切られた。

そう稲葉は言っているのだ。これは、結果的に、道警自らが莫大な量の覚醒剤密輸の片棒を担いだことになるではないか。

となると、稲葉発言の真偽が大問題となってくるが、じつは彼の供述を裏付けるレポートが〇四年に発表されている。曽我部司氏の手になる「北海道警が闇に葬った大スキャンダル」（『月刊現代』〇四年九月号）である。

石狩新港を舞台に行われたという〝やらせ捜査〟の実態を広範囲にわたって現地取材した曽我部氏は、地元暴力団関係者から、

〈パナマ船籍の貨物船で、釜山《プサン》から出港し香港で荷積みしてから石狩湾新港で荷揚げしている。計画は九九年に始まり、二〇〇〇年の三月から〇一年の六月までの数回の輸入のうち少なくとも二回、シャブを紛れさせ荷揚げしている。管轄の札幌税関もおとり捜査を承

知していたから、通関はアッという間で簡単にシャブを入れることができた〉

という驚愕《きょうがく》の情報を引き出しているのだ。

曽我部レポートによれば、銃器対策課と税関は、札幌の不良中国人グループを使って、大量の覚醒剤を密輸させた。そして、数回見逃したあと、中国マフィアに拳銃を密輸させ、そこを摘発することになっていたのだという。

では、稲葉のいう密輸された「莫大な量」とは、どれほどなのか？　曽我部氏は別の暴力団員が、この捜査で、「S」として稲葉と組んでいた元暴力団関係者のIから聞いた話として、一回の密輸量がじつに一二九キログラム。末端価格で二五億円に相当するものだったと報告している。

唖然《あぜん》とするような話である。

麻薬特例法では、たしかにコントロール・デリバリー、いわゆる泳がせ捜査が認められている。しかし、拳銃の摘発を目的とし、覚醒剤の密輸を見逃すというのは、あまりに極端すぎる拡大解釈であり、麻薬特例法以前の違法な捜査である。

しかも、この違法な捜査が税関と共同という規模の大きさがほんとうだとすると、小樽事件同様、本部長指揮事件だ。

読者の中には、こんな途方もない事件が実際に起きるはずはない、と考える人もいるかもしれない。

だが、私は、これは十二分にあり得ることだと思う。石狩新港の薬物密輸事件は、それこそ、道警上層部のなりふりかまわないノルマ達成のための要請と、捜査現場のおとり捜査や泳がせ捜査の濫用《らんよう》による麻痺《まひ》が、完全に合致したケースといってもよい。

そして、稲葉の言を信じるなら、泳がせ捜査は無惨な失敗に終わった。二五億円分もの覚醒剤が流れ込み、警察は薬物禍を日本国内に広げる役目を果たしてしまったのだ。なのに、捜査を指揮した上層部は、誰一人として責任を取ることなく、深刻すぎる失敗捜査は闇に葬り去られ、責任を取らされたのは、膨大な覚醒剤のほんの一部を保管していた稲葉だけだったということになる。

こうした銃器や薬物捜査の現場で起きた不祥事は、なにも北海道警だけの特殊な事例ではけっしてないのである。

拳銃押収の実績をあげんがための違法捜査では、九五年に群馬県警の捜査員が暴力団と共謀して拳銃を入手した事件が、九六年には、愛媛県警の捜査員が拳銃不法所持で有罪となったことがある。また、二〇〇〇年には福岡県警銃器対策課の警部補が覚醒剤使用で逮捕され、週刊誌では、兵庫県警の捜査員が大量の麻薬を密輸させ、その見返りとして、タイ人の船員から拳銃六一丁と実弾二五四発を押収した疑惑が伝えられている。稲葉事件は、いわゆる氷山の一角にすぎない。厳しいノルマの下で、違法捜査は全国警察に蔓延《まんえん》し、水面下では第二、第三の稲葉が人知れず生息している可能性が強いのだ。

小樽事件で実刑判決を受けたロシア人船員は近く国家賠償請求訴訟を起こす構えだという。そして、兵庫県警で行われた先のケースでも、実刑判決を受けたタイ人の船員も近く兵庫県警を相手取って損害賠償請求訴訟を起こすことを明らかにした。違法な拳銃摘発は、全国共通なのである。

読者は裏金問題が、けっして道警だけの問題ではなく、全国津々浦々の警察で発覚していったことを、よく思い出していただきたい。前にも触れたが稲葉問題と裏金問題の構造はほとんど同じなのである。

だが、検察は稲葉の上申書の訴えを次のように一蹴《いっしゅう》した。

〈自らを組織の犠牲者に仕立て上げ、刑事責任の軽減を図るための方便に過ぎない〉

返す刀で検察は懲役一二年を稲葉に求刑した。

〇三年四月二一日、稲葉に判決が出た。懲役九年、罰金一六〇万円。重い量刑である。

せめてもの慰めは求刑が三年短縮されたことだが、九年はいかにも長い。

もちろん、判決では、道警の組織的関与については、何ひとつ触れられることはなかった。

「銃器対策、薬物対策は歴史が浅い。だから、どうしても捜査員に負担がかかる。それを逃れるすべは報告するしかありません。捜査員は組織に保護を求め、組織は捜査員に忠誠を求める。その均衡が崩れると、私のような大馬鹿者が出る。将来、私のような捜査員を出さないためにも、私が正直に述べて、組織もそれを認めて、ゼロからやるべきです。私自身は潔く罪を認めて刑に服します」

これは、第四回公判の最後に、弁護人から現在の心境について聞かれた稲葉の言葉だ。いわば、これが警察官としての稲葉の最後の言葉になった。

そして、私はといえば、最後の最後まで、稲葉の助けになることはできなかった。拳銃捜査という熾烈《しれつ》な戦場に、丸腰の兵隊を送り出した現場の最高責任者だった男として、私は稲葉に、自分の不明を詫《わ》びる手紙を書いた。

なんの助力もできなかったことを彼に謝罪し、末尾に〈今、自分に何ができるかわかりませんが、何かをしたいと思います〉と書いた。いまにして思えば、それが私の裏金告発に向かう第一歩だったのかもしれない。

それ以降、私の身に起きたことは第一章で、すでに触れた。私は年金生活に入り、曽我部氏の著作に触れて、無責任な道警上層部への怒りを新たにした。その後、テレビで裏金についての取材を受けたのをキッカケに、〇四年二月に実名で裏金告発に踏み切ったのである。

そのせいで、楽隠居どころではない、あわただしい日々を過ごしていた〇四年三月のある夜、私は思いがけない人たちの訪問を受けた。

チャイムが鳴り、ドアを開けると、玄関前の暗闇にひっそりと佇《たたず》んでいたのは、稲葉のご両親だった。人目を忍んでの来訪であった。この日、私は道議会の総務委員会に裏金問題の参考人として出席し、話の流れで稲葉事件に触れた。その後、マスコミは「稲葉さん……」という言い方で、稲葉事件を改めて報道していた。

それをテレビで見たご両親が、わざわざ自宅まで礼を言いに来られたのである。

「テレビなどで息子のことを〝さん〟付けで言ってくれたのを聞いて、久しぶりにほんとうに嬉《うれ》しかった」とお父さんは目をうるませて、何度も頭を下げられ、その後ろに隠れるようにして、お母さんは泣いておられた。

玄関先での立ち話は失礼と思い、何度も「お上がりください」と勧めたが、お二人は頑《かたく》なに固辞し続けた。夜分になって人目を避けるようにわが家を訪れたのは、私に迷惑をかけたくない、という配慮からのようであった。

結局、ご両親はわが家の敷居をまたぐことなく帰られたが、その後ろ姿を見送りながら、事件の当事者の家族が、世間の冷たい目に晒《さら》され、身を潜めるように暮らしている辛《つら》さが痛いほど胸に沁《し》みた。

そして、組織からはじき出された仲間には見向きもせず、その家族にさえもなんのサポートもしようとしない道警という組織の非情さに、やり場のない腹立たしさを覚えずにはいられなかった。

稲葉が語る稲葉事件の「真相」

北の大地にようやく夏の気配が訪れた六月。獄中の稲葉は、ようやく気持ちの整理がついたのか、事件の真相を伝えてきた（これは、ある人を介して、私に伝えられたものだが、私の判断で、プライバシーや人権に配慮して文面を一部、変更してある）。

一読して私は目を見張った。

〈先ず、事件のことから話します。出てからすべてを話そうと思っていましたが、そういうわけにもいかなくなってきたようです。最近になって思うのですが、話すべきことがあるなら話すべきだという気持ちになりました。人に言われっぱなしでは間尺にあいませんから〉
という書き出しで始まる文章は、彼なりの稲葉事件に対する「説明」であり、「真相」であった。彼は私が道警の裏金告発に踏み切ったことを知って、語りはじめたのだろうか。彼はようやく道警という、鉄の組織の一員という意識から解き放たれたようだった。
これをここで公開するのは、稲葉自身がそれを望んでいるからである。ただし、本人が「非常に読みづらいのですいません」と断っているように、文章はぶっきらぼうで、ところどころわかりにくい箇所もあった。そこで、文意を損なわない形で、最低限の手直しをしたことを、前もってお断りしておく。なお、文中のカッコ内は、私が補足したものである。

一 どうして、進んで（覚醒剤所持など）すべてを認めたかについて
なんといっても覚せい剤を使用していたからです。これは最低でしょう。やっていなかったら、徹底的に争っていたかもしれません。何を弁解しても信用されないと思っていたし、自分が逆の立場でも信用しないと思った。経緯が何であれ、一〇〇グラム（公判では九二グラム）、〇・四四グラムの覚せい剤、拳銃が自分のマンションから発見されているからです。すべてを自分で背負わなければならないと思った。当然ながら、役所（道警本部銃器対策課のこと。以下同じ）、S（スパイ＝協力者）のことは（表に）出せないと思いまし

た。
二　なぜ覚せい剤をやってしまったのか
長年、暴力団、銃器、薬物捜査を続け、それが自分にしかできない仕事だと勘違いをしていました。何もかも犠牲にして働いた。仕事が、実績が、すべてでした。自分なりに登りつめたと思える場所に辿《たど》り着いたとたんに、組織から引きずり下ろされました。仕事を下ろされた理由は、渡辺司が当時の小樽署副署長の方川さんを脅迫した件での責任です。あの時は、東京（の警察大学校での警部の新任研修）から帰ったばかりで何も分からず、理不尽極まりない出来事でした。さまざまな非難や中傷もなにクソと思ってやってきたのにです。非合法、おとり、潜入捜査（警察官の身分を隠して暴力団などに潜入する捜査）をやっていると恐ろしいもので、正と悪の見分けができなくなりました。きわどい仕事をずっとやっていると、それが当たり前になってしまう。この捜査手法でなくちゃダメなんだというように。

仕事（拳銃捜査のこと）を奪われて自暴自棄になって「死んでもいい」と思いました。組織として行っていた非合法（違法）捜査の関係者（銃器対策課の上司、同僚のこと）が、本当に忽然《こつぜん》として自分の周りから姿を消し、どんどん孤立しました。誰も助けてくれる人もなく孤立していき、なぜ俺だけが、と泣くに泣けない毎日でした。
三　覚せい剤の密売について
非常に書きづらいことですが、これはすべてに重複することです。人を使うということは、カネがかかるんです。お茶代、メシ代、小遣い、その他と。俺には大勢のSがいました。皆どんなきれい事を言っても、カネに困りゃあ必ず俺のところに相談に来る。相談に来れば相談に乗るのが当たり前。こっちの都合で（Sを）使っていたんじゃ情報なんか取れないんです。難病の子供を抱えたヤクザ。子供の晩メシを毎日作らなければならないヤクザ。いつもカネのないヤクザにホステスに薬中毒の男と女。情報イコール金目当てのヤクザ。そいつらと毎日会ってました。毎日です。最初は自分の小遣いから出していました。そのうちに給料からの天引き預金から、役所からの借金から、銀行の預金から、金融公庫からの借金から。こうしたことが続いているとき、Sが東京から一キログラムの覚せい剤をもって千歳に帰ってきた。（検事の）取り調べでは、俺が誘ったことになっているが、実は逆なのです。迎えに来てほしいと電話があり迎えに行った。帰りの車の中で（初めて）見せられたわけです。役所の車だから到着するまで安心なわけです。このSは、非常に優秀なSで役所の上層部からも信頼があったし、命がけで協力してくれたし、（拳銃を持って）自首もしてくれたし、当然のことのように密売の企てに乗った……。俺が、持ちかけたと話したのは、俺がすべて悪者になればいいという思いからです。

自分でカネを作るのは、役所が面倒を見ないからの一言に尽きるが、当時それが当たり前だった。人、物、カネを要求するのは組織ではタブーですから。拳銃を買ってでも出せといっても、カネがいります。Sはカネがあるうちは拳銃を買ってくるが、カネがなくなりゃ俺のところに来る。役所の体質としてカネは出さない。出したとしても拳銃を出したときに一万円程度。予算は億単位であったでしょう。いまさかんにやっている裏金問題の捜査費ですが、実際は捜査費だけでなく時間外手当まで及んでいたはず。生活安全部長が毎月各課から予算の一五％のカネをピンハネしていた。夜食なんて食ったこともありません。こんなことを書くのも嫌ですが、役所はカネを出さないどころか、（上層部は）毎晩酒を飲むか、女のケツを触ってんのかというのが最大の要因でしょう。
四　マンションで押収された拳銃について
逮捕される前週の土曜日の夜に車で（札幌市中央区の）医大前でラーメン屋に食事に入った。この時、ラーメン屋には俺のほかにもう一人いた。役所（警察のこと）の人間です。名前は出せません。食べ終えて車に戻り、暑いので上着を脱いで車の後部ドアを開けて上着を入れようとして座席に目線が行ったとき、模様の入った薬屋の袋があったんで、手に取って見ると拳銃でした。おどろきました。なんでここにあるんだろうって。そのまま上着のポケットに入れてマンションに戻り部屋に置いてあったのだが、（押収されたときは）いつの間にか移動していた。

あの拳銃は、九九年に渡辺がロシア人から買った物だが、買わせたのは自分です。その経緯は（上層部に）報告してありました。このロシア人は、その前にも大麻を密輸しており、これも俺がカネを出しました。すべて報告してありましたが（銃器対策課から）カネはもらっていません。ロシア人の写真が役所にあります。
五　家宅捜索で出てきた一〇〇グラムの覚醒剤の出所について
これも話すのに悩みました。香港から入れた一三〇キログラム（曽我部レポートで一二九キログラムの覚醒剤と報告されていたものが、これに当たると思われる）の一部です。コントロール・デリバリー（密輸した覚醒剤を発見してもその場では押収しないで、そのまま受取人まで輸送させ、大物密売人を逮捕するやり方。泳がせ捜査ともいわれる）という捜査手法の環として、役所と税関が共同で密輸したブツです。懲役九年のおおかたがこのブツでしょう（稲葉は覚醒剤の営利目的所持罪に問われ、刑が加重された）。

上司のＮ警部に証言を依頼したが、組織捜査を理由に断られました。関与した人間は否定するでしょうし、俺の所持の仕方が適正手続きではなかったから。当時の関係者が証言してくれればという気持ちもあるが、今となっては無理でしょう。方川さん（故人）もその一人でした。このブツのあとコンテナーいっぱいの大麻、二トンも密輸している（曽我部レポートには、石狩新港での泳がせ捜査による薬物密輸の容認は二度行われたとあり、それと一致する説明である）。どうしますか。もう笑うしかありません。
六　押収した一〇〇丁の拳銃について
（拳銃の押収は）すべて（上層部に）報告しています。その都度、誰かが保管していたとしても何丁もあります。今回の私が所持していた拳銃のように。時には役所の机の中にもありました。それが罪にならないのですか。公判で俺が密売した何丁かの拳銃があるとなっているが、あの拳銃はすべてクビなしや自首で出した拳銃だ。ああいう形（公判で供述するの意か？）しか俺とともに（自分の報告を）聞いた上司に文句を言うことしかできませんでした。

今でも全部言えますよ。渡辺（司）は、Ｗが斜里《しゃり》署長のときに二丁のマカロフ（拳銃名）を届けている。あいつはほんとうに役所に利用された奴だし、役所が殺したようなものだ。奴ら（道警本部銃器対策課の元幹部）は俺が怖いんです。渡辺に「予算はいくらでもある。

一〇〇丁出したら一〇〇〇万でも二〇〇〇万でも取ってやる」なんて出来もしない無責任なことを言うから、奴はアホだから信用すんなと言っても「いや、N（元銃器対策課課長補佐）さんが言っているから大丈夫です」なんていうことになる。そのケツ（後始末）は全部俺です。都合が悪くなったら組織捜査です。
七　小樽事件での偽証罪について
（偽証を）指揮したのはK（当時の銃器対策課長）。もちろん、W（銃器対策課次席）も共犯です。たしかに方川さんは現場に来ていたが、証人出廷の指揮はKだ。もちろん、W（銃器対策課次席）も共犯です。俺が証人に出たあと、M（稲葉が抱えていたパキスタン人の捜査協力者）が証人に出た。その後、Kは俺に「おい稲葉、（Mは）たいしたもんだな。一言も言わなかったな」と言った。これが何よりの（偽証の）証拠です。要するにMが警察に有利な証言をしたということ。さらに、Wは、事件当日の夜、渡辺と（パキスタン人の）Mをうなぎやに呼んでうなぎを食わせている。ご苦労さんということで。だからKとW、Nも、方川さんに全部（小樽事件の現場指揮は故・方川警視がしたことになっている）を押し付けるなんて恥ずかしいことをしないでちゃんと「こうだったんです」と認めりゃいいことなんです。俺は、自分もこの事件で起訴になった方がいいと思っています。今度はちゃんと、すべてを話せる感じがします。

拳銃情報を取るために盗難車情報を俺たちが流していたとの噂（この噂をMから伝え聞いた渡辺が故・方川警視のところに怒鳴り込んだとされる）があるようだが、決してそんなことはしていませんので安心してください。実にバカバカしい噂であるし、ちょっと考えられないことなので、十分、反論できるし事実と反しています。

八　方川さんの自殺について
俺の逮捕により前記した一三〇キログラムの覚せい剤、二トンの大麻、偽証、あらゆる拳銃押収劇が暴露されると思ったんでしょう。早まったことをしてくれました。渡辺からも相当脅迫されていたんだろうと思います。しかし、偽証については共犯に違いないが、あの人ばかりに責任をなすりつけるのは残酷というものだし、公判でも言ったが、遺族がかわいそうです。嘘の書類を作成させたのも公判で偽証させたのもK、Wらが本犯（ほんぱん＝ほんとうの犯人）だ。また、一三〇キログラムの責任者も定年前に退職したI（当時の銃器対策課長、函館西警察署長で退職）が主導したんだ。方川さんは、どちらかと言えば消極的でした。Nが話してくれれば、違っていただろうと思います。
九　いま世間で騒いでいる裏金について
あの人たち（道警上層部のこと?）の良識に任せるしかないのではないか。俺はあの手の問題は苦手だし、本当のことを望むこと自体が無理というものです。不正予算請求、公金詐取、横領なんて朝飯前。泥棒は捕まえないが、詐欺の類はへのカッパ。今にはじまったことではないし、誰も捜査できない領域ですから。
一〇　最後に言いたいこと
濃密で深い捜査をしてその中に身を投じていると正と悪の区別がつかなくなって、理想と現実がかけ離れていくし、現実があまりに汚くて情けなくって、しかし自分自身が汚くなってしまいました。毒を喰《く》らって皿まで食っておかわりまでしていた。最早、引き返せなくなっていました。でも命がけでやっていたことだけは信じてください。少し矛盾しているかもしれませんが本当です。事件の経過を説明したのは、これからの人生を本当の人生にしたいから話しました。何かを企んでいるためではありません。今後も、以前も「あの組織の末端捜査員が何ものにも負けず、立派に職責を全うするような組織づくりをして欲しい」という気持ちは変わりません。俺がいろいろな事件に絡んでいるという噂が多々あると思いますが、全部説明できますし、後ろめたいことはありません。安心してください。すべて（上層部に）報告していますし、説明できます。俺は、ちゃんと刑期を務めます。ただ、今後の流れの中で俺の思っていることを事実を知らない人に伝えることができるのならそれは本望です。非常に読みづらいのですいません。

稲葉は、小樽事件の証言は偽証だったことを重ねて認め、それを指示した人物の名をあげ、石狩新港の泳がせ捜査によって、一三〇キログラムの覚醒剤と、二トンの大麻が二度にわたって国内に密輸されたことなどを赤裸々に語っている。

おそらく、道警や検察は、この言い分を、稲葉が自分を組織の犠牲者に見せかけるための世迷《よま》い言だと決めつけるだろう。

しかし、現在、刑に服している稲葉が、あえて、獄中から虚偽の発言をすることに、どんな得があるだろうか。彼の語る「真実」によって、稲葉事件のすべてが解明できたとは、私も思っていない。しかし、検察が冒頭陳述で作り上げた粗雑な作り話に比べれば、稲葉の主張は、はるかに血の通った納得のできる言い分だと、私は思う。

彼の「真相」が間違っているというのなら、道警は稲葉の言葉を無視するのではなく、真正面から受け止め、それにはっきりと、納得のいく反論をすべきなのである。

数日後、私は返事を書いた。

〈稲葉は、組織の犠牲者だ。全てを自分で背負い込んで守ろうとした組織がいったいなんなのか、だんだん判ってきたでしょう。私の今回の行動は稲葉のためにやっているのではない。私のためにやっているのです。

気にすることはありません。私は、警察という組織がいったいなんのためにあるのか、組織の現場で働く人間をどう思うかを問題にしているのです。裏金の問題はその一つの表れに過ぎません。そして、稲葉を切って捨てたように裏金の問題でも現場の人間を切ることで組織を守ろうとしています。稲葉は、流れに任せるといっているが、問題はまだまだ続くと思います。そのたびに稲葉の名前が引き合いに出されるでしょう。道警は、稲葉が真実を語らない限り、それを良いことに稲葉一人の問題として片付け続けるでしょう。稲葉に邪心のないことを信じている。私は、これからもそのことを主張していくつもりです。私は、誰に何を言われようといつでも稲葉の味方です〉

稲葉が獄に下ってから、約二年後の〇四年九月二七日、稲葉は元銃器対策課上司のKとWを札幌地検に小樽事件に関する偽証罪で告発した。札幌検察審査会が「起訴相当」と議決したが、〇四年一一月四日、地検は「自殺した故・方川警視の発案、主導によるものだった」として、稲葉ら三人を再び不起訴とした。また、地検は指摘されたおとり捜査についても「違法だとは考えていない」との見解を貫いた。

だが、実刑となったロシア人船員の弁護士らは、〇五年四月にも国家賠償請求を提訴する決意を固めている。小樽事件は、今後、民事法廷に場所を移して疑惑の解明が争われることになったのだ。

その後、市川守弘弁護士が獄中の稲葉と接触。稲葉は、九七年から〇一年まで彼の個人名義の銀行口座に振り込まれた国費と道費の「旅費」約二三〇万円の一部を、当時の銃器対策課次席に裏金として渡していたことを証言し、証拠の預金通帳を提出した。市川弁護士は、こうした裏金作りの詳細を、〇四年一一月二九日までに、道監査委員と会計検査院に申告し、このことは道新などで大きく報じられた。

〇四年九月に当時の銃器対策課幹部二人を告発したのに続く、裏金の告白は、稲葉の道警への完全な決別宣言でもあった。そして、彼はまだ、事件の「真相」をすべて話してはいない。とくに石狩新港での泳がせ捜査については、薬物密輸の経緯、どのようにして捜査が失敗し、どう極秘裏に処理されるにいたったかの経緯などの詳細は、すべて稲葉の胸の内にしまわれたままだ。

その意味で、いま、稲葉は道警にとって、一種の「時限爆弾」のような存在となりつつある。あまりにも強引すぎる事件の幕引きを図った道警は、いま無謀すぎたそのツケを払う立場に立たされている。

稲葉事件の幕は、まだ、下りきってはいないのだ。

第四章　裏金追及

援軍現る

〈弟子《てし》屈署《かがしよ》の裏帳簿入手〉

いきなり、そんな見出しが飛び込んできて、私は目を見張った。

二〇〇四年二月二六日、いつもの日課である犬の散歩を終え、何気なく開いた北海道新聞の朝刊トップには、〈幹部ヤミ手当記載〉〈署長に一回四万〜六万円〉などの文字が躍っていた。釧路《くしろ》管内弟子屈町の弟子屈署で裏帳簿が作成され、裏金が管理されていたことが発覚したというのだ。

紙面には九七年度から二〇〇〇年度までの「設定書」なる書類の写真も掲載されていた。

記事によれば、「設定書」とは、裏金作りの際の架空協力者の氏名、捜査費を請求した署員名、ニセ領収書に署名した人間の名前を記載した偽造会計文書（公文書）の「控え」だという。私はこのような裏帳簿があることを、このとき初めて知った。

記事は裏帳簿は弟子屈署OBから提供されたとし、この「物証」により、弟子屈署が、住民を架空の捜査協力者に仕立て、国費の捜査費と道費の捜査用報償費を裏金化して、署長や幹部のヤミ手当に充当していたことが判明した、と報じていた。

記事では元弟子屈署ＯＢの名は伏せられていた。だが、私は、このＯＢは元弟子屈署次長の斎藤邦雄君に間違いないと直感した。提供された設定書は、次長職しか作成しないものだったし、なにより、裏金を告発したＯＢが記事の中で、

「（告発は）原田宏二さんが証言する姿を見たからだ。真実を貫こうとしている姿に黙っていられなくなった」

と告発の動機を語っていたからだ。

斎藤君は私の道警本部防犯部長時代の部下である。当時、彼は生活課の課長補佐（警部）だったが、仕事ではたまに部長室に決裁に来る程度で、親しく言葉を交わしたことはなかった。

そんな彼と思いがけず親しくなったのは、九二年七月に行われたオホーツクサイクリングのスタート会場である。私は旭川《あさひかわ》中央署長時代から、サイクリングを趣味にしていたが、彼も自転車が趣味で、このレースにはご夫妻で参加していたのだった。

このとき、一緒にツーリングをしたのを機に、毎年、レースで顔を合わせ、会えば話がはずんだ。私にとって、斎藤君はあくまで自転車仲間であったが、その彼は〇一年、弟子屈署次長を最後に、「やりたいことがある」と道警を退職していたのである。

私が告発記者会見を行った直後にも、彼は奥さんとともに、わざわざ自宅を訪れてくれた。だが、そのときの私はマスコミの対応などで疲労困憊《こんぱい》状態にあり、せっかく訪ねてき

てくれた彼に、よけいな気を遣わせてしまった。斎藤君は私が追いつめられていると感じ、今回の挙に出たのだろうか？

午前七時、電話が鳴った。出ると、はたして斎藤君だった。

「記事が出た以上、あのOBが私であることは、すぐ道警にも知れるでしょう。道警には、私の親戚《しんせき》も何人か現職でいるので、その点は心配です。しかし、私は原田さんが一人で頑張っているのを見て、自分も何かしないといけないと思いました。今の会社も辞めるつもりです。私がいたら、迷惑をかけることになりますからね」

その言葉を聞いて胸が詰まった。

後に斎藤君から聞いたのだが、彼自身も、実名での証言には、ためらいがあったという。だが、そんな彼を決意させたのは、嫁いだ娘さんの、「お父さん、やるなら名前を出してやるべきよ」の一言だった。奥さんもそれに賛成したそうだ。すごい娘さんであり、素晴らしい家族だ。

しかし、私は感激しながらも、彼をこの問題に巻き込んでしまったことに、強い責任を感ぜずにはいられなかった。

実は、私が告発会見をしてから、「オレも一緒にキミと動くよ」と言ってくれたOBは複数いた。だが、私はありがたいと思いながらも、彼らの申し出を固辞していた。私は道警の最高幹部という立場にあったが、彼らは違う。予想される道警のバッシングを受けるのは私一人で十分だったし、一人のほうが、ガードがしやすいという意識もあった。

しかし、斎藤君は敢然と告発に踏み切った。おそらく、私に相談したら、止められると思ったのだろう。しかし、会社を辞める覚悟だというが、彼は私より一〇歳も若い。年金生活はまだ先の話だ。家族がいるのに、この先の生活をどうするつもりなのか？　そんな思いが頭をよぎった。もう、彼をこのままにしておくわけにはいかない。「会社を辞めてどうするんだ」と聞くと、

「なんとかなります。心配しないでください」

と斎藤君は電話の向こうで笑った。彼の覚悟の深さを知って、私は言った。

「必ず、道警からのアプローチがあるはずだ。相手は会いたいと言ってくるだろう。だが、はっきりと面会は断るべきだ。いずれは、実名で話さなければならなくなるが、その前に市川弁護士に会って、善後策を検討しよう。私も一緒に行くから心配するな」

斎藤君との電話を終えると、ただちに市川守弘弁護士に連絡を取った。その間、私の元には情報源である知人たちから道警本部内の情報が寄せられてきた。それによると、すでに、道警は斎藤君の名前を把握しつつあるらしい。

道警から斎藤君のところに連絡が入ったのは、記事が出て二日後の二八日だった。「会って話を聞きたい」と電話を入れてきたのは、道警本部の警備・公安部門の指導官（警視）である。斎藤君は電話番号を公表していなかったが、連中にとって、そんなことを調べるのは朝飯前なのだ。

斎藤君は私のアドバイスどおり、道警の事情聴取には応じなかった。質問に対してはすべて文書で回答した。道警の質問の中には、不正経理によるカネの返還の意思についての設問もあった。彼は文書で次のように答えた。

〈裏金が組織全体で行われたことは明らかであり、方面本部会計課を始め上層部の責任を明確にし、私が主張した使途についても明確にされるなら、私の個人的な消費はないが、それに関与した一人として検討する〉

じつにまっとうな回答だと私は思う。

しかし、斎藤君を事情聴取するために、警備・公安警察の幹部が出てきたのは、興味深いことだった。斎藤君の裏帳簿には、警備・公安関係の固定協力者（長期間にわたり警察が使っている協力者）のことが載っていたため、出てこざるを得なくなったのだろう。初めて、警備・公安の裏金問題が明らかになって、道警はかなり動転していると思われた。

翌二九日、斎藤君と市川事務所へ行き、市川弁護士に斎藤君の代理人になってもらう。相談のうえ、斎藤君と市川弁護士が、道の監査委員に、弟子屈警察署の住民監査請求を行い、そのあとに斎藤君が記者会見をすることに決めた。

三月一日、予定どおり、斎藤君と市川弁護士が連名で、監査委員に住民監査請求を行った。

この監査請求の意味は大きかった。私が記者会見で話した裏金の実態は、九五年以前のことであり、主として裏金を使う立場からの体験だった。だが、斎藤君が告発した「ヤミ手当」は、九五年以降に行われたものだ。しかも、裏帳簿という証拠付きの、裏金を作る立場からの告発であるからだ。

さらに、すでに表面化していた旭川中央警察署の問題に、この弟子屈警察署の問題がリンクしたことで、「裏金システムが道警全体で組織的に行われていた」という私の主張が、一部裏付けられたという点でも、斎藤君の告発には大きな意味があった（三月一日には北見方面本部警備課の裏金問題も表面化し、私の主張はいっそう裏付けられることになった）。

斎藤君の記者会見

斎藤君は、道監査委員に弟子屈署の監査請求を行ったあと、市川弁護士とともに実名で記者会見を行った。

会見に際し、彼がマスコミに配布した「私の主張」という文書には、九七年四月から二〇〇〇年三月までの道警旭川方面本部地域課の次席時代と、二〇〇〇年四月から〇一年三月までの弟子屈警察署の次長時代の裏金体験が綴《つづ》られていた。この二つのポストで、彼は金庫番として、前任者から裏金を引き継いでいたのだ。

旭川方面本部地域課で裏金の原資となったのは、「旅費」と「警ら作業手当」（日額旅費）である。裏金は月一〇万円前後で、そのほとんどが幹部の交際費などに使われていた。

一方、弟子屈警察署は、署員三四人ほどの小規模な警察署で、斎藤君は自ら裏金作りを行っていた。警察署の予算は、方面本部の会計課が、毎月の金額を一方的に決めて送金してくる。国費は現金が郵送され、道費は口座に振り込まれた。

一般にはあまり知られていないことだが、警察の捜査に必要な旅費や捜査費は、国費と道（県）費にわかれ、国費で捜査費にあたるものを、道費では捜査用報償費と呼び慣わしている。裏金の原資となったのは、この捜査費と捜査用報償費で、斎藤君が中心となって、ニセ領収書、支出伺書、支払精算書などを作っていた。その中身は架空事件のデッチ上げ、架空協力者の領収書偽造などで、私の体験とまったく同じである。

この作業は、会計係が作成した動態表を基に行われる。動態表には、正規の勤務、たとえば、会議、出張、当直勤務など公になっている署員の真実の動態が書いてある。斎藤君は動態表の空いている日に、捜査員が捜査費を使ったように手を加えていた。デッチ上げるにしても、その日付の日に弟子屈町にいた署員しか、弟子屈で捜査費を使えないからである。

捻出《ねんしゅつ》された裏金は、毎月一〇万円前後で、もっぱら、署長の交際費などに使われていた。交際費の額は、歴代の署長により異なったが、多い人では裏金全体の八割くらい使っていた。残りも他の幹部に渡していたから、ほぼ全額が幹部の交際費に使われたことになる。裏帳簿には、これらのことがすべて記載されていた。

裏金作りの中身は、斎藤君が公表した設定書を見れば、よくわかる。たとえば、警備関係・捜査費設定書を見ると、左欄に固定協力者とあり、上欄に捜査員名＝M・Y 借主の住所氏名＝Y・M（協力者だとする氏名）領収書記録者＝N（署員名）、使用アジト、交付場所＝摩周駅前・弟子屈公民館前　摩周観光文化センター　基準月額＝三万円、となっている。

これは、警備・公安部門のアジトの借り上げ費や、長期間にわたり運用する架空の固定協力者をデッチ上げたものだ。

斎藤君は、ニセ領収書の作成に当たって、自署員だけではなく、他の警察署の幹部にも依頼したり、印鑑の貸し借りもしていた。裏金作りは彼が弟子屈警察署に着任する前から慣例化し、他の警察署でも同様に慣例化していたのだ。

斎藤君は、八四年に道警本部防犯課の庶務係長（警部補）を務めた。彼の上司である管理官は防犯部の金庫番であり、彼はここで裏金作りのノウハウを学んだ。防犯部長の出張や交際などには、秘書として同行し、防犯部長経理の存在を知り、その使い途《みち》を目にしている。

だが、斎藤君は長年続けてきた裏金作りに心底、嫌気がさしていた。定年まで七年を残した彼が、家族の反対を押し切って五三歳で退職したのは、このことで悩み抜いた末の結論だったのだ。

私は記者会見をする斎藤君の姿に、一緒にツーリングをしているときの彼の姿を、ごく自然に重ねていた。ふだんは年長者の私を先頭にしてくれる斎藤君だが、アゲインストの風に向かうときは、私が合図をしなくとも、スッと風よけとして前に出てくれる。

今回の記者会見もそれと同じだ。質問に答える彼の姿は、三日後の道議会総務委員会での参考人招致を控えた私への無言の激励だった。「先輩、堂々とやってください」。そんな彼の声を、私はたしかに聞いたと思った。

道警時代の日記があった！

翌日の新聞各紙は〈元金庫番が明かす〉〈道警裏金工作〉〈カラ出張・手当ピンハネ〉

〈使途は幹部の小遣い〉〈偽名用印鑑　署にずらり〉などの見出しで、斎藤君の証言を大きく伝えた。

翌三月二日には北海道議会の代表質問が始まり、裏金問題が取り上げられた。この席で、芦刈勝治道警本部長は、

「道民の皆様の疑惑を増幅させ、道警に対する信頼を低下させたことに道議会と道民の方々に深くお詫《わ》びする」

と謝罪した。私はインターネットで議会中継を聞いていたが、本部長の声は心なしか震えているようだった。道警の裏金問題で、最高責任者の北海道警察本部長が初めて謝罪した瞬間だった。

しかし、本部長は「徹底した内部調査を行う」ことは表明したが、けっして、不正を認めたわけではなかった。「監査委員から要請があれば、捜査員からの聞き取り調査を認める」という姿勢こそ見せたものの、それは、「特段の業務上の支障がない限り」という条件付きの譲歩だった。

言うまでもないが、警察キャリアの本部長の発言は、〝キャリアの本丸〟警察庁の了承を得た上で行われている。その証拠に私の元には、本部長が道議会に出席した当日、道警ナンバー2のキャリアである警務部長が警察庁を訪ねて上京したという情報が寄せられていた。道警は裏金疑惑に対して、ほんの微《かす》かに、謝罪のポーズを見せただけにすぎなかった。

ただ、斎藤君の発言があったからこそ、本部長が陳謝せざるを得なくなったのは、紛れ

もない事実だ。この議会では、これまで、裏金問題に及び腰だった高橋はるみ北海道知事も、過去五年分の捜査用報償費の支出について、特別監査を求める意向を示している。道警が焦りはじめているのは間違いない。

こうした流れの中、私は三月四日の道議会総務委員会に参考人として招致された。そこにいたるまでの経緯を、簡単に振り返っておこう。

二月中旬、私は道議会民主党・道民連合の議員と面会し、再度、裏金の実態について話した。二月二五日には、北海道議会事務局から総務委員会への出席要請書が届いた。私の資格は「参考人」で、委員会開催日時は三月四日、午後一時からである。すぐに出席する旨を回答した。

もともと、私は自分の発言を、記者会見という、いわば準公的な場だけで終わらせるつもりはなかった。議会という公の場で意見を述べるのは、むしろ、望むところだった。議会発言は、私にとっても大きな責任が生じることになるが、道警もまた、私の議会での発言を無視することができなくなるからだ。

参考人として招致されるにあたって、私は議会側に一つだけ条件を出した。単に質問に答えるだけではなく、委員会の冒頭で私が意見を言う場を設けてほしい。そう要求したのだ。これによって、自分のペースを作り、質問者をこちらのペースに引き込もうという作戦である。幸い、議会側は私の要求を受け入れてくれた。

「軍務が終了した時に、部下は上官の作戦の誤りを公開の場で論じることができる」

これは私を激励してくれた友人から教わったドイツの哲学者カントの言葉だ。

私は議会で裏金のことを話すからには、道民のみなさんの理解を得るため、より具体的な話をしたかった。記者会見後には、現職警察官やOBたちから多くの情報が寄せられていた。そのことも、ぜひ話す必要があると考えた。そこで、記者会見での発言内容を再確認し、これまでの発言の内容を点検して、追加部分の有無などを整理することにした。

そのための、絶好の「資料」も見つかっていた。

その「資料」のことは、記者会見を終えてから、突然、思い出した。私は長年、日々の出来事や仕事内容を日記に書きつけておく習性があった。だが、退職後はその必要もなくなり、書きためた日誌類を段ボール箱に入れて物置にしまっていた。そのことを、うっかり失念していたのである。

さっそく、雪をかき分け物置を開けて、取り出して調べてみると、あった！

しかも、会計監査、接待の記述や、裏金の問題に関する当時の思いが随所に書き込んであった。読みふけるうち、当時の記憶が鮮明によみがえってきた。見つかったのはそれだけではなかった。上層部の毎日の行動を記入した「行事予定表」などもあった。日記等の発見で新たに判明したことも付け加えて、私は答弁資料作りに没頭した。

戦いの日

委員会が始まる前日、私はこっそりと家を出て、市川弁護士の事務所の近くで一泊した。

議会の総務委員会には、警察に在職中に何回か説明員として出席したことがある。しかし、今度は立場がまったく違う。何が起きるかわからない。警察を敵に回した以上、不測の事態が起こることを想定して、自ら対処しておく必要があった。

道議会の各会派からは事前に質疑質問通告を受け取っていたので、準備はすべて終わっていた。あとは率直に意見を述べるだけだ。

三月四日、市川弁護士と議会に向かった。正面玄関には多くの報道陣がカメラを構えている。数人の衛視が私を取り囲むようにして案内をしてくれた。彼らの緊張した顔つきから、不測の事態に備えていることがわかった。

第一委員会室に向かう。室内に入り一礼する。懐かしい部屋だ。かつて私が座ったことのある場所には、見覚えのある昔の部下たちの顔が並んでいた。ともに仕事をした仲間だった彼らと私は、いま、立場を異にする人間同士になってしまった。

審議は定刻に始まった。

冒頭に私の所信を述べる時間が与えられ、用意した原稿を読みあげた。巡査部長時代に初めて裏金作りにタッチしたこと。その後、一七ヵ所の所属部署で裏金の存在を知っていたこと。裏金システムがいつまで続くのか、と疑問を持っていたこと。にもかかわらず、改善に手をつけぬまま退職したこと。マスコミに発表したキッカケの一つに「稲葉事件」があったことなどを述べた。

冒頭で自分の意見を述べたことは、成功だった。質疑が始まると、私は自分がペースをつかんだのを感じた。最初の質問者は『自民党』の蛯名大也議員だったが、準備した答弁書なしでも、すらすらと返答が口をついて出た。

私は、質問に立った議員より、その後ろにいる道民の姿を見ようとしていた。

私が記者会見で、「警察職員は裏金について、真実を語ることはできない」と話したことについての質問が出たとき、私はあるOBから寄せられた手紙を手に説明を始めた。

この手紙をくれたのは、私が署長をしたことのある警察署の刑事係長（警部補）だった人物である。正義感が強く仕事熱心な警察官で、勤務成績も抜群だった。ところが、彼は、「捜査費をきちんと捜査員に支給すれば事件検挙率が向上する」と具申したのが災いし、道警本部に煙たがられて左遷され、その後、退職してしまった。その手紙にはこう書かれていた。

〈私も、信念を持って生き抜いてきましたので、犯罪を取り締まり検挙する警察社会組織に不正がある事実を知って困惑し、事件を挙げれば挙げるほど勤務評定は上がるが、結果的に組織の上の者が潤うばかりで、挙げた者は挙げるほど自腹を切る破目が続くことを感じていました。それでも頑張ってきました。

性格というか、信念で不正を認めるわけにいかず悩んだ末に（不正をやめるよう）具申しました。早期に退職してよかったと思っています。定年までいたら心も身体もズタズタになっていたと思います。最近では、心も休まる日々です。これも原田さんのおかげです。前向きに生き抜いて来て本当に良かったと思います〉

「これは現場の警察官の声なき声だ。ぜひ、ご理解いただきたい」

私がそう言うと、議場も、満員の傍聴席も一瞬静まりかえった。

こうした手紙は、現職警察官からも数多く私の元に寄せられていた。外部からはうかがい知れぬ厚いベールに包まれた警察組織の中で働く現場の警察官の声を、ぜひ、この機会に道議員の方たちや、道民のみなさんに聞いてほしい。そんな気持ちで、私はこの手紙の一部を読んだ。

この後、各議員から質問があったので、各質問の要点に触れておく。

『民主党』の斉藤博議員からは、他府県や警察庁の勤務時代の裏金について質問された。私は警察庁でも、私が勤務した山梨、熊本両県でも裏金が存在していたことを知っていた。裏金問題が、警察庁を頂点として、全国で行われていることは、容易に想像できることである。しかし、北海道警と違い、その全体像を把握できる立場にはなかったので、推測で発言することは慎重に避けた。

斉藤議員からは、警察庁幹部や道警のキャリア組、つまり警察官僚たちが、裏金をどう認識していたか、使っていたかなどについての質問もあった。

私は、道警に出向してきたキャリアの人たちは、裏金の存在を熟知していたと確信している。彼らの了解なしには、長期間にわたって「裏金システム」が存在することはあり得ないからだ。キャリアの人たちは、道警に在職中には、それなりの地位にあった方ばかりで、それなりの見識もおありのはずだ。できれば、この問題についてはご本人たちがすすんで語るべきだ。それがキャリアの見識であり、私のような、たかが地方幹部に指摘されてしぶしぶ話すことではあるまい。

私の日記にはこうしたキャリアの人たちとの接待記録が残っている。こうした事実は、いずれ機会があれば資料として議会に提出しようと考えていた。しかし、場合によっては、第三者のプライバシーや、相手方の名誉毀損《きそん》の問題も絡んでくる。慎重に対応しなくてはなるまい。

『フロンティア』(道議会の会派)の岡田憲明議員からは、この問題の改善方法について質問があった。私は次のように答えた。

「いかに、現場の警察官が捜査費や捜査用報償費を、使いやすくするかがポイントになる。具体的には、予算の内示額を明らかにし、金額や支給対象を基準化する。そうすれば、道民も捜査に協力してくれるし、捜査活動も活発になり検挙率も上がる。それをやらない限り、上でいくらシステムを変えてもうまくいかない」

私の在職中、捜査費や捜査用報償費は全額、裏金になっていた。本来、それは捜査現場の捜査員が使うべき予算であり、協力者に渡すべき金である。それがいつの間にか、幹部の交際費に化けてしまった。それをよいことに私をはじめ、幹部たちが私的なことにまで使っていたのだ。

では、捜査費が必要なときにはどうするのか。刑事課長などの要求があれば、そのつど裏金から出すことになっていた。しかし、そんなことはめったになく、実際には捜査員が自腹を切ることが当たり前になっていた。当然、仕事をする捜査員ほど、その額は多くなり、捜査員の家計にまで響くようになる。

なぜ、そのようなバカげたことが行われていたかといえば、警察には、仕事にカネを使うという発想は皆無に近かったからだ。むしろ、カネのことを口にするのはタブーですらあったのが警察の雰囲気だったのだ。

下意上達が不可能に近い階級組織の存在と、こうした環境があったからこそ、裏金はここまで深く警察組織に根を張ったともいえる。したがって、裏金問題の根本的な解決というのは、闇《やみ》の中にある捜査費を、すべて明るみに出さない限りはあり得ない。それが私の考えであった。

『公明党』の荒島仁議員から、「旅費」についての質問が出た。

旅費の予算額は捜査用報償費の約一六倍もある。この巨額の旅費も裏金の〝原資〟になっているのではないか、との指摘だった。

これはポイントを突いた質問だった。たしかに、北海道警察の〇三年度の旅費の執行額は、約二一億六三〇〇万円。捜査用報償費と捜査費の合計額約二億二三〇〇万円に比べ、一〇倍近い。

私の体験では、多くの場合、捜査費と旅費はセットで裏金化されていた。たとえば、東京に出張捜査に行き、そこで協力者に接触し情報提供謝礼を渡したことにして、架空の旅行命令簿とニセ会計書類を作るのである。

署長などの場合には、正規の額の日当と旅費が支給されていたほか、出張先での交際費名目で、さらに上積みした金額が渡された。現場の捜査員には、「打ち切り旅費」と称して正規の日当より低い額が渡されていた。旅費がすべて裏金化されていたのは、間違いのない事実なのだ。

とくに私の在籍当時は、旅費は現金で渡されていたため、裏金化は比較的容易であった。九七年以降は段階的に改められ、旅費は直接捜査員の個人口座に振り込まれるようになったため、以前に比べれば裏金化は難しくなった。しかし、京都府警で発覚した旅費裏金化疑惑の手口は、架空の旅費をいったん、個人口座に振り込んだあとで引き出したカネを〝上納〟させて、裏金の金庫に戻す、というものだった。これと同じ手法が、道警内で行われていたことは、前章の末尾で、獄中の稲葉圭昭元警部が自分の預金通帳を公開して告発したことに触れたとおりだ。

最後に質問に立った『日本共産党』の花岡ユリ子議員からは、上級官庁や他官庁の接待状況を尋ねられた。

私の日記には接待の日時、場所、相手の名前などを具体的に記した記録が残っている。しかし、ここで、単に回数を明らかにしたところで意味はない。公にする以上は、すべてを明らかにしなければならない。もし、公表するなら、タイミングと場所が大事だ。いまはまだその時機ではない。そう思って、委員会で言及することは避けた。

予定を約一五分超過してすべての質問が終わった。あっという間だった。

一礼して出口に向かう私と市川弁護士の背に場内から拍手が湧《わ》いた。その拍手は、道民のみなさんからの激励だと思った。今日の評価は道民の方たちが決めてくれるだろう。そんな思いで議会をあとにした。

ただ、残念ながら、道議会には多くを期待できそうにもなかった。道議会は与党が絶対多数の構成で、質問を受けていても、与党会派がこの問題に腰が引けているのは明らかだった。

共産党は道議会に百条委員会（地方議会の調査権を行使するため設けられる特別委員会）の設置を求めていたが、百条委員会が設置されると、議会は、道警の現職幹部やOB幹部を証人として喚問し証言を求めることができる。この場では偽証することは許されないから、道警にとっては大変なことになる。与党会派の動きの鈍さから、百条委員会の提案は否決されると考えざるを得なかった。

翌日の新聞各紙の反応は大きかった。二月一〇日の記者会見より、具体的で踏み込んだ内容であるとの評価では共通していた。

新聞各紙が注目していたのは、私が受け取っていた交際費が、ゴルフや本庁接待などに使われたとする証言部分だった。

裏金の一部は、現場の捜査員の慰労や激励の費用にも充てられてはいた。だが、それはごくわずかであり、実際は、ほとんどが上層部の接待や、飲み食いに使われていたのだ。

これに対して、道警サイドからは「部下のために使ったのだ」という反論も出ていたが、見苦しい弁解でしかない。現場の警察官がこれを聞いたら、激怒するだろう。

そして、おそらく、道警がもっとも気にしているのは、この幹部による飲み食い、ゴルフなど「私的流用」の部分のはずである。不正な裏金に私的も公的もあったものではないが、彼らは私的流用の事実を、最後の最後まで認めないに違いない。裏金の使途は、裏帳簿にのみ記され、あとは署長と副署長しか知らない。だから、彼らが口をつぐめば、真実を闇に葬ることができる。それが、道警の目論《もくろ》んでいる裏金問題終結のシナリオなのである。

一方で新聞には、私に対する一般市民の批判の声も載っていた。私が「自分の責任を棚上げして、ものを言っているのではないか」という指摘である。

私はその指摘、批判は甘んじて受けるつもりだ。退職した身だから、警察の内部処分を受けることはないが、返還ということがどのようなことを指すのかは別として、私が裏金を返すべきなのは当然のことだ。それについては、私の在職中に行われていた組織的な裏金システムの実態と責任の所在が、どう解明されるかを見極めたうえで、キチンとした答えを出すつもりでいる。

ただ、現段階では、議会という公の場で、過去の過ちを率直に道民の方々にお詫びすることも、一つの責任の取り方だと考えている。謝ってすむことではないが、私に残された責任の取り方として、いまはそれが思いつく最善の選択肢であった。

大汗をかく本部長

芦刈勝治道警本部長が、旭川中央警察署の捜査用報償費について中間報告を行ったのは三月一二日のことである。私は、道議会で報告を行う本部長の姿をテレビで見た。それは、見るに堪えないような光景だった。報告書を読み上げる本部長の顔からは、文字どおり滝のような汗が流れ落ちていた。顔面から噴き出した尋常でない量の汗が、アゴの先から滴のようにしたたり落ち、本部長は何度もハンカチで汗をぬぐった。

その異様な光景を見ながら、私は、「ポリグラフ検査」のことを連想した。汗や心拍数などの変化を測定して、供述の真否を判定するウソ発見器のことである。本部長の汗が何を物語っているのか、私にはよくわかった。彼はウソをつけない正直な人なのだ。

汗まみれになって、中間報告を読み終わった本部長は「道議会、道民にお詫びします」と深々と頭を下げた。

私が記者会見して約一ヵ月、議会で証言してから一週間あまり。それまで謝罪はしても、「不正はない」の一点張りだった道警が、初めて不正経理を認めたのである。

正直、私はあっけに取られた。本部長をはじめ、道警上層部が、こんなにあっさりと態度を変えるとは、予想だにしていなかったからだ。

しかし、道警の謝罪の意図は、まもなく明らかになった。中間報告の中で、道警が旭川中央署の裏金作りを認めたのは、九五年と九七年の、しかもそのうちの二ヵ月間だけに限られていたのだ。

なぜ、二ヵ月だけなのか？

その理由を道警はなんら説明しない。弟子屈警察署や他部署で発覚した裏金問題や、裏金作りが長期間にわたって行われていたという疑惑についても、いっさい触れていなかった。また、裏金の使途についても、幹部による私的流用を否定し、「使われた裏金は、残業者の夜食や署員の激励慰労会など、正規の手続きがあれば適正な支出とされるものが大半である」としていた。

報告の内容は、どれもこれも、私の体験とは著しく乖離《かいり》したものだった。道警の報告書は、裏金問題を一部の不心得な現場の捜査員によるもの、として責任転嫁することを意図していたのである。

その四日後、道議会の総務委員会で集中審議が行われた。

答弁席には、本部長のほか警務部長、総務部長の顔があった。最高幹部がずらりと顔をそろえたのは、前回、一人で答弁した本部長が大汗をかいたことへの、強い危機感があったからだろう。

この審議でも、道警は過去の内部監査の不十分さや、不正経理を「裏金」と表現することをしぶしぶ認めたものの、くだんの二ヵ月間以外の時期の裏金の存在、捜査用報償費以外の予算の裏金化、裏金の私的流用については、「すべて調査中」として明確な答弁をいっさい避けた。

結局、審議では、何ひとつ新しい事実は判明しないまま、三月二四日、議会は閉会した。懸案の百条委員会の設置は、案の定、『自民党・道民会議』『フロンティア』『公明党』の与党多数による反対で否決された。

ちなみに、自民党の反対理由は、「個別問題を掘り下げる百条委員会は、組織的な不正の全貌《ぜんぼう》解明にはなじまない、道警の内部調査の結果を待つべき」というものだった。

まさに意味不明の理屈というほかない。たとえば、道議会は斎藤君に対しても証言を求める動きをしていた。しかし、彼の場合は守秘義務違反に問われるおそれがあるため、市川弁護士とも相談して、百条委員会で証言することを求めていた。議会は百条委員会設置を否決することで、斎藤君が証言する機会をも奪ってしまったのだ。

こうした議会の態度に新聞は、「議会が道民から付託された予算執行のチェック機能を放棄した」と批判したが、おそらく、道民の大多数の人たちも同じ思いだったのではないか。

私は議会筋から、私の日記の提出について打診されたが、即座に断ることにした。この程度の追及しかできない議会に提出しても、なんの意味もないと思ったのだ。

道警は、私が日記を出さなかったので、ホッとしたに違いない。しかし、いまは、その時機でないと判断しただけのことである。いずれ、私はこの日記を使うことになるだろう。

広がる裏金疑惑

裏金問題は、道警の春の定期異動にも多大な影響を与えた。裏金問題の矢面に立った総務部長が交代することになったが、新聞によれば「総務部長のなり手がなく、人事異動作業が混乱した」という。総務部長のポストは九八年までは、必ずキャリアが就いていた花形ポストだったが、裏金問題が噴出したとたん、みんなが尻込《しりご》みするポストになってしまったのである。

混乱の中で新たに部長になったN君は、私の警務課長時代の部下だったノンキャリアである。

彼はその前の異動で交通部長に就いたばかりだったから、この異動は異例中の異例だった。私は、総務部長のポストを地元に引き渡した警察庁人事担当者の先見性にあきれる思いだったが、同時にN君が気の毒になった。

私が心配したのは当面、彼が裏金問題で矢面に立たされることだけではない。彼は、九五～九六年にかけて銃器対策課長職にあった。まだ、「稲葉事件」をめぐる訴訟などが完全に決着していないだけに、彼が苦しい立場に立たされるのでは、と懸念したのだ。

キャリアはけっして泥をかぶらない。ましてや、カネの問題ではなおさらである。現在、道警に在籍するキャリアたちも、過去に在籍したキャリアたちも、裏金に関与したことはもちろん、存在自体も認めないだろう。キャリアは地元の幹部とそのOBにすべての責任を押しつけてくる。キャリアとはそういうものだ。

おかげで、N君たちのように優秀な地元の幹部が裏金問題の対応に当たらざるを得なくなる。その心情を思うと、なんとも辛《つら》い。だが、しかし、彼らもまた、以前から裏金の存在を熟知していたはずなのだ。私はこの問題になすところなく退職してしまった。しかし、現在は状況はまったく違う。時代は確実に変わりつつある。いまならできることもあるはずだ。彼らには地元出身の幹部として、現場の警察官が仕事をしやすくなるような環境作りに、尽力してもらいたいと思っている。

道警特別調査の中身

このときの道議会で、道警は全部署を対象とする「特別調査」を表明した。調査対象は九八年度から〇三年度までの六年間の捜査用報償費、旅費、交際費、食糧費で、六月の道議会で中間報告し、年内に最終結果をまとめる、というのである。

私は第一章で、道警が設置した「予算執行調査委員会」を「なんの意味もない」と批判したが、この特別調査にもまったく同じ感想しか思い浮かばなかった。

特別調査は百数十人体制（これは、捜査本部体制に匹敵する規模である）で行われると発表されていたが、その中には、裏金作りに関与した幹部や、裏金を受け取っていた幹部がいるはずだ。誰が自分の非を暴くような調査を真剣にやるというのか。そんな調査結果を信用する道民がいると思うのか。道警の判断基準は明らかにズレている。

そもそも、裏金問題は、道警の上層部と警察庁が初動の判断を誤り、真っ向から否定してみせたことが、混乱を招いた最大の原因である。その方針の抜本的な是正がないまま、半年以上も調査を続ければ、現場はますます混乱し、警察官の士気は間違いなく低下するに決まっているのだ。

こうした私の懸念は、それから数ヵ月後に現実のものとなった。

八月、網走《あばしり》管内の興部《おこっぺ》警察署長が、自らの命を絶ったのである。自殺の動機は知るよしもないが、マスコミでは彼が裏金問題を苦にしていたことが報じられていた。過日、道警本部長は、OB団体である警友会の機関紙「けいゆう北海道」でこう述べている。

「遺された言葉にある予算執行に関する問題によるものならば、ここにいたるまで組織として何かできなかったのかを思うに無念というに尽きるのであります」

そうなのだ。現場の人間は誰もが悩んでいたのだ。私の元には、亡くなった署長の通夜の日に、道警が故人の退職辞令を家族に交付した、という情報が入ってきた。このような形式的なことは、遺族が悲嘆にくれている最中にすべきことではあるまい。

おそらく故人を悩ませていただろう「特別調査」は、人の命を奪うほどのものなのか?

私は複数の現職警察官から「特別調査でこんなことを聞かれた」という情報を得ている。ある現職は、わざわざ質問内容のペーパーを送ってくれた。それを読み、話を聞く限りでは、道警の調査は、およそ公正な調査とはいえないものである。

調査に当たったのは、道警本部の調査官（警視）と統括官（警部）とのことだが、質問は誘導的であり、たとえば、

「旅費などは受け取ったことがない」

と正直に答えても、

「それは聞かなかったことにする」

と言われた者もいたのである。

また、所属長経験者には、

「所属長在任中、いわゆる『運営費』（裏金）は存在していましたか？」

という質問が行われていた。こんな質問にまともに「はい」と答える幹部はいないだろ

う。事実、私の知り合いはすべて「いいえ」と答えたそうだ。

さらに、道警は現場の署員にも膨大な予算執行の書類を送り、点検させていた。こんな無意味な作業の積み重ねで、裏金の実態が解明できると、本気で思っているとしたら、道警幹部の頭はどうかしている。要は特別調査とは名ばかりの、現場の士気をいっそう喪失させるだけの調査が、道民の目をくらませるために行われていたのだ。

厳しかった監査結果と道警の妨害

道警が本気で調査をする気がないことは、道が行った監査でも、はっきりと表れていた。すでに、監査の意向を示していた高橋知事は、三月一五日、道警全組織の過去六年分（一九九八～二〇〇三年度）の捜査用報酬費、食糧費、旅費、交際費を対象とした特別監査を道監査委員に請求した。

これを受けて道警本部長は、「監査にはできるだけ協力する」と述べていた。ところが、その後、道警から監査委員に提出された、弟子屈警察署の会計書類のコピーは、協力者の住所、氏名がすべて黒塗りにされていた。これでは何も公開しないのと同じことである。

黒塗りの理由について道警は、「捜査上の秘密、あるいは協力者の生命の安全のため、協力者の氏名を公開できない」と説明している。だが、この協力者はすべて架空の人物なのだ。

架空の協力者に、秘密も安全もありはしない。架空でないというなら、道警は、書類に記載された協力者なる者が実在するかどうかを、調査したのか。しているはずがないのである。ましてや、監査委員には守秘義務があり、黒塗りにするのは筋が通らない。

道警の理屈とも言えない理屈の背後からは、警察組織ならではの隠蔽《いんぺい》体質が顔を覗《のぞ》かせている。そこには、道民とともにあるはずの警察の姿はどこにも見当たらない。あるのは、警察の身勝手なご都合主義と傲慢《ごうまん》さだけだ。

弟子屈警察署の実地監査は三月二三日に行われた。対象は、二〇〇〇年度の捜査用報酬費三五万円の支出に関するもので、国費の捜査費は対象外となった。なぜなら、国費のチェックは、国の会計検査院が行うものだからだ。ここに、裏金疑惑の解明の隘路《あいろ》がある。国費に関しては、いくら明白な証拠があっても会計検査院が動かない限り、不問に付されるのだ。

監査では、協力者の氏名などの開示は行われなかったが、監査委員の事情聴取に署員が応じた。道警が署員からの事情聴取を認めたのはこれが初めてである。責任者たる署長が、捜査費の支出に責任があるのは当然だが、使用者たる捜査員にも、その責任は及んでいる。むしろ、そうした責任感を持つことで、実際の捜査に捜査費が使えるようになるはずなのである。

ところが、道警は、事情聴取は認めたものの、監査委員が捜査員を面接する際に、「捜査員の言動によっては捜査に支障が出てくるかもしれない」として幹部を同席させている。要するに捜査員にほんとうのことを言ってもらいたくないので、圧力をかけているのだ。

繰り返すが、現場の捜査員には捜査するのに捜査費を使うという発想がない。協力者などへの謝礼は、自腹を切るのが当たり前だと思っている。そんな彼らに監査委員が捜査費をもらっているか、と聞けば、

「受け取っていない」

と正直に答える捜査員も出てくるだろう。それが、道警にとっては困るのだ。操作謝礼を渡したことになっている協力者が架空の人物だということがバレてはまずいのだ。だから、お目付け役として幹部が立ち会い、あるいは、質問と回答内容を書面で報告させる、などの手段で、無言のプレッシャーを加えているのだ。捜査員も組織の一員だ。組織を裏切ったら、自分がどうなるかは知っている。幹部の意向には逆らえない。

現に私のところへは現職警察官から、「監査のときに幹部が立ち会っているので何も言えなかった、事後に報告書を出すように言われた」という苦情がいくつも寄せられている。

もし、仮に捜査費が適正に使われていたのなら、捜査員は立ち会いなしで監査委員に面接し、真実を話して、捜査上、もし支障があると判断したときには、その旨を具体的に説明すればよいだけのことだ。

いまはもう捜査員も、捜査費＝税金という認識を持たねばならない時代なのだ。現に、〇四年一一月、他県のケースだが高知県で現職警察官とOBが捜査費の使用に関して法廷での証言を求められている。北海道の裏金訴訟でも捜査員の証人尋問が行われる。

なお、弟子屈警察署元署長は監査委員の事情聴取に対して「不適正な経理があった」と認めたものの、交際費の授受については否定した。後に彼はこの発言を撤回したが、次の

異動で署長ポストを外された。結局は現場の署長の責任とされてしまったのだ。私の知る彼は優秀な幹部だ。ただ、これまでの慣例どおりに交際費という名の裏金を受け取っていたにすぎない。

三月二五日、私は道監査委員から、「道警の不正経理疑惑について話を聞きたい」と要請を受けた。快く引き受けた。

代表監査委員の徳永光孝氏をはじめ、宮間利一監査委員、四十川《あいかわ》久事務局長ほか担当者が出席した席で、私は、議会で話したことについて改めて説明するとともに、私の体験をさらに詳しく話した。また、議会の証言後に私に寄せられた情報で、監査に役立ちそうなものを提供した。出席者の方々はみな熱心に聞いてくれた。

この席で、監査委員から監査に当たっての道警の非協力ぶりが改めて披露され、監査が容易ではないことがよくわかった。裏金問題への議会の追及は不発に終わり、世論は徹底的な疑惑解明を求めている。監査委員としては、なんとしても道民の納得する結論を出す必要があった。監査委員の面々から、そんな決意を感じることができた。私は、今後も協力することを約束した。

三月二六日、住民監査請求に関する、道監査委員、道警、双方の意見陳述が行われた。道警は、「一部に不適正な支出が行われたことが推認できる」と一部で裏金作りがあったことは認めた。しかし、道監査委員が求めた「捜査協力者の開示」については、やはり拒否してきた。

四月八日、道警は道議会総務委員会に対し、弟子屈警察署の不正経理疑惑に関する中間報告を行ったが、内容は私の予想したとおりだった。道警は、不適正な予算執行があったことを認めたものの、道警組織全体の裏金作りや、幹部の私的な流用は、依然として認めようとはしなかったのだ。

一方、弟子屈警察署の監査の結果は、四月二八日に明らかになった。二〇〇〇年度の捜査用報償費について「違法または不正な支出」があったとして、損害補塡《ほてん》の措置を取るように勧告した。報償費の使途不明金の返還命令が行われたのは、全国でも初めてのことである（ただし、損害額の算定は、道警の内部調査に任されることになった）。

さらに、徳永光孝代表監査委員は、公金に対する意識の欠如はまことに遺憾とし、「ほかの署でも裏金作りが行われていることをうかがわせる」として、不正経理は道警全体の問題として受け止めるべきだと厳しく指摘した。しかし、私的流用について具体的な使途、金額の特定は難しいと認定を避けた。

道監査委員は六月三〇日に、旭川中央警察署と弟子屈警察署の、九八年度から二〇〇〇年度の監査結果を公表した。内容は道警にとってきわめて厳しいものであった。監査結果は、両警察署では、不正支出が約七一〇万円、確認できない支出が約三六〇万円もあると認定したのである。

それればかりではない。ここでも「両署以外の警察署でも組織的、慣行的に不正な予算執行が行われていたことが窺《うかが》われる」と指摘し、旅費や日額旅費についても「適正に支給されていたかどうか確認できない」と灰色認定を行ったのである。

この監査結果は、私の退職時までは確実に存在していた裏金システムが、少なくとも〇一年三月末までは続いていた証拠となった。私は心のどこかに、道警の自浄能力に期待する気持ちが残っていたが、それは見事に裏切られた。「やっぱり、そういうことか」と思いつつ、一抹の寂しさを感じずにはいられなかった。

六月三〇日の監査結果の公表に先立ち、五月一一日、道警本部長は、道議会総務委員会に対して、旭川中央警察署と弟子屈警察署の不正経理疑惑の内部調査結果の報告をしている。

その内容は、これまで道警が発表してきたものと、なんの代わり映えもしないものだった。裏金作りが警察署として組織的に行われていたことを認めはしたが、旭川中央警察署については、九五年から九七年まで、弟子屈警察署については、九八年から二〇〇〇年までの出来事だと限定したのだ。

なぜ、この期間にのみ不正経理があったかについての説明は、相変わらずなく、道警本部や方面本部の関与や、幹部の私的流用についても、まったく触れていない。いかにも、二つの警察署だけの不祥事であったと言わんばかりの内容で、単に過去に判明した事実を追認しただけの無責任きわまりない報告である。

そのため、発表後の記者会見では、マスコミから、

「泥棒が泥棒を調べるような内部調査に信憑性《しんぴょうせい》があるのか？」

という痛烈な質問が出たほどだった。この問いに本部長はしばらくの間、言葉を発する

ことができずにいた。おそらく彼のキャリアとしてのプライドは著しく傷ついたに違いない。私は、幾度となく道警本部長が口にした「道民のために道民とともにある警察」がいかに虚飾に満ちたものであるかを感じざるを得なかった。

道警の旭川中央警察署不正経理疑惑に関する内部調査の最終報告は七月一三日に行われた。

その内容は、すでに監査委員から、これまでの道警の主張を覆す監査結果が出ているにもかかわらず、鉄面皮にも従来の主張を繰り返すだけのものだった。

すなわち、道警は九八年度から二〇〇〇年度までの組織的な裏金作りこそ認めたが、それ以降は、「全体の不適正執行は認められなかった」と結論づけていたのである。

この期に及んでも、事実をかたくなに否定する道警。不正はごく一部の不心得者の仕業だ、と言わんばかりの最終報告の内容に、私はほとほとあきれ果てた。私が長年在籍し、その一端を担っていた道警は、こんなにもひどい組織だったのか、と改めて思わざるを得なかった。

第五章　裏金追及を阻む者たち

書類改竄と文書破棄

「会計課が中心になって、会議室で何かが行われている。どうやら、過去の会計書類をもとに個人別に抽出し、転記する作業のようだ。自分の課からも応援に人を出しているが、本来の仕事に支障が出て困っている」

「本部は口頭では、『書類を書き直せ』とは一言も言わず、『会計書類を整備しろ』と言ってくる。しかし、これは『なんとか書類をうまく偽装しろ』と言っているのと同じことだ。なぜ、われわれが上層部の尻《しり》ぬぐいをしなくてはならないのか。バカバカしくてやっていられない」

道警内部から、そんな声が私の耳に届くようになったのは、〇四年四月の末頃《ごろ》からであった。実は道監査委員の内部監査が入るとわかったときから、道警内部では、なりふりかまわぬ隠蔽《いんぺい》工作が始まり、てんやわんやの状態になっていたのだ。

ある現場の捜査員からは、こんな話を聞かされた。

「幹部から『事件があってもすぐにはカネを出せない。各自、当面必要な費用として二〇万～三〇万は用意しておけ』と言われた。会計課サイドも、いまは現場が必要な消耗品の予算でさえ、すんなりと流せない状態になっている」

明らかに道警内部は混乱状態にあった。現場の責任者は監査委員の特別監査を目前にしてボロが出るのではないかと怯《おび》え、会計書類の改竄《かいざん》がドロ縄式に行われていたのだ。

そうした混乱に紛れてマル秘扱いの内部資料も流出するようになった。

私の手元には、本来なら破棄されてしまったはずの、『新任副署長・次長研修会資料（一般会計）』なる道警本部会計課発行の「取扱注意」文書がある。その活動経費の項には、次のような記述がある。

〈ア　活動旅費、捜査費等活動経費については、その使途の信憑性《しんぴょうせい》を疑われるようなことがあってはならない。
イ　捜査員の中には、その経理に疑問を持つ者もあり、これらの職員がときとして内部告発となって現れることが考えられることを常に念頭におく必要がある。
ウ　近時は合理的な思考と率直な平等観念の強い職員が多くなってきており、書類の作成、経費の使途について改善と努力を払わなければ、将来の警察の団結と結束に重大な支障を生じる危険があることを認識する。
エ　単に形式を整えるだけではなく、実態と書類が一致するような運用が必要である。
オ　排除すべきものは英断をもって排除し、適正な経理の確立を図る〉
さらに副署長などの留意事項として、

〈会計職員として不適格と認められる者は英断をもって排除する〉

という記述もあった。

もう、おわかりだろう。これは、道警が作成した、金庫番役の副署長、次長を対象にした「裏金作り指南書」なのである。裏金の存在を前提に、裏金システムを破綻《はたん》させないための〝金庫番〟の心構えがマニュアル化されていたのだ。

文中で〈書類の作成、経費の使途について改善と努力を払わなければ、将来の警察の団結と結束に重大な支障を生じる危険がある〉としているのは、この文書の作成者自身が、近い将来、裏金システムが発覚するのでは、と強い危機感を抱いていたからに違いない。

しかも、道警内部で行われていたのは書類の改竄だけではなかった。大量の書類破棄が密《ひそ》かに実行されていた。いや、道警どころか、警察庁をはじめ全国各地の県警本部で書類の破棄がいっせいに行われていたことが、五月になって明らかになったのだ。

その数は、警察庁会計課を筆頭に全国で三八都道府県の警察本部、関東、中部、九州の管区警察局、皇宮警察などに及んでいる。警察庁は、全国で経理疑惑が浮上したことから、〇四年三月末で保存期間が切れる九八年度会計書類の保存を、全国の都道府県警察に指示していた。ところが、なんと、あきれたことに管理部門の中枢である会計課、それもトップの警察庁会計課が、書類をせっせと破棄していたことが明るみに出てしまったのだ。杜《ず》撰《さん》な会計処理をチェックすべき部署の頂点に立つキャリアの牙城《がじょう》がこの有り様である。

ちなみに、北海道警察では、道警本部をはじめ、三六もの部署で保存期間が切れる前に会計文書が大量に廃棄されていた。中には本来、会計書類そのものを作成していない部署までであった。いうまでもなく、これらの文書は、道警の内部調査や道の特別監査の対象となるものばかりだ。

さすがに、〝警察一家〟の身内である公安委員会からも「タガが緩んでいる。このような態度が、不正の背景にあるのではないか」と指摘されたこの不祥事について、道警は「どれも、うっかりミスによるもの」と説明している。

しかし、こんな説明で納得するのは、よほどおめでたい人間だけだろう。仮に百歩譲って、故意に廃棄したのではないなら、道警の会計処理がいかに杜撰かつデタラメかという証明になってしまう。だが、そんなことはぜったいにあり得ない。なぜなら、裏金を作る偽装工作のため、書類の作成はそれこそ細心の注意を払って行われていたからだ。

道警本部は、数年に一度、国の会計検査院の検査を受け、毎年、道からは監査委員の監査を受ける。当然、その対象となる会計書類の取り扱いは、きわめて厳格だ。もし、紛失したりすれば、それだけで検査や監査の入り口でアウトになってしまう。

会計担当者にとって会計書類は命より大切なものなのだ。もしも、彼らが破棄したというのなら、それはミスではなく、上からの命令によるものでしかあり得ない。いずれにしても、書類破棄が発覚したことで、道警はその信用をさらに失う結果となった。そして、もはや、善悪の判断能力すら失っているような道警の醜態ぶりは、その後も続々と明らかになっていく。

四月二八日、マスコミは「道警本部長、監査に抗議」と大きく報じた。道警本部長が弟子屈署の裏金疑惑の住民監査請求をめぐって、徳永光孝代表監査委員に対し、

「公正、公平な監査になるかどうか危惧《きぐ》している」

と電話で抗議していたことが判明したのだ。実は私のところへも、マスコミに発覚する一週間ほど前に、この出来事を知らせる「ハガキ」が届いていた。差出人は道警本部の上層部側近筋としておこう。

こうした情報が、簡単に漏れてしまう道警の体制にも問題はある。だが、それ以上に大問題なのは、組織のトップが裏金問題の真っ只中で、公正な監査を行おうとする機関のトップに直接電話してしまう軽率さと傲慢《ごうまん》さである。

しかも、新聞によれば、この行為には本部長側近の総務課長までもが加担していた。側近はトップの行動を諫止《かんし》こそすれ、こんなことに組織のトップを使ってはぜったいにならない。その起きてはいけないことが、道警という組織では起きてしまったのである。道警ところが道警は、これを反省するどころか、七月下旬には「意見交換会」と称して、道監査委員会の事務局職員を呼び出し、六月末に行われた監査結果の根拠を質《ただ》すなど、監査委員に圧力をかけることまでやっている。こうした、一連の道警の行動は、誰の眼《め》にも警察という権力機関の横暴としか映らない。道警はそんなことにも気づかない情けない組織に成り下がってしまった。

裏金問題に及び腰の国会

道警の裏金疑惑が、日に日に広がりを増していたにもかかわらず、国会の裏金追及の動きはきわめて鈍いものだった。

私は二月一〇日の記者会見の直後、民主党から、国会の参考人招致に応じる意思があるかと打診を受け、承諾の意思を表明していた。しかし、与党の自民・公明党は私の参考人招致要求に難色を示し、招致は据え置かれたままだった。

自・公がようやく重い腰を上げ、参考人招致を容認する姿勢を見せたのは、三月に入り、静岡県警の不正経理が発覚してからのことだった。三月九日には民主党国会議員団からヒヤリングの依頼があったが、事前に送られてきた質問事項は、すでに道議会で話したものばかりだった。また同じことを話すのかと、正直、うんざりした。そこで、

「質問事項には、現場の警察官が予算を使いやすくするのにはどうしたらいいのかが、まったく触れられていない。これでは、国会に行く意味がない」

と注文をつけたうえで、現場の実情を説明したが、議員の方たちが、どこまで本気でこの問題に取り組むつもりなのか、疑念を抱かざるを得なかった。

三月二四日、衆議院内閣委員会から私の元へ、意見陳述の依頼文書が届いた。「委員長以下委員八人が三月二九日に〝警察に関する実情調査〟のため札幌へ行く。その際、意見聴取と質問を行いたい」との文意だった。

思わず、首を傾《かし》げた。いつの間にか、私の国会参考人招致は、現地・札幌での聞き取り調査に替わっていたのだ。しかも、私の資格は証人でも、参考人でもなく、単なる「意見陳述人」である。どうやら、こうなったのは、与野党妥協の産物であるらしいと、うすうす想像がついた。

なぜ、私が「参考人」から「意見陳述人」になったかは、四月下旬に市川守弘弁護士が、裏金問題で衆議院内閣委員会へ参考人招致されたことから判明した。

どうやら、国家公安委員会は、裏金問題の直接の当事者である私が参考人として呼ばれ、国会で爆弾発言をすることを恐れていたらしい。しかも、私を呼べば、道警本部長、道公安委員長まで呼ぶ必要が生じ、下手をすれば道本部の会計課まで調査が及びかねない。

道警は本部の会計課だけは、ぜったいに手を触れられたくない。それを避けるために、私に「意見陳述人」として札幌で話をさせ、ワンクッション置いてから市川弁護士を国会に呼び、問題の拡大阻止と沈静化を狙《ねら》おうとしたのだった。国家公安委員会と警察庁の親密ぶりを表す、じつに卑劣なやり方である。

内閣委員会でのお粗末なやりとり

私が意見陳述で述べたことは、四月一四日の衆議院内閣委員会で報告された。その後の集中質疑の模様は、内閣委員会議事録に記されている。主な質疑応答を再録してみよう。

キャリア警察官出身の自民党・葉梨康弘衆院議員は岩手県警、兵庫県警で捜査二課長を歴任した経験から、

「事件をあげてから捜査費が来る。その捜査費で次の事件の内偵捜査をする。いかにも使いづらい。こうした仕組みは、不心得者が出てきたとき、後のチェックがしづらい。そういうことは当時も感じました」

と述べている。私も山梨、熊本県警の捜査二課長を体験し、交際費名目で月数万円を受け取っていた。葉梨議員は、さすがに裏金の存在には触れていないが、元キャリア警察官が、裏金の存在を許す仕組みが警察内に存在したことを認めた点で、記憶に留《とど》めるべき発言であろう。

民主党・鉢呂吉雄議員は、「この問題は単に旭川中央署などに留まらぬ全国的な問題であり、国家公安委員会は全国の警察に監察の指示をすべきだ」と追及した。

これに対して、小野清子国家公安委員長（当時）は、「都道府県警察や警察庁の調査検討状況や、各種施策の実施状況を踏まえて、検討し対処する」といたって消極的な答弁ぶりで、

「予算の不適正執行の問題がすべての県にまたがることではないと理解している」

と、裏金は一部の問題だとする警察発表ベッタリの認識を示した。しかも、小野委員長は鉢呂議員が事実関係を指摘するたび「各都道府県警察が調査中」と逃げの答弁に終始したため、民主党・大畠章宏議員から、

「さっきから警察庁の係官のメモを見て答弁されている。ご自分の考えで、政治家として行動していただきたい」

と痛烈な皮肉を浴びせられる始末だった。さらに、大畠議員は警察庁に対しても、

「この問題を四〇年間近くも放置させたのは会計検査院の責任だ。会計検査が入る直前に警察庁から会計担当者が対象の都道府県警察を指導しているのはおかしい」

と迫ったが、警察庁の議会担当者は、

「いろいろとご批判がありますので、今年度からそのような事前に行くということはやめました」

という、絵に描《か》いたようなお役所答弁でお茶を濁しただけだった。こうした、警察庁のノラリクラリとした姿勢を後押ししていたのが、本来、警察行政をチェックするはずの小野国家公安委員長だった。小野委員長は民主党・泉健太議員から、

「領収書偽造が北海道、静岡、福岡や各県で起きている。いつになったら全国事案だと認めるのか」

と追及されると、

「現行警察制度は、警察事務の執行は原則として都道府県警察にゆだねている。国費であっても各都道府県警察が、その責任において予算執行を行っている」

と警察庁の責任をハッキリと否定したのだ。国家公安委員会と警察庁ががっちりとスクラムを組んでいることは、この答弁ひとつでも明らかだった。

あまりのバカバカしさに、思わず笑ってしまった国家公安委員長答弁もあった。

「警察職員の内部通報制度を整備してはどうか」

と提案した公明党・大口善徳議員への答えが、

「警察法の規定により、苦情があるものは公安委員に苦情の申し出ができることになっている」

というものだったからだ。公安委員会と警察は〝一心同体〟も同然だ。警察の身内に内部告発するバカがどこの世界にいるだろうか?

たしかに、道警にも「北海道警察職員生活相談実施要綱」が存在し、公私にわたる悩みや困りごとの相談に応じ、相談内容の秘密を守り、不利益な取り扱いをしない形になってはいる。

だが、それはタテマエにすぎない。

実際に警察職員がこの制度を利用して「裏金はやめよ」と通報したら、どんな結果が待っているか、警察職員なら百も承知だ。誰もほんとうのことを話せぬ組織体制になっているからこそ、裏金システムは長年、命脈を保ってきたのだ。警察内の通報制度は事実上、まったく機能していないのである。このことは愛媛県警の現職警察官・仙波敏郎氏がマスコミに裏金の存在を告発したことからも明らかである。

要するに国家公安委員会も警察庁も、第一線の警察の現場のことは何も知らず、また、わかろうともしていない。だから、こんなお粗末発言を国会の場でしても、なんら恥じることがないのである。

最後に質問に立った日本共産党・吉井英勝議員は、不正経理疑惑の各都道府県警察の中間報告には、
①不正は資料が示されたものだけを認める。
②幹部による飲み食いなどの「私的流用」は認めない。
③責任を下部の警察官らに押し付けている。
以上の三つの共通点があると指摘。「警察庁が統一のガイドラインを示し、真相隠しを行っているのではないか」と迫った。

たしかにこれが、この段階では警察の組織防衛のガイドラインだろう。私は、さらにもうひとつ付け加えるべきガイドラインがあると思う。それは、警察は本部の会計部門の内実を断じて公にする気はない、ということだ。

警察が下部組織に責任を押し付けようとしているのは、警察庁を頂点とした警察上層部への裏金の流れに直結する道（県）警本部の会計課を、必死でガードしているからにほかならない。裏を返せば、本丸である本部の会計部門に穴が空いたときこそ、初めて都道府県警察と警察庁をつなぐ金脈が暴かれることで裏金システムの全容が解明され、その実態が白日の下に晒《さら》されるのだ。

この会計課の問題では、二〇〇一年九月に、仙台市民オンブズマンの小野寺信一弁護士らが提起した「捜査用報償費返還請求事件（住民訴訟）」が注目された。その被告は、宮城県警本部の会計課長なのである。私は、この裁判に証人として出廷し、裏金の実態や警察庁と各県警本部との関係などについて証言した。〇五年六月、仙台地裁は、捜査用報償費の「相当部分に実体がなかった」とする画期的判決を出した。

役立たずの会計検査院

衆議院総務委員会で、国家公安委員長、警察庁とともに、批判の矢面に立たされたのが、会計検査院だった。

それは当然だった。

会計検査院は、これまで一ヵ月も前に実地検査を警察に通知、担当者が事前に準備する十分な余裕を与えて警察の裏金疑惑を長年にわたって見逃してきたのである。しかも、肝心の面接調査には、警察庁の担当者の同席を許し、あまつさえ末端の捜査員などに対する面接調査はせずに済ませていた。

会計検査院は、委員会で公明党の大口議員から「一ヵ月も前に検査を通知しながら、指摘事項がないのは、どういうことか」と厳しく糾弾されている。

そもそも、会計検査院は、内閣から独立した地位を有する、国の収入支出の決算の検査や、適正な予算執行がなされているかを調査する機関である。「抜き打ち」であろうが、いつでも職員を派遣して実地検査が行える権限を持ち、検査で法令に違反し、あるいは不当だと認める事項があれば、是正改善の処置を求めることができる。

ところが警察の裏金疑惑に関して、会計検査院は、不正を暴くどころか、不正にフタをする道具としてのみ機能している。しかも、委員会でその点を指摘された、会計検査院の答えは、「今後、検討したい」という、まるで他人事《ひとごと》のようにおざなりなものだった。

その一方で、会計検査院は国民に対しては平然と傲慢さをむき出しにする。

〇四年四月、市民オンブズマン福岡が福岡県警銃器対策課の裏金疑惑に対し、会計検査院法三五条に基づき会計検査院に審査請求を行った。ところが、会計検査院は、七月六日、「審査により、会計経理が是正されたとしても、審査要求人はこれによって自己の権利又は利益に直接影響を受けるわけではないから利害関係人には当たらない」という理由で審査要求を却下している。まるで、「市民オンブズマンごときには関係ないことだ。つまらんことに口を出すな」と言わんばかりの門前払いである。いったい、会計検査院の指す「利害関係人」とは誰なのか。警察本部長か、それとも政府の役人なのか？　少なくとも、国民の側に立っていないことだけは明らかだろう。

また、全国の市民オンブズマンの情報開示請求を阻《はば》んでいるのが警察の「捜査上の秘密」というシロモノだ。

「捜査上の秘密」とは、いったい何を指すのだろうか？

「捜査上の秘密」の法的な根拠は捜査の手続きを定めた刑事訴訟法一九六条（捜査関係者に対する訓示規定）を受けて、警察には、警察官が犯罪捜査を行うに当たっての心構えなどを細かく定めた、犯罪捜査規範という内部規則がある。その九条（秘密の保持）にこうある。

〈捜査を行うに当たっては、秘密を厳守し、捜査の遂行に支障を及ぼさないように注意するとともに、被疑者、被害者、その他事件の関係者の名誉を害することのないように努めなければならない〉

地方公務員法三四条（秘密を守る義務）にも次のような記述がある。

〈職員は、職務上知り得た秘密を漏らしてはならない。その職を退いた後も、また、同様とする〉

捜査を進めていく上で、秘密が守れないと、さまざまな支障をきたすことは確かだ。しかし、捜査協力者や情報提供者がすべて捜査上の秘密を保持するための対象者になるのだろうか？　捜査協力者でも情報提供者でもいろいろなケースがある。名誉が害されるおそれや、危害が及ぶおそれにはそれぞれ濃淡があるし、中には、すでに警察に協力した事実がマスコミなどで公になっているケースもあるのだ。

捜査協力者の定義や範囲が不明確なうえに、すべての捜査協力者に謝礼が渡されておらず、しかも、その大半が架空の協力者なら、「捜査上の秘密」を議論すること自体、意味のないことだ。要は警察が「捜査上の秘密」を主張するのは、捜査上の必要や情報提供者の保護ばかりが理由ではない。警察のウソがバレるのを防ぐために、「捜査上の秘密」が利用されているのである。

捜査用報償費、捜査費、旅費、交際費などは公金（税金）である。税金の使途は、公開し納税者のチェックを受けることが原則だ。「捜査上の秘密」を理由にすべてを非公開とすることは許されることではない。保護されるべき法益は、互いにバランスがとられなければならない。

捜査費は、その保持すべき秘密の態様や協力者の態様に応じてランク付けをするなど、公開が可能なものもあるはずだ。旅費については、捜査員が捜査のために出張した事実や行き先を、捜査上の秘密に含むほうがおかしいのではないか。ましてや、会計検査院の検査官や監査委員には守秘義務がある。こうした相手に「捜査上の秘密」を理由に捜査費の会計書類を開示しないのはゆきすぎであろう。捜査の秘密保持はあくまで「捜査を行うに当たって」求められているのだ。

東京市民オンブズマンの清水勉弁護士は、「会計書類そのものには、捜査上の秘密や会議の内容が書かれているわけではない」と指摘し「捜査上の秘密を理由に会計書類をすべて非公開とするのは不当だ」と主張している。もう、取ってつけたように捜査上の秘密の特権を振り回して、公金を勝手気ままに使える時代は終わったのだ。

公安委員会は気楽な商売

衆院予算委員会の小野清子国家公安委員長の裏金問題に対する噴飯物の発言の数々は、国家公安委員会と警察庁との深い関係を、改めて浮き彫りにするものだった。いったい、これで公安委員会は警察のチェック機能を果たしていると言えるのか？

ここで、公安委員会とは何なのかを再確認しておこう。

国家公安委員会とは「警察法」により国の機関として、内閣総理大臣の所轄の下に置かれる内閣府の外局で、委員長ほか五名の委員からなる委員会である。委員長は国務大臣、五人の委員は民間人で、総理大臣が両議院の同意を得て任命する。国家公安委員会は、警察庁を管理し、警察庁長官は国家公安委員会が総理大臣の承認を得て任命することになっている。

都道府県には、知事の所轄の下に都道府県公安委員会が置かれ、五人の委員は知事が議会の同意を得て任命する。ちなみに、北海道には、北海道公安委員会（委員長ほか四名）があり、さらに函館、旭川、釧路、北見の方面公安委員会（委員長ほか二名）がある。公安委員会は、都道府県警察を管理するほか、警察本部長の任免の同意権や、懲戒、罷免に関する勧告権がある。公安委員会の庶務は、警察本部が行うとされている。

以上が公安委員会の概要だが、私は、八八年から一年間、公安委員会の庶務を担当する総務課長として、九一年から二年間は防犯部長として、その後は方面本部長として、北海道公安委員会と方面本部公安委員会の実態をつぶさに見る機会に恵まれた。

公安委員会の方々は、それなりに見識のある方ばかりだが、私は、公安委員会には警察のチェック機能はないと断言できる。

それは、公安委員の選ばれ方に問題があるからだ。公安委員は、警察の推薦に基づき、知事が議会の同意を得て任命する。しかし、警察が行う人選では、当然、警察行政に批判的な人物は対象外となる。また、将来、社会的な問題となるような企業の関係者も避けなくてはならない。

そのため人選の範囲は限定され、教育界、銀行などの金融機関、法曹界、実業界では薬品関連など健全経営の企業の代表者が公安委員に選出される。むろん、北海道内での知名度も必要であり、退任する公安委員からの内々の推薦がある場合も少なくない。

人選が決まると、知事部局と議会に根回しが行われるが、私の知る限りでは、警察が選んだ人物が知事部局や議会から拒否されたことは一度もなかった。

この手順でもわかるように、本来、地域の住民を代表して警察を管理する機関であるはずの公安委員は、実際は警察にとって都合のよい人物ばかりが選ばれるのだ。

新聞によると高橋はるみ北海道知事は、退任する公安委員の後任人事で、道警の推薦した人物を避け、教育界から大学教授を選任したという。裏金問題に対する世論に配慮したものらしいが、私からみれば、従来の枠を越えた斬新《ざんしん》な人選とは、とても言えないものだ。

これが、方面公安委員となると、さらに人選の幅が狭くなる。地場の企業や大学が少なく、金融機関も出先しかない。業種を農業や漁業まで広げても、警察に都合のいい人材が見つからないのだ。それもあって、ときには地元のいわゆる名家から、親子二代の公安委員が誕生することもある。

では、そうして選ばれた公安委員はどんな仕事をしているのか？

公安委員会は毎週水曜日の午後に開かれる。出席するのは、委員のほか本部長と警察本部の各部長で、その日の議題は当日の午前中に開かれる部長会議で決められる。

委員会では各部長から、それぞれ前週に起きた事件、事故が報告される。どれも、新聞などで報じられた事件事故で、公になっていないものはあえて報告されない。期末には各業務のトータルな分析などの報告がある。

報告の後、委員から質問があるが、突っ込んだ質問はほとんどなく、各部長が説明に窮することはない。私の体験では、委員のほうから議題が出されたり、警察運営について指摘を受けたことは一度もなかった。委員会が開かれる時間は約三〇分、長くても一時間程度で終了していた。要は完全なお手盛りの委員会なのであり、委員はお飾り的な名誉職なのである。

唯一、彼らの仕事と言えば、行政処分の聴聞くらいだ。月に一度、交通違反者などを呼び出し、免許の取り消しなどの処分を告げて、弁解を聞くのである。それを除けば、せいぜい年末の特別警戒時に、警察署への督励をお願いするのが関の山であった。だいたい、委員は、それぞれ本業をお持ちの方が多く、週一度の委員会に出てもらうだけでも一苦労なのである。

このような仕事内容ではあるが、北海道の公安委員会費は年間約六六〇〇万円を計上し、委員長には月額三三万五〇〇〇円、委員二四万円の委員報酬が支払われていた。

これが高いか安いかは読者の判断に任せるが、少なくとも私が見た公安委員会の実態は、警察を管理するのではなく、警察に管理された委員会であり、完全にお仲間の委員会でしかなかった。

加えて、委員会をサポートする警察本部の体制は、事務官の主幹が一人で委員会当日の準備をする程度で、ほとんど無きに等しい状態だった。これでは、公安委員会が本来の役割である警察の管理、チェック機能を果たすことなどできるわけがない。

事実、〇四年一一月二二日、道警本部は内部調査結果を北海道公安委員会に報告したが、これを受けた公安委員長は「きわめて遺憾」としながらも、内部調査の問題点や矛盾点には何ひとつ触れず、調査結果を追認しただけだった。私は今回の裏金問題によって、公安委員会が道民の代表として、本来の義務に目覚めてくれることにかすかな希望を抱いていたが、それは、まったくの無い物ねだりに終わったのである。

警察の議会対策

道議会でも国会でも、裏金問題に関する与党会派の反応はきわめて鈍いものだった。当然、そこには警察サイドからの議会対策の効果があったと見るべきだ。そこで、警察の議会対策はどうなっているか述べよう。

警察本部で議会対策に当たるのは総務課である。私の在任当時、総務課には議会対策を担当する係として、渉外担当の調査官（警視）、補佐（警部）、係長（警部補）が配置されていた。彼らの主たる任務は、北海道議会の議員や各会派との連絡調整である。と言えば聞こえがよいが、警察にとって都合の悪い質問が出ないよう働きかけるのが最も重要な任務であった。そのため、担当には交渉能力があり、ある程度押しの利く人物が選ばれていた。彼らの仕事は、議会中の議員や各会派の警察に関する質問をいち早くキャッチし、上層部に報告することであった。

警察にとって都合の悪い質問に対処するため、質問内容を細部まで把握する必要があったからだ。質問が思わぬ方向に発展して、議会に出席している本部長や各部長が答えに窮するような事態は避けねばならぬからである。

答弁案は各部で作成され、総務部長、そして本部長も交えて検討される。最後は渉外担当の幹部が質問議員とすり合わせをして、答弁内容が決まる。私自身も、かつて警察の答弁案ばかりか議員のほうの質問事項まで作成したことがある。バカバカしい話であったが、渉外担当に頭を下げられて、しぶしぶ応じざるを得なかったのだ。

ただ、共産党だけはこの手法は通じなかった。それもあってか、渉外担当にとって、警察行政のお目付役の総務委員会に共産党の議員を入れぬよう各会派に根回しをすることは重要な任務の一つになっていた。警察というところは、いまも昔も徹底した共産党アレルギーなのである。

私の記憶では、私が退職した九五年までは、共産党の議員が総務委員会に入ったことはない。また、今回の裏金問題で、私が三月四日総務委員会で証言をしたときにも、共産党の議員は委員外議員として、わずか一〇分ほどの質問しか認められていなかった。

渉外担当の仕事は、なにも議会の期間中だけにとどまらない。常日頃《つねひごろ》から議員や各会派と接触し、こまめに情報を収集することが求められる。そのため、ときには、議員から警察官の採用に関しての要望や、個人的なトラブルについての相談を受けることもあり、関係作りのために酒を飲む必要も生じる。その費用は、〝金庫番〟の管理官から渡される裏金で賄われていた。

私も防犯部長時代、議会対策の一環として、道議会の総務委員の議員を接待したことがあった。そのことを記した九一年一二月の日記には、こう書かれている。

〈総務委員の歳末督励とは言っても、議会対策用接待、議員連中のおよそ非常識な言動に辟易《へきえき》しながら付き合う〉

この接待については、当初、防犯課の担当者から打診を受け、「こうしたやり方はもう必要がないのではないか」と再検討を指示したが、総務課の議会担当からぜひと頼まれて、今年限りの条件で、いやいや実施した記憶がある。日時は一二月一六日、場所は市内のホテル。警察側の出席者は、O総務部長、S総務課長、M議会担当調査官、M防犯課長、それに私の五人だ。当時の写真もある。

議会対策の担当者にとっては、こうした機会に警察の実態を理解してもらうという表向きの理由もあったのだろう。だが、裏金での接待とわかっていれば、さすがに議員先生たちも尻込《しりご》みしたのではあるまいか。

今回の道警の裏金問題についても、総務課は獅子《しし》奮迅《ふんじん》の働きをしたはずだ。なぜなら、じつに四回にわたって百条委員会の設置が否決されているからだ。否決に回ったのは、いずれも与党の自民党、公明党、中間会派のフロンティアだった。

道警と与党側の間に、世論が納得するだろう範囲内で、道警が事実を認めて裏金の一部の返還を表明し、その代わり、与党側は百条委員会の設置を否決する。そんなやり取りがあったのかどうかは知らない。しかし、あったとしても、なんら不思議ではない。

なにより、百条委員会案が消え、幹部やOBたちが証言せずに済んで、誰よりもホッとしているのは、道警上層部にほかならないからである。そして、与党の各会派は道警に〝貸し〟ができたというわけだ。

次々と寄せられる内部告発

かたくななまでに、不正はごく一部の、それも組織の下部の不祥事だったとする道警。

いっこうに事実解明への動きがない道議会や国会。さらに警察へのチェック機能が果たせない北海道公安委員会に国家公安委員会や会計検査院。私は裏金解明を阻むもののあまりの多さに、うんざりする思いだった。

しかし、この間にも、私や市川弁護士の元には、現職警察官からの内部告発がひっきりなしに寄せられていた。その中から、裏金の原資などに関するもののいくつかを紹介しておきたい。

「裏金作りは、捜査用報償費はごく一部に過ぎない。旅費、日額旅費もその原資になっている。年度末に各所属に配分される消耗品代は、高額になるがそれも裏金になっている」

（なお、この投書は、ある元方面本部長は「裏金でゴルフ場の会員権を購入していた」と実名を挙げて指摘している）

「当直料が裏金になっていた。会計課では、実際には当直していない署員を当直していたことにして、当直日誌に名前を書いていた。その裏金は署長の知らない裏金として毎月七万～八万円が副署長の懐に入っていた」（この投書には、警察署名と副署長の名前が明記されていた）

「九七年から日額旅費が全額支給されるようになった。その結果、課長以下の手当が一〇万円以上になり、署長の管理職手当よりも高額となった。そのため、署長の口座に『警察協会』名義でカネが振り込まれた」

「旅費が口座振り込みになってから、次席から新しく口座を作り裏金作りに協力するように言われた。断ったら仕事のことでイヤガラセをされた。こうしたことは下の者には言わないが警部クラスにやらせている」

「裏金作りは、〇三年一一月、旭川中央警察署のことが騒ぎになるまで続いていた。それ以降は恐ろしくて、できなくなったのがほんとうだ。したがって、〇四年一月以降の予算執行額とそれ以前のものの差が裏金の額だと見るのが正しい」

「死体解剖謝金も裏金になっていた。道警本部や方面本部の鑑識課には死体を解剖したときに解剖医に支払う謝金があった。一体につき三万五〇〇〇円だが、実際に解剖するのはわずかでほとんどが裏金になっていた」

ここに紹介した告発は、私の知らなかったことばかりである。内容の真偽は裏付けが取れないため保留するにしても、裏金の原資が、広範囲に及んでいたことは十二分に推察できよう。

そして、こうした内部告発と歩調を合わせるように警察の不正疑惑が次々と発覚し、それを追及する動きは全国各地に燎原《りょうげん》の火のように広がっていった。

静岡県警のカラ出張疑惑、福岡県警銃器対策課の裏金疑惑、また公費不正支出問題で浅野史郎知事が指弾した宮城県警、会計文書偽造で市民オンブズマンから告発を受けた高知県警——。その後、愛媛県警の現職警察官による実名告発まで飛び出した。

それは、二月一〇日に私が告発記者会見を行ったときは、予想もしていなかったような光景だった。

全国に吹き荒れる警察の不正疑惑問題。その発端となったのは、警察庁と、道警の本部長とそれを取り巻く上層部、幹部たちの「初動」のミスであり、情勢判断の誤りであった。彼らは情報公開の流れを読み間違い、全国のオンブズマンのうねりやマスコミの動きを、ことごとく見誤った。そしてなにより、彼らは道民の世論を甘く、軽く見すぎていたのだ。

幕引きを図る道警

人の心は移ろいやすい。一時はあれほど過熱していた裏金疑惑報道も月日が経《た》つにしたがって、次第にかつての勢いを失いはじめた。夏場に入る頃には、マスコミの裏金報道は尻すぼみ状態となり、唯一、当初から裏金疑惑を追っていた北海道新聞だけが、ねばり強く裏金追及を続けているような状態だった。

そんなとき、世間の関心が薄れるのを待っていたかのように道警が動いた。

九月一三日、道警は道議会総務委員会に北海道警察予算執行調査委員会の中間報告を行ったのである。

道警は九八年度から二〇〇〇年度までの間、道警が執行した捜査費と捜査用報償費の計一四億円について、会計書類を偽造するなどの手口で、ほぼ全額を裏金化していたことを認めたのである。道警によれば、裏金作りは、道警の一五〇を超える部署の半分以上に当たる約九〇以上の部署で、つまり、道警全体で組織のいたるところで行われていた。道警は一四億円の裏金のうち約六億七〇〇〇万円（利息を入れて約八億五〇〇〇万円）を「不正支出」として返還すると発表したのだ。

疑惑発覚以来、じつに約一〇ヵ月。ここに来てようやく、道警は組織的、慣行的な裏金作りを、しぶしぶ認めたのである。

当初、旭川中央警察署の不正疑惑が持ち上がったとき、道警本部長が、「不正の事実はない」と大見得を切ったことを思えば、百八十度の方向転換だった。そして、道警が大きく舵《かじ》を切らざるを得なかった要因の一つが、道監査委員の監査結果（四月と六月に公表）にあったことは間違いない。

さすがに、議会で陳謝する道警本部長をはじめ、上層部の顔はうつろだった。敗北を認めて緊張感がなくなったせいか、諦《あきら》めに似た雰囲気さえ、その顔には漂っていた。

しかし、報告内容を読めば、道警は大きく戦線を後退させたものの、白旗を揚げたわけではなかった。裏金作りが組織的、慣行的に行われていたとしながらも、それぞれの部署が勝手にやったことだとして、相変わらず道警本部中枢の関与はしっかりと否定していたのである。

また、金額の大きな旅費は不正支出額の認定にいっさい含まれていなかった。適正に使ったとする捜査費などの使途についても、領収書などの支出を裏付ける資料がほとんどなく、捜査員などの証言による「心証」だけを根拠としている。

さらに、幹部の私的流用について、道警は「組織の立場を離れて個人的な利得の事実は把握されていない」と完全否定してみせたのである。

要するに道警は、本丸である本部の会計課を裏金疑惑から切り離し、上層部や幹部たちの私的流用にフタをしたのだ。

なるほど、これが道警の（というより、警察庁が指示した）幕引きの最終ガイドラインなんだな、と私は思った。すなわち、
①〇一年度以降の組織的不正経理は認めない。
②私的流用は認めない。
③最大の予算である旅費の不正経理は認めない。
の三本柱が道警の防衛線なのだ。

だが、世論はこのガイドラインに納得するのだろうか？

たとえば、〇一年度以降、組織的、慣行的な不正経理はなかったと、道警は言うが、これを信用していいのだろうか？

北見方面本部警備課の裏金問題が表面化したのは〇三年三月のことだ。この疑惑は、〇二年度から〇三年度にかけて当時の方面本部警備課長が架空の協力者を仕立て、情報提供謝礼の名目で会計書類を偽造、国費約五〇万円を飲み食いに使ったとされるものである。

私の情報によれば、この警備課長の後任の課長が、〇三年七月に行われた会計検査院の検査を乗り切るために文書を偽造。この事実が会計検査院の検査で発覚し、前課長の行為までバレることになったという。

この話は、発覚にあわてた会計課長が、会計検査院の担当者に泣きつき、指摘事項にならなかった、という道警と会計検査院の癒着を示すオマケまでついているのだが、結局、この話は外部に漏れ、私が告発記者会見をする〇四年二月一〇日の段階では、一部のマスコミが、この事実を把握していた。

つまり、この北見方面本部の不正は〇二年から〇三年にかけて行われたもので、道警の主張とは異なる事実なのである。

もうひとつ、実例をあげよう。道警本部薬物対策課の捜査協力者の女性から直接聞いた話である。

彼女は二〇〇〇年ごろから薬物対策課の捜査員の協力者として、月一、二回、覚醒剤《かくせいざい》の情報を提供し、一回約一万円の謝礼をもらっていた。しかし、彼女は三年間で二八枚、五三万円分の領収書を作成したが、実際には二二万円しか受け取っていなかった。また、現金を受け取らずに領収書だけを捜査員に渡したこともあった。

こうしたカラ領収書は当初、実名であったが、〇三年からは偽名を書くように言われ、それは〇四年一一月まで続いた。この女性の話は、当時の日記やメモを見ながらの、詳細かつ具体的なもので、相手の捜査員の実名も、接触した場所も出てくる。話の信憑性はきわめて高いのだ。なお、彼女はこの件を道の監査委員にも申告している。

また、私は、現職の会計職員から、裏金作りは〇三年の一一月まで行われていたとする情報も得ている。その頃、テレビで裏金疑惑が報道され、危険を感じてできなくなったそうだ。

これらの事実は、道警では、「裏金システム」が、少なくとも〇三年末まで続いていたことを証明している。

数字にみる裏金の実相

道警の中間報告で、九八年から二〇〇〇年までで、約一四億円（後に道警は一一億円と訂正した）と発表された不正経理の額にしても、どこまで信用していいのか疑問が残る。

この三年間の道警の捜査費、捜査用報償費、活動旅費、旅費、食糧費などの予算執行額は、約八七億五〇〇〇万円である。不正経理はたった一六％しかないというのだ。

ちなみに、道警のここ六年間の予算の執行率を見てみよう。

	捜査費（国費）	捜査用報償費（道費）
九八年度	九九・九％	九九・九％
九九年度	九九・九％	九九・八％
〇〇年度	九二・八％	九九・〇％
〇一年度	七四・七％	六七・四％
〇二年度	七二・五％	八二・〇％
〇三年度	七六・七％	六一・七％

見てのとおり、二〇〇〇年度までは、ほぼ全額、予算を使い切っていたのに、〇一年から、突如予算が余りだしている。とりわけ、旭川中央警察署の裏金疑惑が発覚した後の執行率は、〇四年四月から一一月までの間はわずか約四〇％、年度内に執行できるのは七〇％程度だと見られている。この傾向は会計検査院の資料で全国共通であることがわかる。

減少したのは執行率だけではない。道警の捜査用報償費の予算自体が、年々減っているのだ。予算額は二〇〇〇年以降、一億一八〇〇万円前後で推移したが、〇三年に裏金疑惑が発覚し、〇四年は八三六六万円、〇五年度は前年比二三%減の六四〇〇万円程度になるという。予算も執行率も減る。これはあきらかに捜査用報償費が必要ないか、あるいは使えないかを物語っている。予算編成が、前年の議会が決算を不認定にした事実をもとに行われているのも疑問だ。ゼロ査定から始めるべきだろう。

なぜ、捜査費の執行率が激減したかについて、警察庁の吉村博人官房長は衆議院内閣委員会で次のように答えている。

「刑法犯が増え初動捜査に追われ、余罪捜査や内偵捜査に手が回らなくなった。国民の警察への協力意識の変化で情報収集活動が十分行われなくなった。相談活動業務の増加、熟練捜査員の退職などで捜査費の執行が減った」

バカも休み休み言ってもらいたい。捜査費はすべて裏金化されていたのだ。犯罪の増加とはまったく関係ないのだ。捜査予算の執行率が低くなったのは、二〇〇〇年度から、情報公開の流れが強くなり、次第に警察の予算執行に疑いの目が向けられ、そして、裏金問題が噴出したのが最大の理由なのだ。予算を裏金化できなくなったことに、あわてた警察庁が「予算を全部使わなくてもいい」と指示した結果なのである。

こうした傾向は旅費についても同様である。

九八年から〇三年までの道警の旅費（道費）の執行額は九四億一三〇〇万円、活動旅費（国費）のそれは三九億一二九〇万円だった。

活動旅費の執行率は、八二〜九九％で推移しているが、道費の旅費は、九六年度まではほぼ全額を使用しているが、九九年度からは多額の不要額（執行しなかった額）が出ている。これについて、道警本部の会計課長の道議会総務委員会での答弁は、

「二〇〇〇年一月から、公用車による日帰り旅行については、日当や日額旅費を支給しない範囲を一行程二五キロ未満から五〇キロ未満に拡大したことが、減少に影響している」

これまた、意味不明の答弁である。

不要額が生じた原因は簡単だ。実は、九七年四月から、それまでは現金だった活動旅費の口座振り込みが始まっているのだ。九八年からは段階的に道費も口座振り込みに切り替わり、不要額はそれと連動して急増している。

つまり、それまでは「不要額」分が、裏金に回っていたと考えるのが妥当だろう。

だからといって、旅費の裏金化がなくなったわけではない。私は、何人かの現職の幹部から、「上司から旅費振り込み用の口座を作るように言われた」との情報を得ている。稲葉元警部も「預金通帳に振り込まれた旅費を引き出し、上司に渡していた」と証言している（第三章一一七ページ）。

これは、いずれも警察本部で勤務していた幹部たちだ。口座振り込み方式の導入で、以前のように全員を対象とした旅費の裏金化が難しくなったので、口の堅い幹部に限ってやらせているのだ。

道警は先の中間報告で、旅費の不正経理については「調査中」としか報告していない。もし、巨額に上る旅費が裏金化されていることが明るみに出て、それが返還額に跳ね返る

と、ベラボーな金額となり、返還不能になる。それを懸念して先送りしているものと思われる。

ちゃんちゃらおかしい最終調査結果

〇四年一一月二二日、道警は裏金問題の発覚から一年、内部調査を始めてから七ヵ月たって内部調査の最終結果を発表した。

道警は、ここにきてようやく組織的な裏金システムの存在を曲がりなりにも認めたのである。無謬《むびゅう》性を誇る「鉄のピラミッド」はもろくも落城したように見えたが、果たしてそうだろうか。

いや、そんなことはない。道警の調査結果なるものの詳細を見てみよう。

九八～〇三年度までの「捜査用報償費」、「捜査費」、「旅費」など六項目の予算総執行額は、一六八億七〇〇〇万円。その裏金率（予算が不適正執行された率）は、わずか六・五％の約一〇億九六〇〇万円。

特筆すべきは、九八～〇〇年度までの捜査用報償費の裏金率が九九・一％であるのに対し、最大予算の旅費の執行額一三三億二五〇〇万円の裏金率はわずかに〇・二％でしかないことだ。しかも、裏金であっても適正に使用したものもあるなどとして、使途不明金は約七億一四〇〇万円（執行総額の四・二％）にすぎないとした。それに利息を加えて約九億一六〇〇万円を国と道に返還するとした（うち道へは二億五六〇〇万円）。

さらに、不正経理は道警の一五九部署のうち、一〇六部署で行われていたとしながら、裏金システムの背景は、所属長、次席、会計責任者や捜査員の認識不足によるものであり、警察本部や方面本部が、裏金作りやその使用を容認、指示したことはないとした。そのうえ、私的流用の事実はないと断言したのである。

この内部調査結果には、道警の重要な意図が隠されている。

まず最大予算の旅費の裏金率を最小限にして、返還額をいますぐ返還できる額に押さえ込む。そして早期に返還して、事件の幕引きを図る――つまり最初に「低い返還額」ありきなのだ。

そもそも私の体験では、裏金作りは百パーセント、つまりあらゆる部署で行われていたと考えていたし、使途不明金がわずか四・二％というのは信じられない数字であった。

それに裏金は使途のいかんを問わず違法なカネだ。百歩譲って正当な使途があると言うのなら、裏帳簿（最高裁判例で「公文書」とされている）により立証されなければならない。それができなければ、私的流用はないとの主張はできない。もともと裏金は、幹部たちが私的に流用するためのシステムであることを忘れてはならない。

この最終結果で道警は、裏金システムは現場の幹部と捜査員が勝手にやっていたことであり、道警の上層部をキャリアはまったく与《あずか》り知らないと言いたいのである。

これまたこの期に及んで、とんでもないことを言う。

私は、今回の道警の最終調査結果が、内部とりわけ現場の警察官に与えた影響は計り知れないものがあると思う。現場の現職警察官は、この報告におそらく驚き呆《あき》れ失望したに違いない。誰でも自分の所属する組織には愛着がある。ましてや警察は、「正義の味方」を標榜《ひょうぼう》する法の執行者である。現場の警察官もそうした誇りを持っている。しかし、今回の道警の裏金問題では、道警本部長をはじめ上層部はウソつきであることを公言してしまった。道警の警察官の士気を低下させた責任は重い。

私は、当初から道警の調査で実態が解明できるはずがないと見ていた。内部調査に当たった調査委員のほとんどが所属長（署長、課長）や金庫番の副署長や次長、次席の経験者なのだ。自分の首を絞めるような調査をするわけがないのだ。事実、内部調査の結果、不正経理が明らかになった所属（部署）の責任者であった所属長は一八人の調査委員のうちじつに一〇人もいたのである。これでは、真実を暴くことはできない。いやむしろ真実を隠す役割を存分に発揮できたのである。

もうひとつ不思議なことがある。

不正経理が行われた部署として挙げられた中で、管理部門はわずか四部署に過ぎない。人事や監察を担当する警務課、監察官室は含まれていない。本部長〝側近〟の総務課もない。裏金作りの中枢であるはずの会計課の名前も挙がっていない。まさに現場が勝手にやったことであると言わんばかりの結果になっているのだ。

会計課の名前がないのも道理だ。警察トップたちが恐れているのは、会計課の裏金関与が明らかになってしまうと警察組織全体の上納システム、つまり、警察署→道警本部上層部（会計課）→警察庁という「全裏金ルート」解明の突破口にされてしまうからだ。

芦刈道警本部長は、自らの問題は自らの手で解決すると大見得を切った。これで解決できたと本気で考えているのだろうか。

監査委員の監査結果

〈上層部の関与　指弾〉〈道警裏金・特別監査報告〉

〇四年一二月四日の北海道新聞の一面トップには大見出しが躍っていた。道警の最終報告のわずか一〇日後のことである。

北海道監査委員は、すでに六月に旭川中央警察署と弟子屈警察署の監査結果を公表していた。それは道警にとって厳しい内容であった。そのため今回も道警の内部調査とは差が出ることは予想されていた。

道の監査委員の監査の対象は、道費のみである（国費のチェックは会計検査院が行う）。

それでも結果は予想をはるかに超えていた。監査委員の監査結果は、裏金の「原資」はすべての予算費目にわたっており、不正総額は、道費について道警の内部調査のそれを約一億円上回る四億九八八三万円、道への返還対象額でその二倍を超える四億四九五〇万円となっていた。

こうした裏金システムはすべての部署で長年にわたり慣行として組織的に存在したとした。道警本部の上層部はその存在を十分に認識していたと断定したのである。道警が必死で隠そうとしたヤミ手当についても、道警署長や本部課長らにあらかじめ現金を交付していたと、その存在を認定した。代表監査委員の徳永光孝氏は、現場の捜査員の苦悩についても触れ、道民の安全のため日夜奮闘している職員の動きやすい職場の構築のために、現場の声に耳を傾け、改善などの検討に取り組むように提言している。

私は、これを見て、これが道警本部の調査結果であったならどんなに誇らしく思えたであろうかと涙が出てきた。北海道監査委員が、監査にかかった期間は約九ヵ月、人員にして道警の約半分の体制でここまでの結論を出した。その間、道警の圧力、非協力的姿勢など多くの制約の中でよくやったと思う。全国的にもおそらくはじめてのケースであろう。心から敬意を表したい。

監査委員は「私的流用」には触れていない。私とは期せずして考えが一致した。マスコミは、しきりに「私的流用」というコトバにこだわるがこれは誤りだ。いったん公金を裏金にしてしまったのだから、真面目《まじめ》に仕事のために使おうと、遊興費、身内同士で飲み食いに使おうと、すべて使途不明金に違いはないのである。裏金に正当な使途などはありえない。それが世間の常識である。

この北海道監査委員の監査結果は、その直前に発表された道警の内部調査の最終結果との差が歴然だったために、道警のウソや隠蔽体質をクローズアップすることになった。たとえば、道警の内部調査では、不正経理がほとんどなかったとする〇三年度にも多数の不正があり、「旅費」についても多くの不適正な執行があったと指摘している。

何とか実態を明らかにしようとする監査委員とそれを隠そうとする道警——基本的なス

タンスが違うのだから当然であるが、それが改めて浮き彫りになった。大方の道民は、警察には自浄能力はないと思ったに違いない。警察にあるのは、もはやなりふりかまわぬ組織防衛最優先の論理でしかないのだ。

「国民の信頼など必要ない。国民は何かあれば警察を頼らざるを得ないのだ」——そうした態度をとり続ける道警本部の上層部は、税金のカタマリのような新庁舎の超近代的なビルで仕事をしている。交番勤務や街頭で交通取り締まりをする現場の警察官のことなど考えてはいない。ましてや道民のことを考えるなどおよびもつかないのだろう。

第六章　私の裏金実録

初めての配属先

一九五八年（昭和三三年）に警察学校（初任科）を卒業した私が、最初に配属されたのが、札幌方面札幌中央警察署だった。同署は、署員四〇〇人以上の北海道最大規模の警察署である。

新人の私は外勤課（現・地域課）に配属され、交番勤務に従事した。当時は、五五年体制がスタートした直後だったこともあり、左右の対立が激化していた。

五八年秋には苫小牧《とまこまい》王子製紙で労働争議が勃発《ぼっぱつ》し、安保闘争では札幌市内でデモ行進が日常的に行われた。そのたび、デモのための非番勤務が指示される。交番で朝までの勤務を終わり、疲れ切って本署に引き上げてからの非番勤務だから、当然、超過勤務になる。それが、嫌になるほど頻繁にあった。

相当な時間外勤務ではあったが、手当は一ヵ月一〇〇〇円にもならない額でしかなかった。給料とは別の形で支払われていたが、支給の基準も、誰が決めた金額なのかもまったく知らず、ただ、なんの疑いもなく、カネを受け取っていた。

毎朝出勤すると一階事務室の外カウンターに置かれた出勤簿に印鑑を押す。ところが、ある日、あちこちに「出」というゴム印が押してあるのに気づいた。それも、すべて非番の日に押されている。なんのことか先輩に聞いてみると、

「あれは、ゴム印を押してある日にお前が出張していることになっている。旅費が出るのだが、そのカネは署長が転勤するときに預金通帳にして持っていくのだ」

という返事が返ってきた。

当時は、なんのことかよく判《わか》らないまま、「そんなものか」ぐらいにしか思っていなかった。最近になって、当時の署員に出勤簿の件を聞いてみると、やはり、そのことに気づいていたという。彼は先輩に質問したが、「よけいなことを聞くなよ」と忠告されたそうだ。

五〇年も前に、すでに裏金作りが堂々と行われていたという証《あかし》であり、それが延々とつい最近まで続いていた、ということになる。それほどに、裏金は警察組織にしっかりと根付いた悪《あ》しき伝統なのであり、一朝一夕にはなくすことの難しい、根の深い宿痾《しゅくあ》だと言えよう。

ニセ領収書を作成する

六四年、私は二六歳で北見方面本部刑事課に転勤になった。刑事経験のほとんどなかっ

た私にとっては、予想外の転勤であり、いまも、この人事がどうして行われたのか、よくわからない。

北見方面本部はオホーツク海に面した北海道の北東部の地域を管内とし、私の配属された刑事課は、庶務係、強行犯係、手口係、知能犯係、鑑識係で、私の肩書は強行犯係主任（巡査部長・以下カッコの中は階級）だった。強行犯係とは、窃盗事件、傷害、暴行などの粗暴犯、殺人、放火などの凶悪犯を捜査するのが仕事である。刑事経験が浅い私は当初、現場には出ず、もっぱらデスクワークに従事したが、ここで、初めて裏金作りに加担することになった。

毎月、庶務係長が捜査費の支払精算書や、領収書に薄く鉛筆書きしたものを私たちに配る。領収書には筆跡を変えて書くように説明された。つまりは、ニセ領収書作りである。これに捺印《なついん》する印鑑は、庶務係が保管していた。

私が警察に「捜査費」なるものが存在し、このような方法で処理されていることを知ったのは、このときが初めてだった。ただ、当時の私は予算制度についての知識も、関心もなく、自分のしていることが違法行為だなどという認識はまるでなかった。先輩や上司もなんの疑問も持たずに、仕事の一環として、こうした書類を黙々と作成していた。ちなみに、出張する際の旅行命令簿などは作ったことがなかった。そもそも、出張簿すら見たことはない。

月一度、次席から茶封筒が渡される。ヤミ手当だ。補佐が自分の係全員の分を受け取り、みなに分配する。私の受け取り分は、確か五〇〇〇円くらいではなかったかと記憶する。

本部庁舎を出たところに、ホルモン焼きの店があった。退庁時に煙といい匂《にお》いが流れてくるが、給料の安い私にはめったに行けない。梅割焼酎《しょうちゅう》五〇円、ホルモン焼き五〇円で、五〇〇円あればたっぷり飲むことができたから、単純にありがたいと思っただけである。

ただ、上司の係長や補佐がいくら受け取っていたのか聞いたことはない。こうしたカネがいくらあり、何に使われていたのか、われわれ下位の人間が関心を持つことはタブーだった。というより、誰もそのことを口にしなかったので、私もそれとなくそんな空気を察したのである。

札幌中央警察署に戻る

北見での勤務を終え、私は六年ぶりに札幌中央警察署に刑事一課火災犯係長（警部補）として戻ってきた。火災犯捜査専門の係がある警察署は全国でも珍しいが、当時のススキノは火事が多く、私が着任した頃は、札幌市内中心部の火災の発生件数はピークに達していた。

ずいぶん、夜間に呼び出されたし、危険な目にもよく遭った。一度など、火災犯係全員で、焼け跡での実況見分をしていたら、突然、二階の床が抜け落ち、あやうく、全員が殉職しかけたこともある。

しかし、仕事のハードさに比して、超過勤務手当は微々たるものであった。超過勤務手当の予算に限度があることくらいは承知していたが、その支給額の算定については、なんの説明もないままに受け取っていた。当時、「運営費」の名目で捜査一課長から受け取っていた額は、確か、毎月五〇〇〇円だった。

しかし、火災犯係長になった私には六人の部下がいた。この金額では、深夜の捜査や冷え込む現場から帰った刑事たちに、数回ラーメンを食わせれば消えてしまう。それに、係長としては、たまに元気づけの飲み会くらいは開いてやりたい。

もう少し、なんとかならないものか、と聞いてみると「参考人旅費を使える」と言われた。参考人旅費とは、事件・事故の目撃者などに来署してもらったときに、交通費と日当を払うものである。そこで、呼出簿に架空の参考人の名前を書き、請求書を添えて会計課に持っていくと現金がもらえた。ということは、他の係でも、同様のニセ請求が広く行われていたことになる。

旅費の請求でもらえる額は数千円程度と少なかったが、これを積み立てておいて運営費の不足分を補うようにした。結局、参考人旅費を、本来の目的として使うことは一度もないままだった。

当時の私は署長以下の上層部が、裏金を使って何をしているかについては、なんの関心もなかった。そうした無関心さは、参考人旅費を受け取る際の罪悪感のなさにもつながっていた。自分の係の部下は自分で養う。そんな気持ちで、ごく当たり前のこととして、自ら裏金作りをしていたのだ。

火災犯係長は一年六ヵ月で終わり、六九年に道警本部刑事部捜査一課へ、特殊犯係長（警部補）として転勤になった。特殊犯とは、鉱山事故、航空機事故、爆発事故などの業務致傷事件で、同じ捜査一課でも、殺人事件を担当する強行犯係が花形ポストなら、こちらはいわば、汚れ役である。

危険の伴う仕事であった。私が着任した翌日には、茂尻《もしり》炭鉱で死者一九人を出すガス爆発事故が起こったのをはじめ、二年間の在籍中に一一件もの炭鉱事故が発生した。いずれも事故現場に飛んだが、現場に向かうたびに、ひょっとしたら今度は帰れないかもしれないな、と密《ひそ》かに覚悟したものだ。

こうした捜査は、長期間にわたる出張になるが、旅費・日当などは帰ってからの打ち切り支給であった。ここでも、正規の旅行命令簿など作成することはなかった。宿泊先も旅館などではなく、その炭鉱会社の寮などで寝泊まりした。ただ、坑内に入ると坑内作業手当が支給されたことを覚えている。

これとは別に、私は毎月三〇〇〇～五〇〇〇円のヤミ手当を受け取っていた。前任地と違い運営費ではない。部下の巡査部長も別に受け取っていたから、自分だけで何に使おうと自由なカネである。毎月書いているニセの支払い精算書などの見返り、口止め料だ、くらいに考えていた。その事務は、庶務係がやり、金庫番は次席の役目だった。

「失敗は成功のもと」にならない警察捜査

私は七二年四月、岩見沢警察署刑事防犯課長（警部）に発令された。これが私の管理職としてのスタートとなった。

赴任するにあたって、捜査一課のS課長は私の経験不足を心配してか、「あそこはいろいろ勉強するのには、ちょうど手頃《てごろ》な警察署だ」とアドバイスしてくれた。ところが、いざ、着任した途端、管内で殺人事件が発生し、連日、その捜査に追われた。「手頃な警察署」どころの騒ぎではない。当時、次女の出産を一二月に控えていた女房と、顔を合わせるヒマもないほど仕事に忙殺されることになった。

農道付近の笹藪《ささやぶ》で遺体となって発見されたのは現場近くに住むA子さん（一九歳）。前日の夜、料理学校からの帰宅途中に襲われたものと判明した。遺体が全裸だったところから、通り魔的犯行の線が強く、岩見沢警察署員のほか道警本部捜査一課、近隣警察署の応援を得て約一〇〇人体制の捜査本部が設置された。

捜査本部長は署長だが、事実上取り仕切るのは、札幌の道警本部から来た捜査一課強行犯補佐のK警部と地元署の課長の私だ。発生当初は道警本部の刑事部長や捜査一課長も顔を見せるが、すぐに引き上げてしまう。もっとも、現場はそのほうがありがたい。偉い人が多いと、結局、邪魔になるだけなのである。

犯人を絞り込む資料となったのは、A型の血液型と、遺体の下から発見された新聞紙で、これは犯人が遺体とともに遺棄したものと判断された。その後は連日のように捜査会議が開かれ、捜査員の報告を聞く。この繰り返しが一ヵ月以上も続いた。この間、当然、捜査員の食事も準備しなければならない。発生後数日は、署員の奥さん達が総出で炊き出しをしてくれた。その後は、岩見沢市内の弁当屋から弁当を注文して間に合わせた。いちばんの悩みは、捜査用の車両の不足だった。郡部の捜査では自動車は不可欠で、捜査員は二人一組で捜査にあたっている。単純計算で五〇台が必要だったが、実状は一〇台前後しか用意できない。やむなく、不足分は捜査員の私有車両を借り上げることにした。

しかし、借り上げ費用はガソリン代だけしか出せない。田舎道を走ると車も傷むが、それは個人の負担で我慢してもらうしかなかった。私は、毎月、金庫番の次長から受け取る「運営費」から気持ちばかりを渡したが、捜査が長期間になると傷む車両も出てきて、捜査員からは不満の声が漏れ始めた。もちろん、それに見合う捜査費などは、一切支給されないから、そうした不満が噴出するのも無理はないとつくづく思い知らされた。

私自身、二週間近くも、まったく家には帰れない状態が続いたのだが、事件は目撃者もなく、捜査は難航を極めた。そんなおりもおり、捜査本部近くの山中にセスナ機が墜落し、乗組員と乗客一〇人全員が死亡するという事故が起きた。おかげで、同じ建物内に捜査本部が二つ設置される事態となり、私はふたつの捜査本部に関《かか》わることになったのだ。

「おい、飛行機が落ちたからといって、殺しはどうでもよいとはいかないぞ」

さすがにへばり気味の私の心中を見透かしたように、そう声をかけてきたのは、刑事部のY警視だった。私はそれを愛のムチだと感じた。殺人事件は発生からすでに一ヵ月を経て、捜査は閉塞《へいそく》状況にあった。Y警視はそれを知って、私に活を入れてくれたのである。

結局、飛行機事故の捜査には一〇日ほど従事して、捜査一課の警部に引き継いでもらい、もとの殺人事件捜査に立ち戻ったが、相変わらず、事態は一向に愁眉《しゅうび》が開けない。それどころか、新たな殺人事件が発生する事態となった。

七二年八月二六日、最初の殺人現場から一五キロほど離れた農道で、若い女性の全裸死体が発見されたのである。被害者は一九歳のデパート店員だった。犯行の手口は先の事件と酷似しており、犯人の血液型も同じA型と、同一犯人の可能性が強い。こちらの事件の管轄警察署は滝川署で、こちらにも捜査本部が設置され、事件は広域化することになった。

そのため、岩見沢署の捜査本部は、四〇人体制に縮小されたが、それでも警察署の三分の一に近い体制だ。その年の末、ほとんどの捜査を終え、私は自分の管内には犯人はいないと確信するようになった。しかし、この間、同様な手口の殺人未遂事件が二件も発生していたのである。未遂で終わったからまだいいようなものの、なんとしても、第三の殺人だけは防がなければならない。

そこで、捜査と並行して密行・張り込みによる予防と初動段階での犯人逮捕の態勢を取ったが、捜査は進展がないまま翌年へと持ち越されてしまい、私は事件解決を見ないままに、七四年、二年間勤務した岩見沢を去ることになった。

ちなみに、犯人が逮捕されたのは、私が転出してから一ヵ月後のことであった。犯人は四〇歳の重機運転手で、彼は第三の犯行に及ぼうとして失敗に終わり、逃走した車の番号から足がついたのである。いわば、犯人側の失敗が検挙の端緒となったわけだが、いざ、逮捕してみると、血液型、現場に遺棄されていた新聞を犯人が購読していたことなど、すべてこちらが捜査方針として考えていたとおりだったことが判明した。あまつさえ彼は捜査対象リストにも載っていた人物だった。

にもかかわらず、犯人の住所地の警察署は犯人を取り逃がしていた。リストに名前が挙がっている男に接触することもせずに、放置していたのである。なぜ、そんなことが起きてしまうのか？

私は、ここに広域捜査の穴があると思う。捜査本部を設置した警察署は真剣だが、それ以外の署は応援の捜査員を出すが、関心は低い。しょせん、他人事《ひとごと》なのだ。

その一方で、いったん、犯人を逮捕さえしてしまえば、こうした捜査のミスはまったく不問に付される。マスコミは捜査が長引けば、捜査の不手際や捜査方針にあれこれ、文句をつけてくるが、事件が解決すると、途端に批判をひっこめてしまう。同様に捜査を指導・指揮する本部の捜査一課も、事件が解決すれば、なぜ、対象リストに載った犯人が見逃されていたかについての責任追及をすることはない。

そんなことをすれば、検挙の功績に傷がつく。出るはずの警察庁長官賞も出なくなる。要するに失敗に対する反省がないままに終わってしまうので、失敗が教訓として次の捜査に活《い》かされることがない。警察捜査においては、「失敗が成功のもと」になることはむしろ少ないのである。

ただ、このような内心忸怩《じくじ》たる点をのぞけば、この殺人事件の捜査は、私に警察官人生のなんたるかを教えてくれた貴重な体験となった。新米警部だった私が、なんとか現場で仕事をこなすことができたのも、ともに捜査にたずさわったよき先輩、よき部下たちに助けられたからだった。

事件から三〇年が過ぎた〇二年の、事件発生当日の五月六日、私の呼びかけで当時の捜査員一三人が集まった。生きていれば四九歳になる被害者の霊に遺体発見現場で手を合わせ、その後は夜更けまで昔話に花を咲かせた。私は昔の仲間たちと語り合うことで、改めて警察の原点は現場にあることを確信した。逆に言えば、この真理を見失ったとき、警察は、ただの一官庁に成り下がってしまうのである。

協力者のいない捜査協力費

七四年四月の異動で旭川方面本部防犯課の生活補佐（警部）を命じられた。事前に捜査一課長から、「道警本部の捜査一課特殊犯をやってもらう」と内々に聞かされていたが、フタを開けてみると、旭川方面本部防犯課に勤務することになった。この人事を知った刑事部門の親しい連中の間では、私が「刑事を外された」という噂《うわさ》がたった。こうした声が出てくる背後には、第二章でも触れたが、刑事部門の防犯部門に対するいわれのない蔑視《べっし》がある。

しかし、私には外される理由など何も思い当たらなかった。

のちに、警務課で人事を担当してみて、ごく当たり前の人事なのだということがわかった。刑事部門からの要望はあくまでも要望にすぎない。人事は全体の動きの中で決まるものなのである。

とはいえ、防犯部門の仕事は初めてだし、「生活補佐」という役職が何をするのかよく分からない。実際に勤務してみて、初めて、自分の仕事が経済事犯、公害事犯、保健衛生事犯の取り締まりだと知った。当時、わが国では石油危機をキッカケに、狂乱物価や公害問題などが深刻な社会問題となっていた。こうした背景の中で、道警本部防犯部に生活課が設けられたのである。

経済事犯といわれても、高金利事犯（法外な高利貸しの摘発など）くらいしか思い浮かばなかったが、実際にやらされる仕事が、ガソリン、トイレットペーパー、調味料などの生活関連物資の価格調査なのには、大いに面食らった。物価の現状を関係行政機関などに問い合わせ、それを道警本部に報告するのだが、正直、これが警察の仕事なのかと思ったものだ。

ちなみに、防犯警察は体制の上からは警察組織の中でも最も弱小である。私たちは、自分の課のどんな予算がどのくらいの額なのか、まったく知らされない。当然、捜査費や捜査用報償費（捜査に協力してくれた市民への謝礼）の額も知らなかった。

こうした予算名目があることは、ニセ領収書、精算書を書くよう、庶務係から頼まれるので、漠然と知っていただけである。ここでも、北見方面本部刑事課と同様に、毎月、階級に応じて課員にヤミ手当が渡されていた。

私が受け取っていた額は、五〇〇〇円ほどだったろうか。使途についての指示はなく、何に使ってもよいカネであった。

本来ならば私の仕事には捜査協力者は必要だった。たとえば、公害関係の行政機関の担当者、公害関係企業周辺の住民、貸金業者や関係団体の役員など、事件情報や一般情報を手に入れることができる情報源である。しかし、現実には、防犯課としても、課員個人としても、こうした協力者は実在しない。捜査用報償費などの支払先はすべて架空の人物になっていたのである。

警察庁へ出向する

旭川方面本部防犯課での勤務が始まってまもなく、札幌の道警本部から警察庁への出向の打診があった。

当時の出向制度には二つのルートがあった。一つは警察大学校を卒業してすぐに出向する三年間の短期出向。もう一つは永久出向で、警察庁が一本釣りで都道府県警察の優秀な幹部を連れて行くものである。このケースでは、出向者は原則として出身警察に戻ることはない。その多くは、警察庁の補佐（警視）や、管区警察局の課長などを歴任する。きわめてまれではあるが、中には県警本部長にまで昇任する人もいる。彼らは「キャリア」に対して「推薦組」と呼ばれていた。多くは管区警察の警察学校長などで退官し、警察庁の斡旋《あっせん》で再就職するのである。

七〇年代後半になると、警察庁が、東京の警視庁以下各県警本部に、地方の警察職員を警視正に昇任させることを条件に警察庁に出向させることを義務付けるようになった。私の出向時の条件は、警部で二年間警察庁に勤務すれば警視に昇任させ、その後は府県警察の課長職を二年間、二ヵ所勤務した後に出身県に帰すという新しい出向制度であった。

先輩の中には、「警部にもなって、いまさら警察庁に行く必要はないよ」と忠告してくれる人もいたが、やはり、警察庁がどんなところなのか興味はあった。熟考の末、私は出向を受けることにした。出向先は警察庁の保安部防犯課である。

東京での公宅は六本木にあるIBMビルの隣で四階建のビルだった。ベランダが高速道路の出口の高さにあるため、騒音が凄《すさ》まじく、とても窓は開けられない。ここは、かつて幹部公宅だったらしいが、先の理由で住居環境が悪化したため、私のような、たかが警部でも入居できたようだ。

弱ったのは、身分が国家公務員に変わり、給料は一挙に三万円ほど下がったことだ。贅《ぜい》沢《たく》はできないのに、場所柄、近所に適当なスーパーなどはなく、都会生活も不便なものだと思った。

勤務場所は、霞《かすみ》が関《せき》の古びたビルにあり、防犯課員は十数人と、意外なほどの小世帯だった。キャリアは、課長、理事官、それに「見習い」と呼ばれる警部だけである。

ほかはいわゆる「推薦組」の補佐（警視）が二人、残りは出向の係長（警部）、主任（警部補）と事務官で構成されていた。係は、防犯係、警備業係、風紀係などで、私は防犯係だった。仕事の内容は、窃盗などの犯罪防止対策、酔っ払いや家出人の保護対策だが、もっぱら、各都道府県の担当者からの質疑に答えたり、国会で関係する質問があれば答弁案を作ることに、多くの時間を割いた。

警察庁に来てわかったことは、一人一人が担当する分野が狭いことである。担当する範囲のことなら、各県警から来る質問にも即座に答えられる。反面、他の担当者の仕事については、まったくと言っていいほど分からない。そのため、どんなに忙しくても、お互いが手伝うという形にはならない。チームプレイが成立しないのだ。

仕事には次第に慣れるようにはなったが、当初は、これが全国都道府県に君臨する警察庁の仕事のやり方なのかと、奇異に感じられたものだ。

警察庁の〝金庫番〟

防犯課には、北海道警からS警部が庶務係長として出向していて、私と入れ替わりで北海道に帰ったが、のちに彼は、裏金問題の発端となった旭川中央署長を務めている。このとき、隣の保安課の庶務係長を務めたのが、やはり、後年、旭川中央署長になったM警部だった。防犯課では、S警部のあと他県から出向してきたK警部が庶務係長職についていた。彼は防犯課ナンバー2の理事官の下で課の庶務を担当し、課の経理を処理していた。つまり、この三人はみな裏金の〝金庫番〟をしていたのである。

私は毎月、K警部から茶封筒入りのヤミ手当を受け取っていた。金額は五〇〇〇円ほどだった。封筒は課の全員が受け取っていたが、中身のカネの趣旨について、説明を受けたことはない。遅くまで待機を命じられる国会の会期中の弁当代くらいに勝手に解釈していた。北海道警も警察庁も同じだな、という程度の認識だった。

同じく、旅費に関しても、旅行命令簿などを作ったこともなかった。もっとも、数少ない課員をいくらカラ出張させても、その額は知れたものだ。

これに関連して、思い出したことがある。

私は道警本部防犯部長時代に、警察庁某課からの依頼で、中央の某官庁の職員を接待したことがあった。彼らは六〜七人で観光旅行に来たのだが、私はなんの関係もない官庁のお役人を接待するのが気に入らず、担当課長に予算はどうするつもりなのかを聞いてみた。すると、

「警察庁で面倒を見てくれますから心配ありません」

という答えが返ってきた。これは警察庁が追加予算を出して、接待費用の手当てをするのが当たり前という暗黙の了解事項ということだ。この担当課長は警察庁から出向していたので、気軽にカネの話のやりとりができたのだろう。

先にも触れたが、警察庁では出張の際は旅行命令簿など作らず、庶務係長から、現金で旅費・宿泊費と日当を受け取っていた。上司に「おい、原田、ちょっと行ってこい」と口頭で言われ、それが出張命令なのである。金額は「これぐらい」というアバウトなもので、一泊で三万円ほどであった。請求手続きも出張手続きもなし、もちろん、精算の必要もない「つかみ金」である。

出張すると、一警部の私でもほとんど例外なく夜の接待があった。翌日には観光旅行がセットされることも珍しくはない。なかには、宿泊代まで負担してくれる県もある。酒も食事も宿代もタダで、さらに、課の幹部への土産物まで用意してくれるなど、至れり尽くせりの歓待を受けるのである。結局、こちら側で負担するのは往復の交通費だけということになる。

このような接待については、出張後に理事官に報告する義務があった。県警側も、それを計算に入れて、しっかりと見返りを期待しているのだ。そして、見返りには、また見返

りがある、というわけである。

ところで、警察庁で私がもらっていた旅費の「つかみ金」や、茶封筒入りのヤミ手当の出所はどこなのか？

警察庁には、これまで見てきた警察署のような「裏金化工場」はない。しかも、警察庁の予算には、都道府県警察とは違って、「捜査費」がないように思われた。なぜなら、私は警察庁に出向していた三年間、捜査費の執行に関する会計書類を、一度も作ったことがないし、捜査をしたこともないからだ。

となると、考えられるのが、各都道府県警察で〝裏金化〟したものの一部が、現金で警察庁にバックされるというシステムだ。要は上納金というか、ピンハネである。領収書のいらない裏金が全国都道府県から現金で戻ってくれば、正規の領収書はもちろん、裏金を作るための領収書も作る必要はない。「つかみ金」としてカネが渡される疑問も氷解するではないか。

もちろん、全国の警察から戻ってくるカネの量は警察全体では膨大なものになるはずだ。私は警察庁の建物のどこかに、日銀の地下金庫のような巨大な大金庫があるのではないか、とかねてから疑っている。

都道府県の警察署や本部各課の次席が管理している裏金は、三〇センチ×四〇センチ程度の手提《てさ》げ金庫に裏帳簿と一緒に保管していた。方面本部全体の金庫を中型とすれば、道本部の金庫は大型金庫だ。そして、警察庁内に、ごく一部の人間しか知らない超大型地下金庫があったとしても、なんら不自然な話ではない。

研修費という名の裏金

警察庁を事実上支えているのは、各都道府県警察から出向した警部たちだ。私の在任当時も、警察大学校の教官に籍を置いていた者を含め、全部で二〇〇人近い出向警部が在籍していた。

彼らには「桜会」という懇親団体があり、年に一回、全員が一堂に会して懇親パーティを開くのが恒例となっていた。パーティには警察庁長官や各局の幹部連も出席する。私が出向したときには、私たち警察大学校の本科42期組が最古参であったので、その中から、桜会の会長を出さなければならない。私の期からは二人が永久出向していた。彼らは年齢も経験も私より上で、私は当然、彼らのどちらかが引き受けるものだとばかり思っていた。ところが二人は、新参者の私に会長職を押し付けてきた。こうしたとき、しり込みする幹部は現場では嫌われる。会長の仕事について二人に聞くと、「年一回の大パーティで挨《あい》拶《さつ》をすること。長官から研修費名目のカネを受け取ることだけだ」という返事だった。

この研修費は、年に何回か、長官秘書室長から連絡があり受け取りに行った。パーティの費用を賄える程度の額だったと記憶する。

しかし、長官のポケットマネーなのか、とにかく、正規の予算から出るカネでないのは確かだ。最初はしごくまともに受け止め、「何か研修しなければいけないのだろう」と思ったが、周囲に聞いてみると、結局、飲み代に使えるカネだということだった。研修費を、飲み食いだけに使うわけにもいくまいと思ったが、良い案がなかなか浮かばない。結局、役員とも相談して出向者が出向を終え県に帰るときに、記念として桜のマークと当時の庁舎がデザインされた銅製の文鎮を贈ることにして、なんとか体裁を整えた。

七七年に私は警視に昇任した。昇任後、六ヵ月間、東京・中野の特別幹部研修所で研修教育を受け、七八年に山梨県警捜査二課長となり、八〇年には熊本県警捜査二課長として、他県のメシを食うことになった。

この体験で私は、キャリアと違い、他県の警察で私のようなノンキャリアが部下を従えて仕事をするのには、目に見えないハンディがあることを痛感した。山梨県警では、そのため、選挙違反事件の捜査で失敗するなど苦労することになる。伝統のある県ほど、外部から来た人間には立ち入ることのできない領域があった。「肥後もっこす」のお国柄である熊本などは、そうした色合いがとくに濃かった。ただし、他国の人間の介入は許さないという姿勢の背景にあるのは、排他的というよりは、彼らの持つ郷土の誇りがそうさせているようだった。

熊本県警捜査二課長時代、興味深かったのは、刑事たちとその「捜査協力者」の関係である。知能犯を扱う捜査二課では、汚職事件の摘発に当たることが多かったが、刑事たちの事件検挙への執念は凄まじいものがあり、各自が多くの情報源や協力者を抱えていた。おかげで、在任期間中に、県内町長三人を逮捕するなど多くの贈収賄事件を検挙できた。協力者は建設業者、飲食店経営者、官公庁の職員などさまざまで、彼らは刑事たち個人によって、管理されていた。

稲葉事件に登場するＳ（スパイ）などは典型例だが、もともと協力者と刑事との関係は、個人的な信頼関係の上に成り立っていることが多い。そのため、もし、刑事との関係が公になってしまうと、協力者は、彼らの組織から疎まれたり社会的な地位を脅かされたりしかねない。

とくに、地縁・血縁関係が強い土地柄ではなおさらである。なまじ、協力者の存在を警察上層部に報告すると、いつ、どんな形で漏れないとも限らない。捜査員たちは、そのことを体験的に知っていた。そのため、組織で協力者を管理することはなかった。というより、できなかったのだ。せいぜい、刑事たちの直接の上司にあたる担当警部が、協力者の存在を掌握していた程度なのである。

逆にいえば、捜査二課の捜査員は、協力者がいなければ仕事はできない。それだけに、協力者にはたいへんに気を遣っていた。そうした協力者を持つ刑事からは、「課長、協力者との関係で上層部への報告のタイミングを考えてほしいのですが」と頼まれたこともあった。そうは言われても、報告しないわけにはいかない。若干、上への報告の時期を遅らすことで、なんとか納得してもらった。

私自身も何人かの協力者を抱えていた。中には夜の仕事の女性もいた。私は彼らから、経済界、役人の動静の情報を仕入れた。その中には県警上層部の情報も含まれていた。私のようなノンキャリア課長には、地元の警察官も県警内部のことを、なかなか教えてはくれない。事情に疎い私には協力者からの情報はありがたかった。

そうした協力者との関係を維持する費用はどうなっていたのか?

二つの県警捜査二課の経理は、北海道警察と同じように次席が管理していた。私は、毎月数万円の交際費名目のヤミ手当を受け取っていた。しかし、その原資が何であるかは知らない。課の予算がどのくらいあるのかも知らない。少なくとも正規の旅行命令簿や捜査用報償費、国費の捜査費の決裁をしたことはない。次席が管理していた裏帳簿を見たこともなく、見たいとも思わなかった。

捜査の過程で、前線基地を設けたときなど、特捜班長に「運営費」が渡されていたことは知っていたが、あえて県警の恥部に触れないようにしていた。ちなみに、当時、捜査員が協力者に正規の謝礼を支払ったという話は聞いたことがない。おそらく、課員は自腹を切っていたのだろう。

道警に復帰する

八二年三月、北海道警察への復帰が決まった。新たな復帰先は、刑事部機動捜査隊長である。

北海道警察の刑事部は、捜査一課(殺しなど強行犯)、二課(詐欺など知能犯)、三課(窃盗犯)、四課(暴力団犯罪)、鑑識課、科学捜査研究所と機動捜査隊からなり、このうち刑事部長と捜査二課長が、警察庁人事のポストである。刑事部長は、キャリアか推薦組、捜査二課長はキャリアによって占められていた。そのため地元の刑事部門の幹部は、刑事部での最高のポストに座ることはない。

刑事部門の幹部にとって、機動捜査隊長は憧《あこが》れの捜査一課長ポストへの登竜門でもあった。機動捜査隊長から、三課長、四課長、鑑識課長のいずれかを経て、捜査一課長になるのが、彼らにとって理想の出世コースなのだ。

北海道警の警視クラスの人事では、私のような警視昇任五年目の場合、せいぜい最初の所属長ポストは、方面本部の課長あたりが妥当なところだ。私自身は、北海道への復帰に際してなんの希望もしなかったが、機動捜査隊長ポストに就いたので、刑事部出身の幹部などの間からは、この人事に批判の声も挙がったらしい。

機捜隊の最大の任務は、札幌市内で発生した事件に対処し、可及的速やかに犯人を逮捕することだった。機捜隊には、比較的捜査経験の浅い者も多く、いわば、刑事養成学校の役割も担っていた。

私もまた、機捜隊は、比較的目先にとらわれないで自由に捜査ができる部署であるところから、刑事とはどうあるべきなのか、しっかりと身につけさせ、将来必要な技術を習得させることに力を入れた。机上で帳尻合わせするそれまでのノルマ制度を廃し、裸の数字で勝負するように指示した。そのため検挙実績は半減した。隊員にとってはそのほうがより厳しい捜査を強いられたようだ。

日額旅費も裏金に

着任してまもなく、副隊長のS警部が私のもとに相談にやってきた。彼は、旭川の警察学校では同部屋で、一年間寝起きをともにした、正義感の強い気心の知れた男だった。彼の相談というのは、隊の運営費に関してである。

機捜隊の運営に必要とされる裏金の〝財源〟は、本来、隊員に支給すべき「日額旅費」が主体となっていた。日額旅費は、職員が勤務地を中心として宿泊を要しない一定の時間と距離以上の旅行をしたときに支給される。車で管内を警らしている隊員も支給の対象であった。

S警部は、本来隊員に支給すべき日額旅費を支給せず、隊の運営費に充てているのは問題だから、なんとか正常化できないだろうか、と相談に来たのだった。

私も彼の考えはもっともだと思った。しかし、日額旅費が、そのまま「運営費」という名の裏金に援用されているのは、機動捜査隊だけの問題ではなかった。同じ庁舎内の自動車警ら隊、交通機動隊をはじめ、全道の多くの所属で行われていたのである。

もし、それを解消し、全額を日額旅費として隊員に支給するとなると、わが隊だけの問題では終わらない。相当の覚悟が必要だ。それに、運営費を捻出《ねんしゅつ》するための〝財源〟は、また新たにどこからか取ってこなくてはならない。

彼の主張は頷《うなず》けるものの、現実的には我慢してもらうしかなかった。しかし、私はこれを機に、できるだけ隊員への還元を考えて、隊の運営に当たることを心がけることにした。

ここで、隊の「運営費」の使い途《みち》を説明しておこう。まず隊長の交際費、各班長に渡される各班の運営費などが、その主な使い途だ。余裕のあるときには、時間外手当の不足分の補充や、年末の特別手当もここから出している。そのほか、のちに隊員の意見で廃止することになったが、食事代の補助もこの経費で賄われていた。私が受け取っていた交際費は、毎月五万円くらいであった。

裏金の使途で比較的ウエイトが高かったのが、異動時の隊員に対する餞別《せんべつ》である。当時は、警察署でも本部の所属でも異動のときには全員に餞別を出していた。つまり北海道警察には、裏金による「餞別システム」がしっかりと出来上がっていたのである。餞別の習慣は上から下まで根強いものがあった。餞別の額は階級別に決まっており、辞令を交付するときなどに熨斗袋《のしぶくろ》に入れて渡すのである。

所属長になるまで、私は、餞別は自前で渡していたが、これが、なかなかたいへんだった。部下の数が増える副署長や警察署の課長、本部の補佐などになると、かなりの負担額になってくる。そこで私は、あらかじめボーナスの中から餞別の予算を設けて、充てるように心がけていた。所属長になると、所属部署のほうで役職名の餞別を準備してもらえるようになった。ただし、その場合も、自分の所属の部下のみで、他の所属の同僚や昔の部下だった者には、原則として、やはり自腹を切って渡していた。

そのほか、各種会合の経費があった。各班の懇親や慰労会の補助、柔剣道大会出場選手の激励・慰労の費用、刑事部各課との懇親会、同じ隊舎にいた、「自動車警ら隊」など二隊との毎月の幹部懇親会などである。

私と副隊長は、翌八三年、同時に転勤になったが、その際、余った裏金をどう処理するか相談した。次の隊長が当面必要となる経費を残して、隊員の意向も聞いて処理することにした。後日、隊員たちから、「隊長・副隊長が代わったら支給される金が少なくなってしまった」と苦情が出たと聞いた。しかし、私個人では、どうすることもできない問題であった。裏金は存在そのものが闇《やみ》の中であり、後任者がどんな運営をしようと批判することはできない。その人の考え次第でどのようにも使えるのだ。裏金の使い方に善し悪《あ》しなどないのである。

私が、機動捜査隊で行ったことはけっして許されることではない。しかし、S副隊長のおかげでなんとか隊員のほうを向いて仕事をすることはできた。情けないが、これが当時の私たちにできる限界だった。おそらく、副隊長も私と同じように良心の呵責《かしやく》を感じていたことだろう。

事件をデッチ上げて会計検査をごまかす

八三年、私は再び、防犯部生活課長として、防犯部に戻った。生活課は、次席、庶務係、事件担当補佐、公害担当補佐、経済特捜担当など、課長以下総勢二五人体制であった。課の仕事の重点は、かつての公害事件から経済事件の摘発に移っていた。

着任直後、私は未解決の被害総額一六億円、被害者五四八人という大型詐欺事件を抱えることになったが、この事件の捜査が終わってから、北海道警察本部が、会計検査院の検査を受けることになった。会計検査の日程は、実行日の一ヵ月以上前にわかったが、それから、本部内はその準備に忙殺された。日ごろから適正に予算を執行し正しい会計処理がなされていれば、あわてることもないのだが、すべてのカネが裏金として処理されているのだから、つじつま合わせがたいへんなのである。

私は、この時点で、他府県も含めて署長や本部の課長など、四回も所属長を経験していたが、恥ずかしながら、会計知識はゼロに等しく、それまで、会計書類のたぐいすら見たことがなかった。なぜなら、その必要がなかったのだ。正規の会計書類は庶務係が作り、旅費と捜査費予算はすべて裏金化されている。もしカネが必要になれば、金庫番の次席から受け取ればいいだけのことだからだ。予算執行は、本来の仕事とはまったく別ルートで処理されていたのである。

しかし、会計処理上は、課長の私が捜査費の取扱者であり、旅費では私が旅行命令権者であるから、検査の際、何もわかりませんでは通らない。まず、会計書類の点検から、準備が始まった。

経理を担当している庶務係が、私のところに膨大な書類を持って、やってきた。課員の出勤簿、旅行命令簿、国費旅費経理簿などの旅費関係の書類。支払証拠書（支出伺、精算書、報告書）、現金出納簿などの捜査費関係の書類。いずれも初めて目にするものばかりだった。

なかには、公用車の運転日誌もあったが、「これは検査には出しません」と言う。カラ出張させている捜査員が、「実際には公用車を運転していたりすると困るからだ」と説明されたのを覚えている。

書類を見ると、どの書類にも、押した覚えのない私の決裁印が押されていた。印鑑は、庶務係が保管しており、彼が印鑑を押しているのである。捜査費支出伺は、課員の名前、金額、支出事由（事件名）、交付年月日が記載されているが、課員名以外はいずれも架空である。同じく、支払精算書に添付された領収書の受領者名も、すべて架空の人物だった。

こうした書類は、まずそれぞれの書類間の整合性をチェックする。出勤簿で休暇になっている課員が出張していたり、出張しているはずの課員が当直であったりすると、まずいからである。

チェック作業は、担当者と会計課員で行われ、それから課長である私の出番となる。出張した課員は、出張先で捜査費を使用したことになっている。しかし、実際はすべて架空だ。そこで、どんな事件があって、課員を出張させ、どんな理由で捜査費を支出したのか、金額を決めた根拠は何か、など説明する必要がある。それに合わせるための架空の事件をデッチ上げるのである。

作り上げた事件は、いかにも、もっともらしいエピソードを練り、手帳に細かくメモして記憶する。また、説明を求められたときに、検査官の心証をよくするため、架空の事件の中に、実在の事件も部分的に取り入れることにして、その事件の載った新聞の切り抜きなども用意した。

これと並行して、決裁手続きの練習をする必要があった。ふだん、ほんとうの予算執行などしたこともないので、担当者から説明を受けてもチンプンカンプンである。実際に自分でやってみながら、覚えるしかなかった。その他、会計処理上の役職名もなかなか覚えられず、大いに苦労した記憶がある。

こうした準備の合間に、何回か事前検査、つまり、会計検査をうまくパスできるかどうかの模擬テストを受けた。このときは、東京から警察庁の係官がやってきて、どんな質問を受けるかなどを指導してくれるのだ。こうした準備の過程で、会計課の担当者は、どこの課の検査準備が万全かを見極めていく。そして、検査当日には、これなら大丈夫と思われる課の課長を、検査員の面接調査に呼ぶように働きかけるのである。

どうやら、このときは、私の課の準備が整っていると判断されたようで、会計課の担当者から「もしかしたら、課長が呼ばれるかもしれませんよ」と耳打ちされた。要は私の取りそろえた会計書類の整合性が万全であり、架空の事件の準備も十分できているから、大丈夫ですよ、という意味なのである。

警察では、こうしたときに役に立つ幹部ほど評価されるのだ。事件の検挙で実績をあげても、評価は上がらない。すなわち、会計検査に対する準備の怠りなさから、私は上層部の目に、理想の幹部として映ったのである。

案の定というべきか、会計検査院の検査当日、私が呼ばれて面接調査を受けることになった。さすがに緊張したが、質問は拍子抜けするほど簡単であった。検査官はニセ領収書には目もくれなかった。多額の出費をしたことになっている架空の事件についても、新聞の切り抜きを見せると、たちどころに信用してくれる。

あまりにも、すんなりと事が運ぶので、こちらが答えに詰まらないよう、あえて、厳しく踏み込まないようにしているのではないか、とすら思えたほどだ。そのうち、「せっかく、あれだけ手間をかけたのに」と、監査の準備に忙殺されていたことがバカバカしくさえなってきた。

しかし、そんな考えが浮かぶのは、すでに正常な感覚がマヒしている、なによりの証拠だった。私はいつの間にか、首のあたりまでどっぷりと、裏金の世界に浸《つ》かっていたのである。

こんなデタラメは昔の話ではないのかと言うかもしれない。それが違うのだ。〇三年、北見方面本部警備課が会計検査に備えて、捜査費支出の裏付けとなる領収書の差し替えや偽造を行っていた事実がある。昔もいまも何も変わっていないのだ。

生活課の裏金の実態

警察の捜査に必要な旅費や捜査費は、国費と道(県)費に分かれる。予算は、国費は年間二回、上期と下期の二回に分けて本部の会計課から内示される。同じく、道費は、四回に分けて行われる。

国費の対象になる費用は「警察法施行令」で定められている。警察庁長官官房会計課の『捜査費経理の手引』によると捜査費とは〈犯罪の捜査などに従事する職員の活動のための諸経費、及び捜査などに関する情報提供者、協力者などに対する諸経費〉となっている。

道費では、これに当たるものを「捜査用報償費」と呼び慣らわしているのだ。

生活課の予算は、国費の旅費、捜査費と道費の旅費、捜査用報償費が主体である。しかし、金額がどのくらいであったのかは思い出せない。というより、必要がないから見ることもなかったというのが正しい。

そもそも、捜査の最前線に立つ警察官は、事件の予算がどれほどあるかなど考えたりはしない。予算があろうとなかろうと、事件があれば捜査する。それが当たり前のことだからである。

裏金作りの仕事は、もっぱら庶務係が行っていた。ニセ領収書を作り、それをもとに課員が支出伺や支払精算書などを作る。現金化された予算は、金庫番の次席に渡される。この間、課長はまったく関与することはない。

次席は、小型金庫に現金を保管する。その使途は、課長の交際費のほか、次席以下の課員の階級に応じた活動経費名目のヤミ手当、各班の運営費などである。

課長の交際費は五万円ほどだった。交際費といえば聞こえはいいが、要はどんな使い方をしようが誰にも咎《とが》められない「お小遣い」みたいなヤミ手当である。ほかに部長経費の分担金があった。これは、防犯部の金庫番の防犯部管理官のところに、各課の次席が届けていた。つまり上納金だ。金額はよくわからないが、予算の約一五％ほどだろうか。

裏金からの支出で大きいのは、やはり、異動時の餞別だった。課員に対しての餞別の他に、本部長はじめ部内外の幹部に対して、課長名で贈られる餞別である。異動は、年二回あるから、けっこう、金額的にも馬鹿《ばか》にならない。次席はこれに備えて、毎月の裏金をプールして備えておくのだ。その他、裏金は各係への「運営費」、課員の慰労、送別会などの飲食費や防犯部内の各課長などとの懇親会の分担金にも充てられていた。

実際の捜査に必要な経費も、この裏金の中から旅費、宿泊費などのほか、現地での交通費などの活動経費が捜査員に渡されていた。こうした金額は次席によって決められていた。

生活課では、経済事件の前歴者、常習者、虞《ぐ》犯者《はんしゃ》（罪を犯すおそれのある者）を把握することになっていたので、貸金業者を調査して実態を把握する必要があった。そのためには、情報提供者や協力者が必要になってくる。しかし、私の在任中に正規の支出手続きで、協力者のために捜査費を支出したことはなかった。課員が個人的に管理していた協力者はいたかもしれないが、組織として捜査費を使って管理していた協力者は一人もいなかった。

これが、生活課の裏金の実態である。


八四年の暮れ、廊下で道議会へ向かうN総務部長とすれ違ったとき、

「近いうちにメシでも食いませんか」

と声をかけられた。キャリアである彼は道警のナンバー3で、現場の私には雲の上の人である。そんな彼が、この私にどんな用件があるのだろう？　秘書のM君に電話で聞いてみたが、「よくわかりませんね」との返事だった。このM君は稲葉事件のとき、私のところにやってきたM警視と同一人物で、当時は警部補であった。彼が総務部長秘書になれたのは、警部補の中でも飛び抜けて優秀だったからである。

結局、用件は不明なまま、何日か後にススキノでN部長と会うことになり、食通と評判

の部長を連れて熊《くま》の肉を食わせるという店で飲むことになった。話の流れで警察庁出向時代の話題になったとき、

「原田さん、今の仕事では舞台が狭くないですか」

と聞かれた。ようやく、人事のことだったのか、と気が付いた。

「私は、現場が似合っていますから、いまのままで満足してます」

私はそう答え、総務部長もそれ以上は聞かず、すぐ話題は別のものに移った。

ところが、翌春の異動で、私は警務部の首席管理官に異動となった。このポストは、道警のナンバー2の警務部長の秘書である。しかも、担当は道警の人事をはじめ、組織管理など、きわめて重要な仕事である。

いままで現場で汗を流していただけで管理部門の経験もない私が、なぜ総務部長の目にとまったのだろうか？　ひとつ考えられるのは、総務部長秘書M君の推薦である。M君には確かめなかったが、それ以外にキャリアの総務部長が一課長の私に注目する理由がないように思われた。もうひとつ考えられるとすれば、会計検査院の検査で、私の対応が会計を担当する総務部長の覚えめでたかったことぐらいだ。

もし、後者がこの異動の理由だとするなら、私の警察官人生を決定付けることになった新ポストは、「裏金隠し」の功績によるもの、ということになる。なんとも、人生は皮肉にできているものだ。

最初で最後の金庫番

警務部首席管理官（警視）に異動になったのは、八五年三月だった。

本来は、署長経験者が就任するポストであるが、私はまだその経験はなかった。それどころか、現場で汗をかいてきた私にとっては、管理部門はまったく未知の領域で、どんな仕事をするのかさえわからなかった。

いざ、着任して、ようやく、自分の仕事が警務部長の秘書的業務と、警務部内各課の取りまとめ役だとわかった。立場上は警務課長の補佐なのだが、なぜか、課長が空ポストになっていたため、事実上、課長役も務めねばならなくなった。

警務課の体制は総勢六〇人を超える大所帯である。私は、警務課の金庫と部長経理の金庫を預かっていた。経理主幹と庶務係が裏金を作っていた。警務課の予算には、捜査費や捜査用報償費はなく、あるのは旅費だけである。要はカラの出張でカネを作るのだ。

出勤簿に課員が毎日押印することはない。印鑑を庶務係が保管して押印していた。前任の生活課と同じで、正規の旅行命令簿が決裁に出されることもなかった。「部長経理」は、警務部各課からカネを拠出して賄われていた。

月初めに、教養課、厚生課、監察官室の次席が現金を持ってくる。各課の裏金は旅費が原資だ。これを受け取り、金銭出納簿（つまり裏帳簿）に記入して、現金を保管する。課の経理も現金出納簿（これも裏帳簿）で管理していた。二つの経理の金額はもう覚えていないが、いつもギリギリで、前任者が引き継いでくれたものでなんとかやり繰りしていたものだ。

部長経理は、毎月の部長交際費、部長が出席する内外の懇親会の分担金、警務部長名の餞別、部長交代時の諸経費、出張の際の経費などに充てていた。これは、毎月、領収書とともに裏帳簿に部長の決裁印をもらっていた。

警務部長は夜の行事も多かった。警察庁長官との懇親会、署長会議後の懇親会、部内や警察外郭団体との懇親会などが休みなく続く。人事を担当する警務部長には、各部各課からの接待の誘いが引きもきらない状態で、日程調整がたいへんだったものだ。

酒が好きな人には酒、ゴルフの好きな人にはゴルフというふうに接待の中身は変わる。OBとのゴルフコンペも多く、課員が自分の車で送り迎えをしていた。そのガソリン代も、もちろん裏金から出すのである。

この年の八月になって、ようやく警務課長（警視正）が着任し、空いていたポストが埋まった。新しい警務課長は、驚いたことに、他官庁のキャリアであった。他官庁キャリアが道警に出向してくることは珍しくないのだが、出向ポストは、もっぱら防犯や交通部門あたりに限られていた。

警察の管理部門には、外部に公表できない機密がたくさんある。ましてや、警察に裏金が存在していることが、他官庁キャリアに知られることは、いくら公然の秘密とは言え、好ましいことではなかった。どうしたらいいかと、思案していると、警務部長から、「裏金の存在を悟られぬように」との指示が入った。

しかし、新任のK課長はキャリアにありがちな尊大さはなく、気さくな人柄で、分からないことは率直に聞いてくるし、呑《の》み込みも早い。経理上、課長一人だけを別扱いすることは難しいし、信頼できる人物でもあったので、私は警務部長の指示を無視し、あえて、裏金の存在をK課長に隠さなかった。

それに、彼は私の直属の上司だ。妙な隠し事は信義に反する。私は課長を誘い、何度か飲みに行った。酒代は裏金で支払った。案の定、課長は裏金のことはすべて知っていた。

一ヵ月ほどして、今度は警務部長が交代した。部長が交代すると、餞別の準備、送別会、会場のホテルの用意など、なにかと経費がかかる。私は、すべての経理を整理し裏帳簿を異動する警務部長に渡した。警務部長は黙って受け取った。新部長着任後は、まったく新しい裏帳簿を作るのだ。当然、新しい裏帳簿に記載された裏金はわずかしか残っていない。

新部長は着任すると「初度巡視」と称して、道内の警察署を回った。北海道は広いからたいへんだが、かかる経費もバカにならない。しかし、どこの部署も余裕がないのがわかっているため、これ以上の分担金を要求することはできなかった。やむなく、前任者の残してくれたものと、課の経費でやり繰りすることになった。思えば、この頃から、私のキャリアを見る目は、少しずつ批判的なものに変わっていった。

次に警務課の裏金の使途を説明しておく。毎月の課長と私の交際費は、一、二万円の額であった。

そのほか、各調査官と給与管理室長と補佐の運営費。年二回の人事異動の作業は、発令の四ヵ月ほど前から、連日、深夜まで続く。その夜食代の確保や、激励の差し入れも必要だった。さらに、タクシーチケットの支払い、課員の激励懇親会、翌年の異動の餞別の準備など、いつもギリギリのやりくりをせねばならなかった。ちなみに当時の警務課で私の部下だった者たちの多くは、現在道警の上層部のポストに座っている。それだけでも彼らが裏金の存在をどれだけ知っているかがわかるだろう。

もっとも、私の金庫番は一年で終わった。どうやら、新任の警務部長は、私の存在が煙たかったようだ。

闇に消えた膨大な保険事務手数料

首席管理官に続いて、同じ警務部内の厚生課長ポストについた。

簡単に言うと警察職員の「福利・厚生を図る」のが仕事だが、内容は住宅建設資金などの貸付、共済預金の受け入れや運用、医薬品など物資の斡旋、健康管理、各種保険の勧誘や斡旋、共済年金や互助年金事務の取り扱い、共済住宅の建設、退職者の生活相談と就職先の開拓、さらに各方面本部の宿泊施設や、保養施設、寮などの経営もあり、長く現場にいた私にとっては、まったくの別世界のような複雑怪奇な仕事に見えた。

そして、いざ、仕事に取りかかると、難問山積であることがわかってきた。人件費の高騰で、各宿泊施設は赤字にあえぎ、職員による食材横流しの風評も立つ。業務改善の見込みはほとんどなかった。

職員に斡旋した土地をめぐるトラブルが未処理のままになっているのを発見したり、共済住宅建設の入札をめぐり、建設業者からは落札者を決めろと「天の声」を要求されたりしたこともあった。これは場合によっては、競争入札妨害、談合の幇助《ほうじょ》になってしまう。

また、福利・厚生事業として行われていたグループ保険などには、保険会社各社の激しいシェア争いがあった。それをめぐる保険会社やOBが経営する代理店の接待攻勢や、贈答品の山を捌《さば》くのも仕事のひとつだった。

これに加えて、厚生課は職員八〇人を越え、身分は私ほか三人だけが警察官で、あとは一般職と呼ばれる道警採用の事務官、互助会や共済組合の職員、警察生活協同組合の事務員とバラバラなため、人事管理が難しかった。

もちろん、厚生課にも裏金があった。

かつて本部内の次席の間では、「カネが無くなったら厚生課の次席のところで借りられる」と言われていたのだ。

しかし、厚生課には、捜査費や捜査用報償費はなく、旅費も支給対象の職員が限られている。なのに、どうして、厚生課の裏金が潤沢であるかのような評判が立つのか？

最初のうちは不思議でならなかったが、まもなく、その理由がわかってきた。どうやら、保険会社が支払ってくる「事務手数料」が、裏金の〝財源〟になっているらしかった。

北海道警察では、職員の福利・厚生事業として、グループ保険、団体傷害保険、がん保険、自動車保険などを共済組合を窓口にして取り扱っていた。保険の掛け金は、毎月職員の給料から天引きされる。

一般にそうした場合、保険会社から団体に、その団体の加入者の支払う保険料に応じて、一定の割合の事務手数料が支払われる。この事務手数料をめぐっては、某労働組合など各方面で問題となったが、厚生課でも不透明な処理がされていた。この事務手数料をどこの誰が、どのようにして受け取っていたのかさえわからないまま、闇に消えていたのである。

私の前任者は、心配して、これを是正するため、保険会社から支払われた手数料を使って道警の全部署に事務機器を購入し配分した。しかし、それ以前の手数料がいったいどこに消えたのかはいまだに分からないのだ。

事務手数料がどのくらいの額であったのか覚えてはいないが、保険加入者が支払う保険料の三%が相場のようだ。グループ保険という団体保険があるが、道警の職員の七〇%以上が加入している。しかも、保険はこれだけではない。団体傷害保険、がん保険、自動車保険などである。事務手数料は、莫大《ばくだい》な金額になる。いったいそんなカネがどこへ消えていたのか？

知り合いの国税関係者に相談したところ、「事務手数料はそれを受け取った団体の収益となる可能性があり、税務申告すべきである」との見解であった。つまり、ダマっていれば脱税行為だ。私は過去の疑惑を解明するより、カネの受け入れ先を決め、事務手数料の処理の透明化を図ることにした。

厚生課には、警察の広報にたずさわる「警察協会」なる外郭団体があった。この団体で「事務手数料」を受け取ることにした。

この警察協会の役員は本部長や各部長が務めている。この件を報告したが、「好きなようにやれ」とのことであった。彼らは、カネにまつわる話には関与しようとしない。これがカネに対するキャリアの典型的な姿勢だ。彼らは常に使う側にのみいて、裏金作りや処理にはあくまでノータッチを貫く。裏金などという汚いカネの話なぞは聞くのも不愉快なのであろう。

五年後、防犯部長のとき、警察協会の理事会があった。本部長以下、理事の各部長が毎年、理事会で予算・決算の審議をする。決算書の収入欄を見ると、たしかに「警察協会」に手数料受け入れの記載があった。

警察協会が、そうした事務手数料を受け入れることが正しいのかどうかわからない。そうした金銭の受け入れの事実を明らかにするために、当面の措置として行っただけのことだ。しかし、もし、手数料のカネが警察予算全体がかかわる裏金の原資に組み込まれていたならば、解消しようとしても、ぜったいにできなかっただろう。単に、厚生課内の裏金だけの問題だったので、どこからも文句が出なかったのだ。

厚生課長時代の私は交際費名目で、金庫番の次席から裏金の一部を受け取っていた。調査官や補佐など幹部クラスにも、運営費名目で裏金の一部が渡されていたようだが、課員全員には渡していなかったのではないかと思う。ただ、私の後任の首席管理官が「部長経費が足りない」と、警務部長経費の〝上納金〟の追加を求めてきたことは記憶している。

もう一つ記憶に残っているのは、東京から来る「警察共済組合本部」の役員の接待である。道警本部長が警察共済組合支部長を兼任していたため、厚生課は、警察共済組合北海道支部の事務局の役目を担っていたのだ。そのため、共済組合本部の理事長や事務局長が、視察と称して来道したときは、接待が必要だった。相手は、キャリアOBやキャリアだから、料亭での接待、二次会、ゴルフと接待が続いた。こうした費用は、むろん、裏金で賄われている。

大量の餞別はピンハネで

私は、八七年から一年間、総務課長を務めた。仕事は、道警トップの本部長の秘書、公安委員会の庶務、議会対策などのほか総務部内の会計課、広報課など六課の統括である。総務課は捜査費、捜査用報償費の予算はない。あるのは旅費予算だが、課員の数はせいぜい二〇人ほどしかいない。旅費の裏金化だけでは総務課を賄うのがやっとであり、総務部長や本部長の面倒までを賄うことはできない。

先ごろ明るみに出た静岡県警総務課の不正経理のケースでは、課員が不自然なほどカラ出張を繰り返して、旅費を捻出していたという。

道警の場合はどうであったか？

一部マスコミからは、総務課長が道警の各部門に指示して、各部の裏金を吸い上げるなど、道警裏金作りに采配《さいはい》を振るっていた、という報道が流れている。だが、いまさら隠す必要もないので断言するが、少なくとも私の総務課長在任中は、そうした事実はなかった。

では、いったいどこが、こうした経費に使うカネを作っていたのか。

本部長経費など総務課で必要な経費は、総務部内でカネを動かす部署、つまり「会計課」から来ていたのは間違いない。

私自身は「交際費」という名目で金庫番の管理官（次席）からヤミ手当を毎月五万円前後受け取っていた。管理官、秘書調査官、総務調査官も金額は知らないが受け取っていたようだ。各係には「運営費」が渡されていた。

本部長が出張するようなときには、カネは秘書調査官に渡されていた。マスコミはよく、道警ナンバー1の本部長や総務部長などのキャリアたちに「交際費」（名目のヤミ手当）を受け取っていたのか、と質問したが、地元幹部のわれわれだけがヤミ手当を受け取ることなどできるわけがない。

福岡県警では、会計課が各課の捜査費予算の一部を「基本経費」としてピンハネして、本部長室の経費に充てていた。

経費の中で占める割合が大きいのは、本部長と総務部長名義の餞別である。警察の異動では辞令交付という儀式がある。

本部長室では、警務部長の立ち会いのもとに、方面本部長や道警本部の部長、札幌方面管内の署長と道警本部の課長以上の所属長に辞令が渡される。警務課長が辞令を読み上げた後、総務課長の私が辞令と餞別の入った熨斗袋《のしぶくろ》を本部長に手渡し、本部長が異動者に渡す。人数が多いので、こうした儀式をいくつものグループに分けて行うのが常であった。

ろくな予算もない総務課で、これだけの餞別を用意するカネは捻出できない。もちろん本部長のポケットマネーではない。辞令交付は前もって発表されていて、すべてがきちんと熨斗袋に入っていた。今度の辞令交付の対象に誰がなるのか、会計課は知っていたし、総務課長の私が熨斗袋をそろえカネを入れた記憶がないのだから、カネの出所は会計課としか考えようがないのだ。

では、そのカネはどうやって集めたのか？

のちに私のもとに寄せられたさまざまな情報を総合すると、どうやら、福岡県警と同じように各課から上納させるシステムがあったようだ。上納の額について情報に幅があり、ピンハネ率はおよそ一五％から二〇％といったところのようである。

私自身、八三年以降、本部長から八回にわたって餞別を受け取っている。公安委員長からも受け取ったこともある。裏金が長年続けられていたなによりの証明だ。餞別の金額は一万～三万円で、辞令を受ける各自の階級に応じ、本部長室だけでなく警務部長室や各部長室などでも行われていた。警部補以下は、各課長が渡していた。方面本部でも同じことが行われていた。各警察署では署長室で全員に渡されていた。このように餞別は、道警全体でシステムとして長年にわたって行われていたのだ。

ということは、道警本部長やキャリアの部長が裏金の存在を知らない、などということはぜったいにあり得ないということである。

警察署の裏金の実態

私は八八年に札幌方面西警察署長、九〇年に旭川中央警察署長と、二つの警察署で署長を務めた。その経験から言うと、警察署長は、一種の殿様商売のようなところがあった。

その理由を説明しよう。

警察署長の階級は警視か警視正。給料に管理職手当が加算される。公宅もまずまずの居住環境で、通勤は黒塗りの公用車だ。地域住民からは「署長さん、署長さん」と表向きは一応の敬意を払ってもらえ、警察署内では、何をいっても、面と向かって批判されることはない。

私なども署長時代、言いたいことをズケズケと言ったものだ。転勤後、ある幹部から、「署長これ知っていますか」と何枚かの紙を渡された。表紙を見ると「原田語録」となっている。誰かが書き留めていた在任中の私の放言録であった。そこには朝令暮改もいいところの発言の数々が記録されており、読みながら冷や汗が噴き出したものだ。

それでも勤まるのが署長、とりわけ大警察署の署長なのだ。署長が叱責《しっせき》を受けるとすれば、道警本部長か本部の部課長からだが、実際、そんなケースはめったにない。部外やOBとの付き合いが増え、酒を飲む機会も多いが、自分のカネで飲むことはほとんどない。部外の人からご馳走《ちそう》になるときは、慎重に相手を選べば大丈夫だ。相手によっては、万が一に備えて、後から必ずお返しをしておく。

毎月、交際費の名目で小遣い（ヤミ手当）が出る。これをどう使おうと自由だ。財布に入ると自分のカネと区別はできない。気の利く副署長は、ヒマなときには飲みに誘ってくれる。ゴルフをセットしてくれる。仕事も、そうきつくはない。事件が検挙できなくても、処分や減給はない。たとえ不祥事が起きても、副署長がマスコミにうまく対応してくれる。

警察本部からも「署長は記者会見をしないように」と指示がある。矢面に立たずに済むのである。

また、大きな警察署では副署長の下にいる担当次長がほとんどの仕事をこなしてくれる。その結果、ただ、書類にハンコを押していれば事足りることが多い。まさに殿様商売。警察官たちの憧れのポストなのも無理はないのだ。

もちろん、警察署の中でも、裏金作りは会計課の職員が中心になって行われていた。

①その捻出方法

警察署内での裏金の捻出方法は、捜査費、捜査用報償費のニセ領収書の作成、支出伺書と支払精算書の偽造、旅費の旅行命令簿の偽造などである。こうした書類偽造の際には、署員の動態表（出勤簿を土台に作られる）、協力者などの設定書（架空の協力者に誰が、いつ、いくら渡したか、などをデッチ上げ、それを記録しておく）が基礎になった。こうして作られた現金は、副署長の金庫に納まり、副署長が裏帳簿で管理する。

この間、正規の会計書類はいっさい、署長に報告されたり、決裁されることはない。署長の決裁印は会計課が保管しており、署長は、自分の署にいくら予算が配分されたかも知ることはない。というより、その必要がなかったといったほうが正確だろう。

②裏金はどう使われたか

署長時代には交際費の名目で、裏金の一部を受け取っていた。ヤミ手当だ。副署長、担当次長（警視）も同様で、各課長には各課の人数に応じた運営費が渡されていた。その使い方は課長に任されていたが、課員の夜食代、懇親会費、帰宅のためのタクシーチケットの支払いなどに、充てられていたようだ。

ほかに裏金の使い途は、道警本部の幹部との交際、OBとの付き合い、防犯協会、交通安全協会との付き合い、他官庁幹部との付き合いなどがある。警察署内部でも、署員の冠婚葬祭、署員との懇親会、激励会などがあり、さらに、新聞記者たちとの付き合いもあった。それらは、すべて裏金から支出され、副署長を窓口に日程が組まれていた。

付き合いの中には、副署長の窓口を通さないものもあった。その典型がゴルフで、多いときは、週二回プレーをした。プレー相手は、ほとんどが警察内部の人間かOBだった。在任中の私は、こうした交際にかかる経費は、すべて副署長から受け取る交際費で賄っていた。あとでわかったことだが、道費の正規の予算には、行政執行のために必要な外部との交際上要する経費、つまり正真正銘の交際費が認められているという。だが、正規の交際費の支出は手続きが煩雑だったし、だいいち正規の交際費では支出できない交際が多いのだ。正規予算の執行率がきわめて低いことが、それを物語っていると思う。

警察署長会議のことにも触れておこう。全道署長会議は年二回春と秋に行われ、各方面本部でも年二回程度行われる。会議には道警本部の本部長、各部長、警察学校長、各方面本部長、全道の警察署長が出席する。会議終了後には大パーティがある。会場は近くの一流ホテル、会費は五〇〇〇円から一万円であった。署長会議に参加する道警の幹部は全員がこのパーティに参加するのだが、この経費も裏金である。これを見ても、いかに裏金システムが全道の各所属で、広く行われていたかがわかるだろう。

③警察署に「捜査協力者」はいない

〇三年一二月、道警は、全道六八警察署の捜査用報償費の執行状況（〇二年度）を道議会に提出した。総執行額九六九二万円、平均執行率九二・八六％。ほとんどが使われたことになる。

最も高いのは、函館西警察署の九九・五％（三〇二万円）。次いで私も在任していた札幌西署（二九八万円）の九九・一％などとなっている。金額では、函館中央警察署三三八万円（九五・一％）、旭川東警察署三二二万円（九六・五％）がもっとも多い。これは、捜査用報償費（道費）だけの数字だが、この数字は何を語っているのか？

予算は執行されていても警察署では、捜査に必要な情報を提供してくれた市民に、謝礼をすることなどなかったのである。たしかに、事件・事故の捜査に協力者は必要であり、協力してくれた市民に謝礼をしておくことは、その後の協力を得るためにも大切かもしれない。しかし、警察署にはカネで情報を買うという考えは一部の警備・公安部門以外では、まったく育っていなかった。

本来、日本人には、警察に協力して金銭を受け取ることを、潔しとしない考えが根強くある。本書を読んでいる方で、警察の捜査に協力したことでおカネをもらって、領収書にサインした経験のある人はいるだろうか？

しかし、協力者がまったくいなかったわけではない。警察署で協力者を管理することはなかったが、刑事たちは個人で協力者を確保していた。こうした協力者を刑事たちは「畑」と呼び、優秀な刑事ほど「畑」を大切にした。土地を耕し、肥料を入れ、種をまけば、そこから収穫が得られるという意味だろう。ただし、その肥料と種はすべて刑事の自腹である。協力者との間をつなぐのは人間関係である。カネではない。

警察署が組織として管理し、捜査費などを使っていた協力者がいないことは、今回の裏金問題の発端になった旭川中央警察署の会計書類に、「協力者」として名前の載っていた人たちが「勝手に名前を使われた」と警察に協力した事実を否定したこと、なかにはすでに亡くなっていた人がいたことからも明らかであろう。後に発覚した弟子《てし》屈《かが》警察署のケースも同じである。

それなのに捜査用報償費は九〇%以上が執行、つまり現金化されている。つまり、ほとんど全額が裏金になっていたのだ。

ついでに触れておく。警察には協力者とはいったい誰をさすのかを定めた内規はない。きわめて漠然とした概念で運用されていたのである。また、協力者に支払うべき謝礼の支払い基準もないのだ。これはどうしてか。なんのことはない、もともと協力者などは存在していないからだが、それ以上にそんな規定が存在すると幹部が裏金を自由に使うためには邪魔になるからである。しかし本当はきちっとした規定がなければ現場の警察官が捜査費などを使うことができるわけがないのだ。

道の監査と餞別廃止の提案

私は旭川中央警察署で北海道の監査委員の監査を受けている。道の監査を受けたのは、このときが初めてであった。防犯部生活課長のとき国から会計検査を受け、裏金がバレないよう事件をデッチ上げるなど、大いに苦労したので、「今度もいろいろ準備をしなくてはならないのだな」と思っていたのだが、そうではなかった。

副署長から「『署長は監査当日、監査委員に『概況説明（管内の治安情勢の説明）』をしてくれるだけでよい」という報告を受けたのである。ほんとうにそれだけでいいのか、と不安になったが、書類のつじつまが合っていれば、それ以上、突っ込んだ質問もなく、捜査員の事情聴取などもないと言う。どうやら、道の監査は形式的なものらしいと予想がついた。実際、監査は私が概況説明をして、すんなりと終わってしまった。

私が、こうした裏金システムがいつまで続くのかと疑問を抱き始めたのは、この監査を受けてからである。といっても、強い危機感があったわけではない。ただ、漠然と、このままでいいのかな？　と思っただけだ。

監査が終わり、苦労することになった会計課員の慰労のための打ち上げ会を行ったが、私はその席で、会計課員にニセ領収書をどう作るのか、といった質問をした。別にニセ領収書作りに興味があったわけではなく、署長として彼らの苦労を理解している、という意味で聞いてみたのだ。こうしたことを怠ると、内部告発が出るおそれがあるのだ。

そうした経緯があり、「いつまで、こんなことが続くのか？」と思ったのだが、それは怒りではなく、ぼやきに近いものであった。

九一年一〇月に道警本部防犯部長になったのを機に、私は少しでもこうした問題について幹部に自覚を持たせたいと考えるようになった。おりしも、警察庁が拳銃捜査を強化しようとする動きが始まっていた。こうした捜査には当然協力者が必要であり、相当な予算を、きわどい現場で拳銃の捜査をする捜査員に渡す必要がある。しかし、各課の予算はすべて裏金化され餞別などに使われている。このままでは実績は上がらない、という思いがあったからである。

そこで、毎週開かれる課長会議で、「裏金から出ている餞別を廃止してはどうか」と提案してみた。裏金をすべて廃止するのは難しい。だが、異動のたびに捻出している餞別を廃止して、少しでも捜査費を本来の用途に回すことができないか、と考えたためだが、各課長の反応はなかった。裏金による「餞別システム」がしっかりと根づいている中で、防犯部門だけがそれを廃止すれば軋轢《あつれき》が生じる。

誰もが、その難しさを知っていたからであろう。たしかに、それなりの覚悟がいることでもある。私も自分の考えを強引に押し通すことはできず、餞別廃止の話はそれっきりになってしまった。

警察庁の大幹部を接待する

防犯部には「防犯部長経理」と称する裏金が存在した。それらのカネは各課からの拠出により賄われ、金庫番の防犯部管理官によって管理されていた。一説によると各課の予算の一五％が拠出されていたという。では、防犯部長はこのカネをどう使っていたのか、当時の私の日記や記憶をたどってみよう。

①餞別や送別会経費

道警の定期異動は年に二回ある。防犯部長はそのつど、防犯部内の補佐（警部）以上の幹部に餞別を渡していた。金額は、警視以上は一万円、警部以下は五〇〇〇円だったと記憶している。このほか、本部長以下各部長、他部門の課長などにも、異動のたびに出していた。

送別会は、各課長で構成する部会のメンバーによるもの、本部長以下部長会議のメンバーによるものなどが、九九％二次会付きで行われていた。

②官官接待

私が防犯部長として在任した二年間の日記を調べたところ、警察庁幹部やそのOBを、一四回にわたり接待していたことが判明した。いずれも、札幌市内の一流の料亭かホテルでの接待である。これも、必ずと言ってよいほど二次会付きで、場所も一流のクラブが多かった。翌日にはゴルフがセッティングされていたことも珍しくなかった。

大物の接待ということでは、当時、警察庁の保安部長だった関口祐弘元警察庁長官が、九二年五月に督励で道警に来たことがあった。

私は釧路《くしろ》に出張中だったが、道警本部から「関口さんが来るから、早く札幌に戻ってこい」と連絡があり、あわてて夜行列車で札幌に戻り、迎えの準備やら、接待の段取り、メンバーの確認などに忙殺された。

防犯部長の私が接待するのでは失礼に当たるので、急いで本部長の日程を押さえた。接待にしても半端なところでは失礼なので、札幌でも一流の料亭に予約を入れた。本庁から局長クラスの人間が来るということは、地方にとっては、いろいろな意味で大変なことなのである。

キャリアの部長との付き合いも多かった。方面本部長会議や拡大部長会議終了後の懇親会や二次会が、ふた月に一回のペースで開かれていた。総じて彼らは一流のクラブ、料亭がお好みで、美食家ぞろいであった。とくに『F』というクラブがお気に入りで、よく通っていたが、店のママも心得たもので、下にも置かぬサービスぶりであった（また、警務課で人事を担当していたときは、人事作業が始まると各部から競って酒だ、ゴルフだと接待攻勢をかけられた。それを捌《さば》くだけでも一苦労だったことを思い出す）。

防犯部各課の接待が、また多かった。新年会、忘年会、送別会、激励会、レクリエーションなどがひっきりなしにある。年二回の全道警察署長会議後の懇親会終了後には、部内各課長や防犯部出身の署長などが集い、必ずススキノで二次会が行われた。こうした費用は、各課の負担で、私の場合は「防犯部長経理」で賄われていた。

③防犯部長の交際費

こうしたシステムが、いつ、誰によって始められたかは、不明である。別に前任者からの引き継ぎがあったわけでもないのだ。私は着任したその月から、毎月、交際費（といっても一度もその趣旨は確認したことがない）を管理官から受け取っていた。金額は、七万～八万円ほどであった。これもヤミ手当だ。

管理官が管理していた裏帳簿とともに、交際費を持ってくる。帳簿に印を押し、茶封筒入りの現金を受け取り、デスクの引き出しに入れ、必要になるとそこから取り出し使っていた。使い途は何でもかまわない。領収書もいらない。まったく自由なカネであり、要するに小遣いなのであった。当時は、道警内にゴルフブームがあり、私も月二回ほどコンペに参加（参加回数が少ないとOBからお叱《しか》りを受ける場合があった）したが、こうしたプレー代は交際費から出していた。そのほか、管理官を通さない、マスコミ関係者などとの付き合いの費用にも、このカネを充てていた。

釧路方面本部長になる

私は、九三年一〇月に防犯部長から釧路方面本部長に異動になった。

方面本部長については、警察本部長や警察署長に比べ馴染《なじ》みがないと思うので、まず、方面本部の説明をしておこう。

北海道の方面本部は、函館《はこだて》、旭川《あさひかわ》、釧路、北見の四ヵ所に置かれている。方面本部長は、方面公安委員会の管理に服し、道警察本部長の指揮を受けて仕事をする。階級は、警視正または警視長。このうち、旭川と北見の方面本部長は警察庁からの推薦組のポストである。

ちなみに、方面本部長に人事権はなく、ここが道警本部長と決定的に違う。人事については、道警本部の警務部長を通じて要望をすることはできるが、あくまでも要望であり、決定権は道警本部長（実質的には警務部長）にあった。

予算についても、方面本部長は事実上、関与していない。また、道議会に出る義務もなかった。たとえ、方面本部管内で議会の問題になる出来事が起きたとしても、方面本部長が答弁する必要はないのだ。方面公安委員の選任も、知事が議会の同意を得て任命し、方面本部は道警本部に推薦するだけである。

この当時は、警察庁は改革路線を打ち出していたが、私が方面本部長として新年を迎えた九四年に改革されたものといえば、二六年ぶりに警察官の制服が変わったくらいである。時代錯誤の象徴であった「捕り縄」が廃止されたのは理解できるが、なんのために制服を変える必要があったのか、いまだに理解できない。改革は掛け声だけに終わりそうな予感があった。

この年の道警の部内機関紙『北海警友』の巻頭の窓の欄に私が寄稿した一文がある。少し長いが読んでいただきたい。

〈わが組織にも、既に役割を終え形骸《けいがい》化している組織や制度、社会の変動などにより早急に見直すべき問題が山のようにある。

その一つ「改革岳」を目指すが容易ではない。登山口にたどり着くだけでも大変だ。定まったルートもなく天候も激変、濃い霧のため迷ってしまう。険しい道を何とか登りだしたが、草むらには「長い物」が巻きつく機会を狙っている。五合目あたりからは関所があった。縦割り組織を死守の「セクトの関」全国一律の「横並びの関」建前を重んずる「権威の関」数字にこだわる「数の関」前例踏襲の「マンネリの関」など数え切れないほどだ。関所のチェックは頂上に近づくにつれだんだん厳しくなってきた。関所の役人たちは、経験も豊富なうえに有能だ。紳士的な態度を崩さず、もっともらしい顔でしゃべり、相手をついその気にさせる不思議な力を持っている。いくつもの関所を何とか通り抜けて、フト気がついた。自分の仲間の姿が消えている。山はただ悠然とそびえている。ついさきごろ見た夢の話である〉
『登山の夢』と題したこの原稿は、『警友』を編集している教養課の依頼で書いたものだ。提出する前に、参事官に読んでもらったが、「少し過激ではないか」と掲載を反対された。
この原稿は、裏金の問題には直接触れてはいない。しかし、裏金に対する私の気持ちは、文面に滲《にじ》ませたつもりだった。案の定、道警本部の部長会議で、私の一文は話題になったそうである。

方面本部長の交際費

方面本部長になってからも、部内の会合は相変わらず多かった。方面本部内の各課長との懇親会、歓送迎会、忘年会、新年会などである。こうした会合の費用は、各課の招待で賄われることが多いが、私も参加するときには、分担金やお祝い金名目で、金一封を持参していた。出所は総務課の「方面本部長経理」である。これは、総務課長が管理していた。

接待でもっとも多かったのは、道警本部の幹部の接待だった。道警本部長、各部課長がひっきりなしにいろいろな名目で来る。私が在任した約一年四ヵ月（九三年一〇月二五日から九五年二月一〇日）の間に、会議などでやってきた幹部は三四人にのぼる。一〇日に一人が訪れてきた計算だ。

もちろん、会議などの後には、懇親会が行われ、二次会がセットされる。一次会の費用は、来訪した幹部が所属する道警本部の部課に対応する、方面本部の主管課が負担する。

また、二次会は、私がセットしたときには、総務課の「本部長経理」で負担するのが通例であった。二次会の場所は、前任者から引き継いだスナックをよく使うようにしていた。飲食にかかった経費は、毎月、店のオーナーが総務課に集金にやってきていた。

部外との交際が増えたことも、方面本部長になってからの特徴であった。支庁関係者、検察庁幹部、市役所、税務署幹部などの官公庁、公安委員、防犯協会、交通安全協会、暴力追放協議会などの外郭団体、マスコミ、金融機関、交通関係業者ら管内の主要企業幹部や道警OBなど、交際の範囲が、以前とは比較にならぬほど広がった。

こうした外部との交際は、招待のことが多いが、ときには、こちらが分担金を出したり、二次会をセットするケースもあった。こうした経費も、主として「方面本部長経理」から負担していた。

防犯部長のときもそうだったが、「方面本部長経理」という裏金についても、前任者からの引き継ぎなどはなかった。着任初日、机の引き出しを開けると、幹部に渡す餞別の金額を記したメモ書きが置かれていた。金額は、本部長三〇万、参事官二〇万、各課長一〇万だったと思う。あえて引き継ぎと言えばこのくらいであり、私も後任者には引き継ぎを行っていない。

ところで、方面本部長経理という名の裏金はどこから出てきたのか？

実は裏金は方面本部の会計課から出ていたのである。会計課が、管内の予算規模の大きい警察署や、方面本部内の各課から上納させるシステムがあったのだ。方面本部の課長経験者の話では、会計課が予算配分時に二五％をカットしたり、追加予算のときにも消化させて、現金でバックさせていたという。

私は在任中に、道警本部からの予算内示書など、予算関係の書類を決裁したことがない。私自身の、全国会議や札幌での会議への出張の際の旅費請求や、各課長の出張の決裁も一度もしたことがないのである。各課にどのくらい予算が来ていたかを知る機会もなかった。杜撰といえば杜撰だが、予算やその処理は、正規のルートとは切り離され、すべて闇のルートで処理されていたのだ。

裏金の使い途だが、まず、年二回の異動の際の、警部以上の幹部を対象とした餞別がある。餞別は、道警本部長など、本部の部課長に対しても贈っていた。それに、方面本部長が出席する全国会議、方面本部長会議、警察署長会議などの旅費や懇親会費、道警本部の部課長の接待費があった。

私は方面本部長経理の裏金から、毎月、交際費名目で七万～八万円を受け取っていた。私はゴルフのプレー代や、総務課を通さない昔の部下やマスコミなどとの飲食代にも、このカネを充てていた。

あとになって、方面本部長には年間三四万円の交際費予算があると聞かされたが、在任中は、そんな話は聞いたこともなかったし、もちろん、受け取りもしなかった。

裏金を使いまくる幹部

方面本部在任中に、裏金や予算の執行に関していくつか問題が起きた。しかし、裏金はおろか予算の問題についてなんの改革もできないままに退職することになってしまった。そうした問題のいくつかを記しておきたい。

①次席の直訴

九三年一一月、某課の次席から公宅に電話があった。着任後まだ日が浅く、名前を聞いても、顔が思い出せない。ともかく、公宅に来るように言った。

すぐにやってきた次席の顔には、何か思い詰めたような色が浮かんでいた。「心配するな、話してみなさい」と水を向けると、彼はようやく口を開いたが、その話は驚くべきものであった。「課長のカネ遣いが荒くて困っている。このままでは(金庫が)パンクしてしまう」

課の金庫番である次席はそのことで悩んでいたのだ。カネ遣いが荒いと指摘された課長は、以前からとかくの評判のあった人物だった。しかし、問題が問題だけに、どう処理すべきか判断ができない。相談相手となる参事官が、折から出張だったこともあり、次席には「今日のことは他言しないように」と言い聞かせて、いったん、帰らせることにした。

これは悩ましい問題だった。カネの使い方について課長に注意はできるが、それでは、次席が私に密告した行為が課長の知るところとなり、課の人間関係に歪みができる。だからといって、このまま放置もできない。裏金の問題はその課だけの問題ではなく、方面本部、いや、北海道警察全体の問題だから、なんとか、内々に処理するしか方法はない。出張から戻った参事官と検討した結果、人事で措置するしかないという結論になった。道警本部警務部長に報告し、二人を異動させることにした。このようなケースが生じた場合は、定期異動の中で、目立たないように処理するのが常である。次の異動で課長を横すべりで転勤させる処置を取ったが、次席も、その後、二度と金庫番になることはなかった。

課長の不祥事を上司に伝えた次席も、結果的に人事面で、不利な扱いを受けることになってしまったわけだ。この次席は、もう退職してOBになっているはずだが、今でも、彼には申し訳ないことをした、と後悔している。

②現場に予算を流せ

九三年、警察庁は都道府県警察の六五地域を「侵入盗防止重点地区」に指定した。地域の住民と警察による推進協議会を設けて、侵入盗、つまり泥棒を予防しようとする構想である。北海道からは帯広《おびひろ》警察署管内が指定された。しかし、警察庁から予算が来たわけではない。いつものことだが、警察の施策と予算は関係ないのだ。

道警本部に掛け合っても埒《らち》が明かないことは経験済みだ。私は、会計課長と防犯課長に検討するように指示した。現場にできるだけ予算を流す、それが私の考えだった。

ついでに、日額旅費のピンハネの廃止も検討するように指示した。日額旅費は交番やパトカーの警察官などに支給される手当である。かつて、機動捜査隊長時代に全額を裏金化していたことは前述した。いまでは現場の警察官の間でも、この手法は広く知られるようになっていた。幹部の中で心ある者が、是正を図ろうと上部組織に具申したこともあった。しかし、それはいずれも受け入れられず、システムは継続したままだった。私は、警察内部も時代とともに変化する必要があり、そのためにも、日額旅費については、現場の警察官に支給すべきもので早急に是正すべきだと考えたのだ。

帯広警察署には一〇〇万円の予算をつけることになり、帯広警察署長には事業計画に沿って有効に使うように指示した。会計課には本部長の一声でどうにでもなるカネが存在したのだ。

しかし、日額旅費については、「釧路方面本部だけが全額支給すると、道警本部や他の方面本部の各所属との均衡を欠くことになる。今の段階ではできない」との報告があった。

③裏金システムは生き残った

任期もあと半年を切った頃、道警本部から一〇月に開かれる方面本部長会議に、議題を出せと言ってきた。それまでの経験から、予算を少しでも現場に流れるようにしたいと考え、「第一線（警察署など）の捜査活動における情報収集の現状と問題点」として議題に提出することにした。捜査課長などの関係課長に指示して、実態がどうなっているかを報告させた。

結果は想像どおりだった。捜査の現場には、組織として管理している協力者なるものは皆無に等しく、警察署では必要性は認めながらも、日常の事件処理に追われ、その余裕さえない状況にあった。捜査員には、個人で管理する協力者を自腹で使っている程度で、情報をカネで買うという発想もないのだ。予想したとおり各部署では協力者の管理と捜査費の運用はまったくリンクしていないのだ。

しかし、この議題は取り上げられなかった。

理由は、日額旅費のピンハネを止《や》めるよう検討させるなど、少しでも予算を現場に流そうとする私の意図を、道警本部が察知していたからであろう。その報告をしたのは会計課だろう。

私としては裏金システムを正面から改革しようとしても、抵抗がありすぎて不可能だと判断し、もっと、現場で捜査費を実際に必要なことに使わせる体制を作り出そうとしていた。だが、そのことは、裏金を幹部が自由に使う範囲を狭めることになる。それは、会計課としては困ることとなのだ。

方面本部長会議が終わったある日、私は各課の次席を集めた。次席は各課の金庫番である。私は、情報収集体制の整備について、予算執行のあり方を含めて、検討するよう指示した。しかし、次席たちの反応は鈍かった。S参事官や、課長たちも同様だった。私には、もう残された時間はほんのわずかしかなかった。在任中にこの問題を解決することは不可能に近い。裏金システムは、これからも生き続けるに違いない。私はそう考えざるを得なかった。

九四年一〇月の定期異動では、S参事官が旭川中央警察署長に転出した。後にこの警察署が、全国の警察を揺るがす裏金問題噴出のキッカケになるとは、彼も想像していなかったろう。

退職勧告

九四年一二月、道警本部から警務部長が方面本部に来た。「肩たたき」つまり退職勧告のためである。警視正以上の在職期間は、警察庁内規で六年となっている。当時、私は五七歳、定年までは三年あった。だが、すでに、退職間際の方面本部長の限界を、痛いほど感じていた私は、すぐに「肩たたき」を承諾した。

「再就職先について何か希望がありますか？」

そう聞かれ、

「警察とは関係のないところがいいですね」

と言うと、その言葉をどう理解したのか、警務部長は、「やる気十分ですね」と笑った。

私が警察に長居する気をなくしていたのは、裏金問題を知りながら、その中にどっぷりと浸かった生活を続けることに、ほとんど嫌気がさしていたからだ。

なんの決断もできず、その勇気もない自分に対して、自己嫌悪に陥っていたのである。一日も早くこの場を離れて、関係のないところへ逃げ出したい。そんな気持ちが言わせた言葉だった。

かといって、私には手に職があるわけではない。あるのは、元方面本部長という看板だけだ。組織から離れても、結局、再就職先は組織に頼らざるを得ない。情けないことだが、在職中から再就職運動をすることもなかった。

「肩たたき」があった夜には、部下の勧めで、早くも、管内の某企業経営者と会うことになった。「非常勤顧問で来てくれないか」と誘いを受けた。向こうが出してきた条件はかなりのものだったが、捜査二課長時代の本能的な警戒心が働いて、返事は保留した。うまい話には、必ず裏があると思ったからである。

暮れの二七日に、道警本部の警務課長から再就職先について連絡があった。

紹介されたのは、道警の福利・厚生事業の一環として行われ、職員の約七〇%以上が加入しているグループ保険の生命保険会社である。この会社には、先輩の方面本部長が再就職するなど、方面本部長経験者の再就職先となっていた。提示された年俸は七〇〇万円。年収は約半分になるが警察にはもう未練はない。まだ、家のローンも残っているが、なんとかなるだろうと再就職先を受け入れた。

ちなみに道警OBの再就職先は、それぞれの退職時の役職によって、方面本部長用、札幌市内署長用など、ランク付けされている。つまり、退職後も徽章《きしょう》の「星の数」で待遇が決まるのである。

九五年一月四日、仕事始めの日。私の最初の仕事は、辞職願いに署名押印することであった。方面本部長室に入り、すぐ机に向かって署名押印した。特別の感慨もなかった。

一月中旬には会社の面接があった。毎日の仕事があるわけではなく、毎年五月のグループ保険の更改のときに、道警本部、方面本部や警察署を社員と回ってくれるだけでよいという。「余った時間は自由に使ってください」とも言われた。

つまり、〝元方面本部長〟という名義貸し料が年間七〇〇万円なのである。こんな生活が許されるのか、と不思議に思った。

私は厚生課長の経験もあったので、保険会社＝道警＝ＯＢのトライアングルが絶妙なバランスで成り立っていることを知っていた。

保険会社は、七〇％以上が加入する職員からの莫大な保険料収入を得、道警は、莫大な事務手数料収入と人事の流動性を確保する。そして、道警ＯＢの私は、責任のない仕事で多額の報酬を得ることができる。しかも、道警を三年早く辞めたことで失った年収分が、六五歳までの七年間の会社勤めで穴埋めできることになる。三者三様に利があるのだ。

ただし、これは道警の上級幹部だけに保障される特権である。現場で汗を流す警察職員に、こうした恩恵はないのだ。退職後も「星の数」はついてまわる。

再就職先を保険会社に決めたことで、返事を保留していた非常勤顧問の話は断ることにした。後になって、その会社の経営者は方面本部公安委員に就任した。公安委員は郡部では名誉職である。私がその会社に入っていたら、公安委員の人事に関与したと受け取られかねないところであった。

九五年二月一〇日、本部長室で異動する幹部への辞令交付をした。合わせて餞別を渡し、自らも受け取った。最後の最後まで裏金漬けのままだった。結局、何も変わらず、何も変えられなかった。そんな思いが胸をよぎった。

せめてこれだけは、と挨拶回りは、最小限に留めた。それでも部内や部外からの餞別は、三〇〇万円ほどになった。餞別を廃止すべきだと思いながら、それを受け取ってしまう自分。いわく言い難い重苦しい気分だった。

しかし、退職しても、勤め先は道警と関連のある保険会社だ。当分、道警との関係は続くことになる。自分の中の自己保身の気持ちも、消えてはいない。もうどうでもいいか、そんな無力感と諦め半分の気分の中に私はいた。

第七章　権力構造としての警察組織――キャリア天国、デカ地獄

官僚化への道を進む警察組織

これまで述べてきた一連の裏金システムを理解するには、まず、警察の現場がどうなっているかを知っていただく必要がある。

他官庁には見られない警察組織の最大の特徴。それは、警察は「現場官庁」であるということだ。警察組織は警察庁を頂点に、各都道府県に警察、警察署が置かれ、その下部組織として交番や駐在所が存在する。全国津々浦々まで配置された交番や駐在所が、二四時間体制で国民の安全を守っていくシステムになっているのだ。

つまり、本来、警察組織の中でもっとも重視されるべきは、組織の末端にある交番なのであり、それを統括する警察署なのである。だからこそ、警察は「国民のための警察、国民とともにある警察」といったスローガンを掲げているのだ。

だが、現実はまったく違っている。全国いたるところに空き交番が存在しているし、警察署は国民ではなく、常に警察本部の様子をうかがいながら仕事をしている。「国民のた

めの警察」はあくまで、抽象的なタテマエのスローガンにすぎないのだ。

警察が国民ではなく、上のことばかり気にするようになる理由。それは、体制、人事、予算とあらゆる面で、警察署が警察本部の下に位置しているからだ。

警察本部には優秀とされる人材が集められ、彼らは前任者の前例を踏襲しつつ、無難に仕事をこなし、次のステップへと昇っていく。当然、下部組織である警察署の幹部は、常に本部の意向を気にかけながら仕事を行うようになる。本部の指示に従って仕事を進めたほうが、すべてにおいて無難であり、また、無難にならざるを得ないところもある。警察署の署長以下の幹部は考えることを止《や》め、ただ上を向いて仕事を進めるしかない。もはや、道民や市民が何を求めているかということは関係なくなってしまうのだ。

もちろん、自分に与えられた職務に情熱を燃やし、日夜奮闘している警察官たちも、数多く存在する。彼らは住民の声に耳を傾け、創意工夫し、犯人を追い、暴力団を摘発する。ときには私生活を犠牲にしてまで、職務にのめり込む警官さえもいる。

だが、こうした警察官は、えてして組織の中では報われることはない。彼らの多くは警察本部の管理部門などには勤務することなく、現場勤務で警察官としての人生を終えていく。反対に危険な任務や地道な仕事は苦手だが、要領のよい、いわゆる頭の切れる警察官が、警察署と本部、とりわけ管理部門との間を往復しながら、現場で汗を流すことなく、順調に出世を遂げていくのである。そして、その警察本部は、警察庁のキャリア官僚が完全に支配している。

警察幹部が常に上を向いて仕事をする構図は、県警本部と警察庁の間でも同様である。

すべての警察幹部が、キャリア官僚が支配する警察庁をうかがいながら仕事をするのだから、当然の帰結として地方幹部は官僚化していく。悲しいかな、これが、現在の警察組織の実態なのだ。

キャリアの支配する警察

キャリアという言葉を聞くと、反射的に脳裏に浮かんでくる光景がある。

一九六三年、私が巡査部長試験を受けたときのことである。二次試験の口頭試問を受けるため、試験官のいる部屋のドアをノックし、中に入って一礼した。頭を上げたとき、私の目に飛び込んできたのは、なんと、真正面に座っている試験官の靴底であった。

一人の試験官が、椅子《いす》の背にもたれながら、両足を机の上に投げ出していたのである。彼は数人いる試験官のうちの、もっとも若いキャリアであった。当時、私は二十代の半ばであったが、このキャリアの振る舞いには正直、唖然《あぜん》とさせられた。

善意に解釈すれば、彼は私の反応を見るため、わざと両足を投げ出していたのかもしれない。だが、それはお人好しすぎる見方であり、おそらく、この若いキャリアは単なる傲《ごう》慢《まん》な礼儀知らずだったのであろう。いずれにしろ、私は彼の態度に強い不快感を覚えた。

「こんな人間でも、将来は警察本部長になれるのだな」と思ったものだ。

あれから、長い年月が過ぎ、私はさまざまなキャリアをこの目で見、また接してきた。

そして、私は、あのときの若いキャリアの傲岸不遜《ごうがんふそん》な態度を、いまだに頭から拭《ぬぐ》い去れないでいる。それは、ごくわずかな例外を除けば、私の知るキャリアたちは、あの若い試験官と重なって見えるからだ。彼らは口に出さずとも、常に態度で私にこう語りかけていたのである。

「我々キャリアにとって、きみたちノンキャリアなんて取るに足らない存在なんだよ」

そのキャリアは警察組織の中でどんな存在なのかを、これから語っていくことにしよう。

警察の中枢は管理部門である。管理部門とは総務部門と警務部門のことを指す。

総務部は、カネ、モノ、情報を管理する。会計課は予算の要求、執行、監査、装備課は警察車両や装備品等の管理、施設課は庁舎や公宅等の管理、留置管理課は留置場の管理、業務指導等、広報課はマスコミ対策、情報管理課はコンピュータシステムの管理、警察相談課は警察に関する苦情や相談の受理等をそれぞれ主管している。総務課は、総務部各課を統括するとともに、議会対策、警察を管理する公安委員会の事務など対外的な問題の管理が主たる任務である。

対して、警務部は内部管理を主体とする。警務課は人事と給与の管理、教養課は職員の教養、厚生課は、福利厚生と健康管理など、監察官室は、職員などの監察、懲戒、表彰、訴訟対策などの訟務などを主管する。これらを統括するのが警務課である。

これでわかるように、管理部門こそが、道警の頭脳であり、組織の人、モノ、カネのすべてを支配しているのだ。そして、道警の頭脳であるこれらのポストを完全に牛耳っているのがキャリアたちなのである。

私の在任当時の管理部門の部課長たちは本部長（警視監）を筆頭に警務部長（警視長）、総務部長（警視正）、警務課長（警視正）、会計課長（事務官）、情報管理課長（技官）が警察庁の人事であり、本部長、総務・警務部長、警務課長は全員キャリアで占められていた。北海道警察が、いかに警察庁キャリアの支配下にあったかがわかるだろう。

これ以外のポストを見ても、警備部長、刑事部長、交通部長はキャリアが占め、旭川方面本部長は、警察庁の推薦組のポストである。さらに、警備部の公安一課長と刑事部の捜査二課長もキャリア組である。

現在は、総務部長、交通部長と警務課長は北海道警察出身者が配置されているが、北見方面本部長などのポストに警察庁出身者が就任しているので、全体の数は変わらないし、警視正以上のポストの人事権は、警察庁が握っている（後述）。警察庁の支配構造は、前と少しも変わっていないのだ。

だが、警察庁が、これだけ多くの道警のポストを独占する必要がどこにあるのか？　これでは、まるで、道警の幹部ポストが、キャリアのためにあるようなものではないか。

警察庁の支配はこれだけではない。警察法では、警察官の階級は警視までが地方公務員とされ、警視正以上になると「地方警察官」と呼ばれる国家公務員となるのだが、その人事権は当然、警察庁が握ることになるのである。

警察庁は、警視正に昇任するためには、三年間以上の警察庁への出向を義務付けている。しかも、私が退職した九五年当時は地方警察官の在任期間は六年に限定していたのだ。九五年当時、北海道警察出身者が就任していた警視正以上のポストを見てみよう。

道警本部の八つの部長ポストのうち、生活安全部長、地域部長、警察学校長。四つの方面本部長のうち釧路《くしろ》、函館《はこだて》、北見。道警本部課長ポストで警務課長、監察官室長の二つ。方面本部の参事官（北見を除く）。警察署長では、札幌方面の中央、北、苫小牧《とまこまい》、旭川《あさひかわ》中央、函館中央、釧路、帯広《おびひろ》の計七署が道警出身者で占められていた。

いずれも、北海道警察の主要ポストだが、その人事権は警察庁がガッチリと握っている。警察法のタテマエでは、都道府県警察は自治体警察とされている。だが、人事の面だけを見ても、都道府県警察は実質、警察庁に支配された国家警察だということが、おわかりいただけると思う。

実際問題、キャリアが座るにふさわしくないポストというものが数多くあるのだ。たとえば、私は現場の経験が必要な刑事部長のポストなどは、地元出身の幹部にすべきだと思っている。このポストを警察庁が奪っていることで、地元の刑事幹部の士気低下にどれほど影響を及ぼしているか、警察庁はまったく考えたことがないのだろう。

聞くところによると、現在、凶悪事件が発生したときの捜査本部の責任者は、キャリアの刑事部長だという。かつてはそれは事件が発生した所轄の警察署長であった。刑事たちの名前も知らず、その土地の風土も環境も何も知らないキャリアが、捜査本部の責任者になっている。そんなことで、重要事件を解決するための適切な指揮が執れると思っているのだろうか？

交通部長も地元の幹部が就くべきポストだろう。交通警察は優れて現場主体の仕事である。かつて、交通死亡事故全国一位返上をスローガンに、私服勤務の刑事にまで制服を着せ、街頭に立たせて人海戦術を展開し、黒塗り公用車にまで赤灯を付けさせて走らせたキャリアの交通部長がいた。現場の署長や交通部の幹部は、死亡事故が発生すると、「対策が生ぬるい」と、この交通部長に叱責《しっせき》され、常に戦々恐々とし、刑事たちは、なんとも似合わないぶざまな制服姿で、デク人形のように交差点に立たされていた。こんなことで現場の士気が上がるわけがないのである。だが、キャリアである彼は、当時の現場の批判や不満には、まったく気が付いていなかった。

彼の指示のおかげでか、北海道の事故死亡者はこの年だけ、ワーストワンになるのを免れた。しかし、翌年はまた元へ戻った。単なる付け焼き刃の一夜漬け対策で、キャリアが現場の尻《しり》を叩《たた》きまくっていただけの話なのである。

キャリアが情勢を読めなかったという点では、今回の裏金問題も同様である。警察庁は裏金問題への対応に当たって、明らかに初動でミスを犯している。その原因のひとつとして考えられるのが、下から正しい情報が入っていなかった、ということだ。なぜ、情報が入ってこないか、といえば、警察庁は警察組織の末端の現場で働いている警察官の勤務実態に無知であり、彼らの心情を一顧だにしてこなかったからである。

そして、それはまた、道警のキャリア以外の地方（ジカタ）のエリートである上層部の責任でもある。警察庁に右へならえをする形で、地方幹部の官僚化が進み、自分たちが、現場で体験したことが、役に立っていないのだ。これでは、警察庁に正しい情報が届くはずもない。

今回の裏金疑惑への対応で、道警が当事者能力を失っているのも、警察庁のコントロール下で動かされていることが大きい。その意味で、道警には最初から当事者能力が欠けていたのだ。当事者能力がない組織に自浄能力などあるはずもない。逆説的だが、今回の裏金問題をここまで拡大させた〝功労者〟は警察庁だとも言える。そして現状のままでは道警の再生はまことにおぼつかないと言うしかない。警察をほんとうに変えていけるのは、現場で働いている警察官であり、道警の上層部でも警察庁でもないのである。警察庁は、警察というのは現場官庁であるという認識に立って、現場のことは現場に任せる施策を取るべきなのだ。

キャリアと裏金のかかわり

私は、道警在職中に多くのキャリアとかかわりを持ってきた。管理部門の警務課、厚生課そして防犯部長、釧路方面本部長として直接、間接に彼らと接してきた。

私は彼らが「交際費」（と称するヤミ手当）をもらっていたことを知っているし、なかには直接、私が交際費を手渡した人もいる。私の知る限り、キャリアたちは交際費の受け取りを拒否したり、裏金システムの解消について指示するようなことは、いっさいなかった。それどころか、前任地の額より少ないことを理由に、「これではやっていけない」と、露骨に増額を要求されたこともあったほどだ。こうした交際費の受領ばかりではなく、キャリアは部内外との懇親費用の支払い、度重なる接待、餞別《せんべつ》の受け渡しなどを通じて、道警に裏金システムがあったことを十二分に承知していたはずなのである。

いまから二〇年も前に元キャリア警察官だった故・松橋忠光氏は、その著『わが罪はつねにわが前にあり』で、勤務した県警、管区警察局、警察庁で組織的な裏金作りが行われていたことを指摘している。松橋忠光氏は、私と同じ札幌出身、氏の兄上は、私が山梨県警捜査二課長当時、警務部長として勤務していた。兄上は、警察庁の推薦組のノンキャリアであったが、温厚な方であった。こうしたことを考えると何か因縁めいたものを感じてしまう。

松橋氏は、その著の中で、二重帳簿による裏金作り、常識はずれの餞別のやり取り、協力費名目の交際費、運営費の存在を具体的に述べている。この構図は、私が体験した道警の裏金システムとまったく同じである。

こうした裏金システムが二〇年以上も前から延々と続いてきたのだ。氏は、この著を出版後に「黙っていようと思い続けていたが、罪の意識、キャリアとしての責任感から、自分の遺書として書いた」と語っている。

この声に接して道警にいたキャリア、いや、警察庁をはじめ全国のキャリアは、改めて、自分自身に問い直してほしい。そんなことは、たかが、一地方の元ノンキャリアの私に言われるまでもないことであろう。

人事異動とキャリア

北海道警察では、年二回、春と秋に人事異動がある。春は大規模に、秋は補充程度の異動になる。人事異動は、多くの職員にとって関心の的だ。ときには、本人だけではなく家族の一生を左右する場合もある。しかし、一般の職員が知らされるのは、その結果だけだ。彼らは辞令一枚で命ぜられるところに赴任しなければならない。

私は、警務部首席管理官、そして警務課長時代に何回かの異動作業を体験した。これまで、一般にはほとんど知られていない警察の異動作業の内情について、感じたことを記していこうと思う。

〇四年春の道警の人事異動の規模は二五三二人。じつに道警全職員の約四分の一が異動したことになる。道警上層部の異動をポスト別に見てみよう。左の数字は、過去一〇年間何人交代したかを示している。

道警本部長	七	総務部長	七
警務部長	六	生活安全部長	六
地域部長	八	刑事部長	六
交通部長	七	警備部長	七
警察学校長	一〇		

方面本部長
函館八　旭川七　釧路七　北見六
主要警察署長
中央警察署九　北警察署八　苫小牧警察署六　函館中央警察署七　旭川中央警察署七
釧路警察署六　帯広警察署六

右のように道警の上層部は、一ヵ所に二年と勤務していない。

警察署長も、春の定期異動でその六〇％近くが異動するし、所属長以上の異動は多いときは八〇％近くに達する。私自身、巡査部長時代に北見方面本部刑事課で三年間勤務したのが最長で、最短はわずか六ヵ月間という短さであった。また、所属長になってからも、一年で交代したことは何度もあった。これだけ頻繁に異動ということになると、じっくりと仕事を把握し、改善していくヒマなどなくなってくる。となると、どうしても、前例踏襲で仕事をするほうが無難ということになってくるのだ。

しかし、なぜ、多額の予算を使い、異動期間中の仕事の停滞というロスを見込んでまで、道警はこれだけ大規模の異動を行うのか？

タテマエではそれは組織の活性化、人心の一新ということになっている。だが、実情はそんなきれいごとではない。タテマエの裏では泥臭い出世への欲望がうごめいている。その結果、異動のための異動ということが起こり、ポストだけが一人歩きしはじめるのである。

とくにほとんどの幹部たちは、次の異動への期待が大きい。彼らは二年以上も同じポストに据え置かれると、たちまち自分は冷遇されていると思い込むのである。

幹部たちが異動を望む理由のひとつに、次第に地位が上がると、異動に伴う臨時収入が得られるというメリットがある。すなわち、税金のかからない収入、餞別のことがあるのだ。たしかに、私自身を振り返っても、警部くらいまでの異動では、毎回、赤字になった。ようやくいくらか金銭が残り、ほっと息がつけるようになったのは、所属長になり餞別が多くもらえるようになってからだった。

その当時は所属長クラスからの餞別は、すべて裏金から出ていることは、誰もが知っていた。自分の懐を痛めないカネだから、出すときは広範囲に出すのが常であった。こうしておけば、自分が異動するときは、もらえる立場になるわけだ。

道警部内では、こうした餞別システムとギブ・アンド・テイクの構図が定着していたから、異動時期に動く裏金の金額は莫大《ばくだい》なものだったはずだ。それに、餞別は、その気になれば、警察行政の許可対象業者、たとえば警備業、自動車教習所、運輸交通業者をはじめOBの再就職先などいくらでも、もらい先はあった。そのため、必要以上に挨拶《あいさつ》回りをするような幹部さえいたのである。

幹部の出世は実績と無関係

最初に異動のルールを確認しておこう。通常、異動には一定のルールがある。昇任した場合を除いて、同じ階級での異動には暗黙のルールがある。
地方から札幌
警察署から方面本部、道警本部
方面本部から道警本部
小規模警察署から中・大規模警察署
地域部門から専務部門
この五つが栄転のルールであり、この反対が左遷なのである。ただし、昇任の場合は、通常はこの逆のコースが栄転となり、同じレベルの所属への異動は横すべり人事と称された。
警察という世界では、警視や警部のポストには、すでに格付けが存在する。昇任直後のポスト、二回目の異動のポストと、年次によって就任するポストが決まっていて、管理職手当の率が異なっているのだ。ちなみに、管理職手当の本給に対する率は以下のとおりだ。
警視長（二五％）　警視正（一六～二〇％）　警視（一二～二〇％）　警部（一二％）

署長のポストも格付けがある。一等級署長は札幌市内署長などの大規模警察署で、みんなの垂涎《すいぜん》の的である。警視の場合、昇任直後に就くのは大規模警察署の（刑事、生活安全、交通等）担当次長、後に本部の調査官、その後、警察署の次長あるいは本部の次席、方面本部の課長、小規模警察署長、大規模警察署の副署長と、だいたいこの順にポストを昇っていく。警察署長のポストにたどり着くためには、最低でも六年が必要になる。

こうした異動を経ていけば、必ず副署長か次長、次席のポストに就くことになる。つまり、そこで、金庫番の仕事を経験するのだ。現在の署長や課長職に就いている者は例外なく、出世していく過程で裏金の金庫番を務めているのだ。

警部の場合も、中・小の警察署の課長、大警察署の課長か方面本部の補佐、そして道警本部の補佐というように、一歩一歩、順を踏んで出世していく。警部に昇任すると、管理職扱いになるが、いくら実績をあげても、一足飛びに栄進するということはぜったいにない。署長の異動でも同様である。泥棒の検挙率が抜群だったり、交通死亡事故が減ったからといって栄進はしない。そして、その逆もまた、ないのだ。

では、何が決め手になるのか。それは「年功序列」である。

要は出世と実績には直接の関係はないのである。なぜなら、警察の実績の評価がきわめていい加減であることを内部の人間、とりわけ管理部門の幹部はよく知っていたからだし、実績をあげているのは、部下なのであり、管理職ではないのだ。

ところが、多くの幹部はこの点を勘違いしているようだ。警察署の実績がいつも右肩上がりになっていないと気がすまない署長がいたが、彼などはその典型だろう。だいたいにおいて、この手の署長は、部下の評判はかんばしくない。判断の目線が、最初から狂っているからだろう。

実績が評価されての異動というのは、警部補以下の場合に多い。実績は、勤務評定で決まる。地方から札幌へ行きたいと希望しても、評定がAかBでないと、まず、難しい。昇任試験も同じだ。最近は、フランチャイズ方式とかが導入され、希望地に行くことが容易になったと聞くが、札幌への希望者が圧倒的に多いからそう簡単ではないはずだ。

異動先は、そのポストの在任期間、過去の経験・経歴でほぼ決まる。特別なことがない限り、右肩上がりで栄転である。マイナス要素になるのは不祥事案で、とくに人事には不祥事の事後処理の如何《いかん》が大きな影響を与える。

警察にとって不祥事案とは、結局、マスコミに報道されることなのだ。事後処理がうまくいけば、それは不祥事にはならないのだ。そして、マスコミにバレないような処置がうまく取れれば、やり手の署長として評価を受ける。警察にとっては、マスコミにバレるバレないは大問題なのである。いかに警察が不祥事案を隠したがるかについては、稲葉事件の章を読んでいただければ、なるほどと理解していただけると思う。

キャリア天国ニッポン

官僚主義　専制・秘密・煩瑣《はんさ》・形式・画一などを特徴とする。
官僚制　合理的運営を可能とする反面、硬直化の危険もはらむ。（広辞苑より）

日本の官僚組織は明治からはじまる長い歴史がある。官僚の統治方法をさす言葉に有名な孔子の言葉がある。

「由《よ》らしむべし、知らしむべからず」

本来は「国民が専門的な知識がなくても安心して頼れるような行政をするべきだ」という意味だが、いまはもっぱら、「国民には肝心なことは知らせず、お上《かみ》の言うとおりにやらせればよい」というような意味で使われている。

こうしたやり方は、お上のすることは絶対で、常に正しいという意識を国民に植えつけることになった。その結果、主権者である国民は、つねに官僚が支配する政府に何かを期待し、甘える風潮が育つ一方、行政を監視し、コントロールしようとする意識は育たなかった。そうした意識は、いまも、日本国民にしっかりと根付いたままだ。

これを裏付けているのが、たとえば、官僚出身知事の多さだ。官僚出身知事は、北海道の高橋はるみ知事をはじめ、全国の知事の半数を占める。これは多くの国民が、いまだに、官僚を無条件で信頼していることを示している。官僚出身の知事や議員を選んでおけば、何かいいことがあるのではないか、という目先の利益を官僚に期待しているのだ。

この点は警察も同様である、日本の近代警察は、明治七年にフランスの警察制度を模範に、川路利良《かわじとしよし》によって創設された。いわば、お上から作っていただいた警察が、警察組織の出発点になっているのだ。そして、戦後は、自治体警察と国家警察の二本建ての警察制度でスタートし、一九五四年から現在の警察制度に変わった。形のうえでは都道府県警察の姿をタテマエとしつつ、警察庁を頂点とする官僚が支配する国家警察へと変身したのだ。

北海道は、明治時代の開拓で始まった歴史がある。そのため、開拓精神に富んだ風土、と思われがちだが、実際は、政治、経済、行政などには、中央依存、官僚依存の体質が根強くある。もちろん、北海道警察も例外ではない。

明治維新を支えた官僚たちには、自分たちが国を支える柱だ、という志があった。〝日本警察の父〟、先の川路利良大警視もその一人だ。その言葉をまとめた『警察手眼』には、「官員は元来公衆の膏血《こうけつ》を以《も》って買われたる物品の如《ごと》し」と戒めている。

敗戦後の日本を指導した吉田茂は、戦時中は遠く権力から離れていたが、敗戦後の間接占領政策を成功させた。しかし、私の接した警察キャリア官僚の中で、そうした志があると感じた人は数少ない。いまや、官僚やそれに支配される警察も、国民の信頼を失っているのだ。

警察は、ここ一〇年ほどソフトな警察を演じようと、躍起になっている。警察官の制服を変えたり、防犯部門を生活安全部門へ、外勤部門を地域部門へと名称を変えたりと、警察が国民生活の安全にいかに配慮しているかを強調するのに懸命だ。それは、最近の警察本部庁舎や警察署、交番等の施設にも表れている。どの施設も、スマートで近代的センスにあふれ、内部もホテル並みだ。

しかし、よく見るとそれは表面的なペンキの塗り替えにすぎず、その本質も中身も何も変わってはいない。今回の裏金疑惑や稲葉事件への警察の対応は、はからずもそのことを露呈することになった。

官僚の、そして警察組織の愚民政策にいち早く気がつき、具体的な行動を起こしているのが、全国の市民オンブズマンの活動であろう。〇一年には、「行政機関情報公開法」や各都道府県の「情報公開条例」が施行され、〇四年には「公益通報者保護法」が成立した。こうした動きは、次第に行政機関への国民の監視機能を高め、官僚や警察の本質を国民に知らせる役割を確実に果たしつつある。

警察の隠蔽体質の背景

警察という組織は常に、自分たちの判断にぜったいに誤りはないという「無謬性《むびゅうせい》」を追い求めているかに見える。そして、多くの国民もまた、警察が誤りを犯さない組織だと、無意識のうちに受け入れているように思える。

だが、警察の現場では日常的にミスが発生する。不注意による単純なミスから、構造的な、あるいは人為的なミスまで、新米警察官から幹部までミスを犯す。私自身を振り返っても、仕事上でも個人的にも、在職中に多くのミスを犯してきた。

つまり、警察はけっして誤りのない組織ではない。警察官も生身の人間なのであり、組織全体が欲望に取り憑《つ》かれたような裏金問題が、それをなによりはっきりと証明している。にもかかわらず、大多数の人たちは、ひどく安易に警察を信用してしまう。

たとえば、毎日のように報道される犯罪記事は、そのほとんどが警察の発表をもとに「サツ廻《まわ》り」の記者が書いたものだ。しかし、記事の中で犯人とされているAさんは、有罪判決が出るまでは、あくまで容疑者にすぎず、犯罪者と決まったわけではない。なのに、社会は頭からAさんを犯罪者と決めつけてしまう。「警察がそう発表したのだから、間違いない」と短絡的に思い込んでしまうのだ。

そろそろ、国民は、警察が完全無欠の組織だという考えが単なる幻想にすぎないということに気がつくべき時期に来ているのではないか。

先に述べたとおり、日本人が無条件に警察を信じてしまう背景には、日本人特有の「お上《かみ》意識」が働いていると思う。

明治から昭和にいたるまで、お役人は概して優秀でモラルも高く、日本人のお上への崇拝とも呼べる絶対的信頼が醸成されたことは、ごく自然なことだったかもしれない。ところが戦後も三〇年を過ぎたあたりから、どんどん様子がおかしくなりはじめ、国民を食い物にしたり、利権を貪《むさぼ》り私腹を肥やす不届者がたくさん出てきて、お役所はそれぞれ問題を抱えている。なのに、国民は「お上意識」のせいか、そうした官僚の堕落になかなか敏感に反応していないのではないか。

そのうえ警察は、日本で最大、最強の捜査機関である。国民は何かあったら、警察に助けを求めるしか選択肢はない。だから、国民は警察が頼りないとか、信用がおけないとかいったマイナスイメージを無意識的に排除してしまうのである。

つまり、警察の無謬性は、そうした国民の「信頼できる警察であってほしい」という願望や崇拝の上に、あぐらをかいた形で成り立っている。それこそが、警察の驕《おご》りの温床であり、何かミスがあったとき、それを必死で隠そうとする。隠蔽《いんぺい》体質を生み出していく大きな要因となっているのだ。

たとえば、警察官が不祥事を起こした場合、警察の態度は常に変わらない。あくまでも、個人の犯罪として組織の関与をぜったいに認めないのである。また、警察官の犯罪の原因は個人の資質にあるとして、その要因が組織にある可能性すらも完全否定する。稲葉事件もさまざまな裏金疑惑もすべて、この手法で警察は押し通してきた。

もし、これが一般企業だったらどうなるか？　ミスが発覚した企業のトップが「その責任はあくまで担当者にある」と突っぱね、組織の関与を否定し続けていたら、必ず社会の指弾を浴び、消費者の信頼を失い、下手をすれば倒産の憂き目をみるだろう。事実、その例は多い。

だが、警察に倒産はない。だからこそ、警察上層部は社会や国民からどんなに非難を浴びようとも、組織を守ることに全力を傾注するのだ。

彼らはそのためには平気でウソをつく。ウソがつけないときは「ノーコメント」で押し通す。今回の裏金疑惑でも、道議会で「署長時代に餞別を受け取ったことがあるか」と質問された道警の幹部は「個別の問題にはお答えを控えさせていただきたい」と答えていた。私から見れば、その答えは「もらっていました」と言っているとしか聞こえない。

私は道警上層部の人たちをよく知っている。いずれも、個人としては立派な人物で、責任感もある人ばかりだ。なのに、彼らはそろってウソをついた。その理由は彼らが「道警」という仮面をかぶっているからなのだ。議会や記者会見という舞台で、彼らは仮面をかぶり、必死で演技をしてみせたのである。

彼らはすべてを承知し、組織のためと自らを納得させ、仮面をかぶることで、良心の呵《か》責《しゃく》から逃れている。この私にしても、もし、彼らと同じ立場にいたら、同様に振る舞ったことだろう。

しかし、時代は大きく変化しているのだ。そしてよく考えてほしい。

元来、組織それ自体に良心など存在するはずがないのだ。存在するのは個人の良心の集合体であり、それこそが組織の良心なのである。そして、個人の良心が失われたとき、そこに残るのは、虚《うつ》ろで亡霊のような形骸化《けいがいか》した組織でしかないのだ。

警察の検挙率はほんとうか

警察署長は、自署の実績が気になるらしい。らしいというのは、警察署長時代の私はその数字をあまり信用していなかったからだ。とりわけ検挙率というのが怪しい。

たとえば、「七月中のA警察署の泥棒の検挙率」という表現を聞けば、読者はA警察署管内の泥棒を七月中にどのくらい検挙したか、という数字だと思うだろう。ところが、これが違うのだ。

検挙率は、分母にA署管内の七月中の発生件数、分子に検挙件数掛ける一〇〇である。ところが分子の検挙件数は無限大である。何年前の事件でも、日本全国どこで発生した事件でもかまわないのだ。その結果、検挙率二〇〇%などと、わけのわからない数字がしばしば出てくることになる。

警察の犯罪統計は犯罪統計原票制度により全国一律、同じ基準で原票が作成されている。犯罪が発生したときに「発生原票」が、検挙したときに「検挙原票」と「被疑者原票」がそのつど作られる。それを毎月取りまとめ、警察本部に送付するのである。

事件の中で最も市民の日常生活に関係のあるのは泥棒である。発生件数も多い。では警察はどのくらい検挙できるのか。署長をやっていると毎日、留置場を巡視する。〃お客さん〃がどのくらい入っているかを見れば、刑事の仕事ぶりがわかるのだ。私の感覚では、一〇件発生して一件検挙できれば、刑事はよく働いているほうである。

ここに私が署長だった札幌西警察署での幹部会議の記録がある。その年の上半期の刑事部統計について、私が、

「統計原票の数字を見て、喜んでいるとしたらとんでもない話だ。刑事が寝ないで仕事をしても検挙率は三〇％程度のものだ。こんなことで刑事の実務能力が向上するはずがない。日本の警察は優秀だといわれるが、優秀なのは（捜査ではなく）原票操作ではないのか」

と、数字のマジックを皮肉っている。

このような発言の背景には、現場で統計原票の操作が行われているという事実がある。聞いた話だが、ある警察署では、未解決事件で将来検挙できる見込みのない事件を検挙したことにしたり、逮捕勾留《こうりゅう》中の被疑者の事件に関係のない事件を上乗せしたり、発生原票を計上しなかったり、余罪の多い被疑者の事件では、すぐに数字を計上せず、小出しにしていくなど、じつにさまざまなやり方で、統計原票を操作し、なんとか、数字合わせをするようにしていたという。これは、ほとんど捏造《ねつぞう》である。

では、正直に数字を出すとどうなるのか？

現場の所属長時代の私は、刑事課長などの責任者に数字は裸で出すように指示していた。ところが、そのとおりにした刑事課長は、警察本部の主管課の幹部から、注意を受けることになってしまった。署長と主管課の板挟みになった刑事課長は頭を抱えるしかないのだ。要するに本部がそれとなく、数字のアップを要求してくるのだ。

しかし、そんなことまでしても、検挙率はいっこうに上がらないという現実がある。

ここに、国会に提出された〇二年度の全国警察署の検挙率の一覧表がある。最高が八三八・五％、最低が五％である。北海道の警察署は札幌北七・八％、札幌白石八・〇％、札幌東八・六％、札幌南一〇・五％、函館中央一一・九％、苫小牧一一・九％、帯広一三・三％、旭川中央一四・八％、札幌豊平《とよひら》一五・一％などとなっている。

これを見てもわかるとおり、道警の都市部の主要な警察署は、刑事事件が一〇件発生しても二件も検挙できないのだ。また、市民が最も不安な住宅侵入窃盗の検挙率は、全国二七・四％、北海道は一六・〇％になっている。おそらくこれがいまの警察の実力だろう。

それもあってか、最近は、道警本部のホームページに検挙率は表示されなくなってしまった。

私は警察にとって大切なのは、見せかけの数字を出すことに精を出すより、いかに、時代とともに警察の仕事が難しくなっているかを、具体的に説明することだと思っている。警察はけっして万能ではないのだ。それをあたかも万能であるかのごとく装うから、そのしわ寄せが現場に行くことになるのだ。検挙率等の問題については、小林道雄氏の論文

「警察腐敗の根源はどこにあるのか」に詳しい(『世界』二〇〇五年三月号)。

警察の力は低下したのか

読者の中には犯人の検挙率が、一ケタだという事実を聞かされて、信じられないと思う人もいるだろう。この数字は何を物語るのか。

統計原票が正しく作られるようになったからか、あるいは警察の捜査が難しくなったのか、それとも警察の捜査力が低下したのか。いずれもその原因であろう。

捜査力の低下について思い当たることがある。それは、外勤警察官(地域警察官、交番勤務員)の捜査の力を低下させる施策があったからだ。六五年に警察庁から「外勤警察官職務範囲の基準」なる通達が、全国の都道府県警察に示された。それを受けて、北海道警察も全道の警察署に指示した。

私が外勤警察官だった時代は、外勤警察官は刑事などの専務警察官に対抗意識を持っていた。なんとかして、「いい泥棒」(悪質な泥棒の意)を捕まえたいと思っていた。

だからときには、制服の上にジャンパーなどを羽織り、「密行」と称して警らをした。質屋や古物商を回り、盗まれた物がないか立ち入り調査をしたし、情報を取るため協力してくれそうな住民とも仲良くした。なんとしても、泥棒を捕まえたい、との気持ちが強かったのである。幹部には泥棒をつかまえない奴はネズミをとらないネコと同じだと尻をたたかれたものだ。もちろん、捜査書類や供述調書も書けるように努力していた。

あるとき、泥棒を交番で緊急逮捕し、逮捕状の請求をするため、刑事当直の幹部のところへ連行した。ところが、書類がなっていないと、犯人の頭越しに投げ返された。頭から捜査書類を書き直すことになった。こうした経験を経たせいで、私はあらゆる書類が書けるように、先輩の書類を盗むようにして書き写し、必死で勉強した。

ところが、六五年の警察庁通達はこうした現場の外勤警察官の活動とその意欲に制限を加えるものであった。「外勤警察官は、事件や事故については初期的、初動的な措置に限って対応し、その後は、刑事などの専務警察官がやるべき」であるとしたのである。

いかにも、現場の実態をよく知らないキャリアの考えそうなことである。それでなくとも、警察内部には、外勤警察（現在は地域警察つまり交番勤務の警察官）を専務警察（警備・公安や刑事等）の下に見る風潮がある。この施策のおかげで、外勤警察が専務警察の下請け的存在になってしまったのである。

九五年になって、この通達が現場の実情に合わないと気がついた警察庁は、外勤警察官を地域警察官と改め、地域警察官の実務能力を向上させるため、事件・事故等の処理範囲を拡大したが、三〇年間も続いた制度によって、警察官の実務能力は低下の一途をたどることになってしまった。

私は、署長時代に地域警察官を刑事に任用したことが何回もある。一度留置場勤務を一定期間体験させ、それぞれの希望と適性に応じて各課に登用したのである。しかし、刑事の幹部からは、「すべて一から教えないと使えない」とよく文句がきた。かつての警察官は、制服を私服に取り替えただけで、刑事としての一通りのことはこなせる力を備えていたのに、大きな落差が生まれてしまったのだ。これは、たいへんに深刻なことだ。地域警察官は警察署の約六〇％を占めている。市民と直接に接する交番で勤務しているのが彼らであり、彼らの実務能力の低下が、警察全体の力の低下につながっているのだ。

三〇年以上も続いた制度でいったん低下したものを元に戻すことは難しい。六五年に行われた施策は、警察庁の最大の失敗策だったと言わざるを得ない。

拡大するばかりの警察官の権限

警察の犯罪捜査を取り巻く環境は、年々厳しくなる一方だ。都市化や国際化を背景として、国民意識は変化し、犯罪自体も手口が巧妙になりハイテク化するなど質的な変化を遂げている。

しかも、先ほど見てきたように警察内部では、捜査能力の弱体化が進んでいる。それを補うためなのか、最近、国民の目に触れないところで、警察官の権限の拡大が密《ひそ》かに図られているように見える。

たとえば、最近では携帯電話を使った犯罪が急増しているが、こうした犯罪の捜査には、当然、携帯の使用者、発着信の履歴を調べる必要が出てくる。発信記録を調べるのは簡単だ。裁判官の令状はすぐ取れる。番号さえわかれば、捜査関係事項照会書（任意）で使用者が判明し、その発信記録は警察の手に渡る。

しかし、この手法がほんとうに捜査だけに限定され、必要最小限の形で行われているのかどうかはまったく判然としない。真相は闇《やみ》の中なのだ。

最近、普及が目覚ましいNシステム（自動車ナンバー自動読み取り装置）も、国民のプライバシー侵害の観点からは、疑問の残るシステムだ。

Nシステムは犯罪捜査のため、ある地点のすべての交通車両の通過時刻とナンバーを、撮影記録する装置である。捜査上必要な車のナンバーを打ち込んでおけば、たちどころにその動きがわかるのだ。Nシステムは全国七〇〇ヵ所以上に設置され、いわば公道上の監視システムとして機能している。このため、捜査には頻繁に使われ、近頃の刑事は机に座ってパソコンを打っている時間のほうが長くなっているそうだ。

今後、装置がより小型化すれば、いたるところに移動Nシステムが出現するだろう。いわばロボット刑事の誕生であり、必然的に足を使って情報を取り、取り調べによって真相を解明していく刑事は姿を消していくことになる。

だが、Nシステムもまた、使い方ひとつで国民のプライバシーを暴く道具となる。警察はNシステムを設置できる法律上の根拠として、警察法二条を挙げているが、これは警察の任務を定めた組織法だ。国民のプライバシー侵害のおそれがある警察の権限を認めるのなら、より明確な法律的根拠が必要ではないか。

最近、コンビニの店舗や、銀行などの金融機関、盛り場の街頭など、いたるところに設置されるようになった防犯カメラについても、同様のことが言える。

防犯カメラが、設置者が自らの営業を守る、防犯のためだけに使われているのなら問題はない。しかし、警察がそのビデオを借り出して捜査に使うことはどうなのか？

最近奈良県で発生した女児誘拐殺人事件でも、捜査にコンビニの防犯ビデオが使われたと聞いている。

コンビニ強盗の急増に従い、防犯ビデオが警察の捜査に使われる機会は増えているが、コンビニを利用するお客さんが、無条件にビデオ使用を承諾しているとは、とうてい思えない。

安易にビデオを使用した捜査が行われていないか？　それは必要最小限に行われているのか？　捜査に協力するという名目で、事実上、国民の人権が侵害されているのではないか？　数々の疑問が残るのだ。

会計課は闇の世界

警察官は会計経理に疎い。

警察本部の各課、警察署でも、会計経理は、会計担当の事務官に任せっぱなしである。

タテマエ上は、予算の要求は警察署から方面本部会計課を経て、道警本部会計課に請求することになっているが、私の署長、防犯部長、方面本部長の体験を通じて、予算の内示、追加要求、旅費、捜査費の支出などいっさいの会計経理に決裁をしたことは一度もない。

唯一、会計に接したのは、国の会計検査と北海道の監査委員による監査のときだけである。

警察組織は警察官たちの世界であり、会計などの事務を担当する事務官の数は、警察官に比べれば圧倒的に少ない。その少数の事務官が、あらゆる予算の要求から執行まで、すべてをほとんど独断で行い、警察官が介入することを嫌う。

事務官の最高ポストは、道警本部の会計課長だが、これは警察庁から出向してきた人間のポストだ。地元の事務官の最高ポストは施設課長である。

そして、彼らの生きる道は、裏金の世界で実権を握ることなのだ。事務官の世界では、優秀な者は会計畑を歩き、それ以外の者は厚生畑、施設畑などに回される。会計課の事務官は、警察官が支配する警察社会で、事実上、裏金を支配することで、自らの実権を確保しているのだ。

彼らは警察の生命線を握っていると自負し、プライドも高い。そのプライドこそが、警察が長い間、闇の世界を維持してきた原動力なのだ。彼らはけっして、警察官が予算、経理に精通することを望まない。彼らは、もし、予算が正規の手続きで執行されるようになったら、自分たちが単なる〝事務屋〟に成り下がることを知り抜いているのだ。今回の一連の裏金問題の発端となった旭川中央署では、長い間続いてきた、署長と事務官の絶妙のバランスを崩す何かがあったのだ。


話を戻そう。「私の裏金実録」の章で触れたが、私は道警本部と方面本部の会計課に裏金の大金庫があったのは、ほぼ間違いないと睨《にら》んでいる。

ただし、会計課には自ら大金庫を満たすだけの能力はない。いったい、会計課はどこから大金を集めてくるのか？

その対象となるのは、予算規模の比較的大きな所属部署だ。捜査費、捜査用報償費、旅費などの予算が潤沢で、それを現金化する能力のある所属部署、人員の多い所属部署である。

なぜなら、予算規模の小さな警察署に予算を追加内示しても、人が少ないから予算の消化ができない。無理に消化しようとすれば、不自然になるからだ。たとえば、静岡県警の不正疑惑が発覚したのは、総務課の一職員が、ひと月に異常な数のカラ出張を繰り返していたためだった。

会計課が、予算が潤沢な部署からどれほどの額をバックさせていたかは、定かではない。一説には一五〜二五%とも言われている。ちなみに福岡県警は裏金疑惑が浮上した際、県警本部長が県議会に対して、

「会計課が基本経費という名目で各課から捜査用報償費を吸い上げ、本部長経費として二四〇〇万円使った」

と認めている。私は北海道警察でも、同じような名目で会計課が各課から予算のピンハネをしていたのは間違いないと思っている。

私は、裏金構造の頂点に君臨する警察庁内部にも、日銀のような超大型地下金庫があったと考えている。

全国都道府県に置かれた大型金庫から、警察庁の超大型金庫に現金が移されるだろうことは、容易に想像できることであり、そのために警察庁は道警の会計課長ポストを警察庁からの出向者で押さえているのだ。裏金問題が全国各地で噴出したとき、警察庁や国家公安委員会が原因追及に消極的だった理由も、また、そこにあると思われる。つまり、裏金

を徹底的に追及されることで、警察庁内にある超大型金庫の実態が明るみに出ることを恐れたのである。

そうでなければ、会計検査院の検査の際に、警察庁長官官房会計課がわざわざ係官を各都道府県警察に派遣し、微に入り細をうがち介入する必要などないではないか。係官はけっして、検査の手助けに親切心でやってきたわけではなく、その正反対の理由、真実を隠蔽するためにやってきているのだ。

もうひとつ、私の言っていることを裏付けている事実がある。

一九九六年五月、警視庁赤坂署のカラ参考人日当疑惑の後、長崎県警、愛知県警、熊本県警などでカラ出張が相次いで発覚したが、二〇〇〇年七月の警察刷新会議の緊急提言を受ける形で全国総務・警務部長会議ならびに全国本部長会議が開かれた。その席上、警察庁長官をはじめ、警察庁の幹部が、都道府県警察の上層部に対して、

「警察全体のカネの使い方を根本的に改革していかなければ、組織がもたない」

としたうえで、次のような指示を出しているのだ。

〈もう、捜査費を財源にはできない〉

〈旅費を個人口座に振り込み、財源処理をしているところがある〉

〈運営費（本部長経費）は廃止する〉

こうした指示こそ、本部長経費が全国の都道府県警察に存在していたこと、警察庁が裏金に深く関与していることを如実に表しているのではないか。

私はただ想像でものを言っているのではない。具体的に証拠を示そう。

ここに、警察庁が各都道府県警察の裏金に、深く関与していることをうかがわせる文書がある。「ブロック別監査官室長等会議」と題する文書だ。

警察庁主催の形で行われるブロック別会議は、たとえば、北海道では北海道・東北ブロック会議として開かれ、同様の会議が地域別で順次、全国で開催される仕組みになっている。

この文書の会議出席者は、主催者側が、警察庁の長官官房会計課の企画官、理事官、監査室長、課長補佐、参加者は四国、中国の各県の会計課の監察官という顔ぶれである。

手元にある文書の作成者は不明だが、内容から見て警察庁が主催した四国・中国ブロック別監査官会議のメモに間違いない。二〇〇〇年七月から〇一年四月までの間に作成されたこのメモは、情報公開制度や市民オンブズマンの活動に触れ、「警察の不正経理が明るみに出ると組織として相当のダメージを受けるので、捜査費の仕組みを根本的に見直さなければならない」との現状認識を示している。

そのうえで、時代が変わり、もう捜査費を（裏金の）財源にできなくなっていることや、旅費を個人口座に振り込み、財源処理（裏金化）している運営費（会計課が各所属から上納させる本部長経費）の廃止、などの点にも触れているのだ。さらに、メモには、この会議と同じ内容を、「この年の全国本部長会議と全国警務部長・総務部長会議でも説明した」とも書かれている。

つまり、はっきりと裏金システムの存在を認めたうえでのメモ書きなのであり、この文書は、警察庁が裏金システムを熟知していたことの証《あかし》なのだ。

もっとも、このメモで「時代が変わった」と指摘されながら、警察の裏金システムはその後も続いていたのである。次々と裏金事件が発覚することで、警察刷新会議による「警察刷新に関する緊急提言」が何ひとつ生かされていないことが明らかになった。

もうひとつの闇組織「警備・公安警察」

警察組織には、もうひとつ巨大な闇の組織がある。警備・公安警察である。この世界だけは、警察内部に長年いた者でも垣間《かいま》見ることさえできない。ちなみに、北海道警察の警備部門の組織は次のとおりである。警備部長と公安一課長のポストはキャリアである。

公安一課は、共産党・新左翼などの視察取り締まり、公安二課は右翼の視察取り締まり、公安三課は革マルなど過激派の視察取り締まり、外事課はスパイや外国人の取り締まりをそれぞれ担当することになっている。機動隊は、デモや災害時に部隊として出動する。

警備・公安部門の組織の実態は、警察部内でも秘匿され、警備部各課や機動隊の人数は、部内でも一部の人事担当者のみが承知しているだけで秘密事項だ。組織内容や体制は、外部に明らかにされることはない。

警察官でも警備部各課への出入りは課員以外、一定のところから先は立ち入れない。公安一課の作業班の前線基地が通称「琴似《ことに》庁舎」にあったが、その出入り口には看板などはなく、完全に秘匿されていた。東西冷戦が終結し、国内でも五五年体制が終息した。いま、日本人で暴力的な共産主義革命が起こると考えている人はいないだろう。

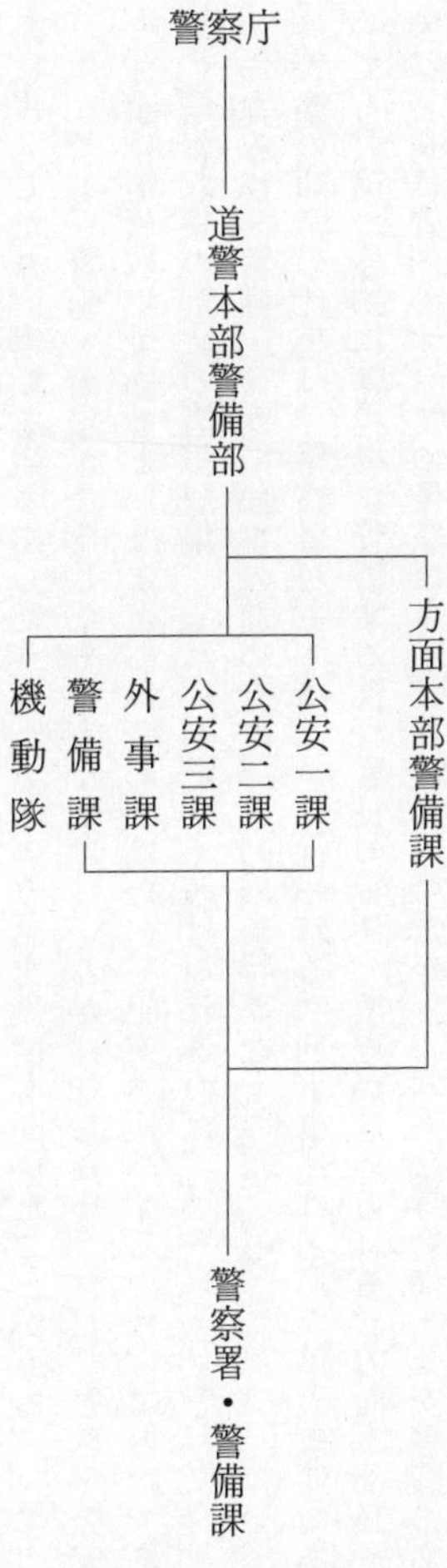

しかし、その実態は依然として、共産党を担当する公安一課が中心であった。かつて、私が警務課で組織改革のため警備部門の人員削減を検討したことがある。しかし、すぐに、警察庁から横槍《よこやり》が入り潰《つぶ》されてしまった。組織は、完全に硬直化しているが、その内部にいる人間はその勢力堅持に必死なのである。
私は、警備・公安警察の将来は、外事警察の強化にあると思っている。たとえば、問題となっている拉致《らち》事件に言及しよう。
一九七七年ごろから全国各地で発生した北朝鮮工作員による日本人拉致事件は、本来こうした犯罪を取り締まり検挙する外事警察の仕事である。しかし、日本の外事警察は、じつに無能だったのである。外国の犯罪行為は、多くの善良な国民の運命を変え命をも奪ったのだ。警察はいったい何をやっていたのだと批判されても仕方がないだろう。

警備・公安部門の警察官も刑事事件の捜査をすることはできる。しかし、彼らの最大の仕事は、スパイ（協力者）の獲得工作であり、そこからの情報収集である。たとえば、取り締まり対象の政党、青年団体、労働組合や、それと関連のある人物を協力者に獲得し、その人物から情報を入手するのだ。

古い話になってしまうが、八六年に神奈川県で発覚した共産党幹部宅の盗聴事件を記憶に留《とど》めている方も多いだろう。東京地検特捜部は神奈川県警の公安一課の警察官を取り調べ、盗聴にかかわったとしたが、結局、起訴猶予処分にした。その後の民事事件では、東京高裁は県警本部長以下の幹部五人と実行犯四人の関与を認めている。

この例が示すように、警備・公安警察は、情報収集活動においては非合法な手段を取ることも辞さない。私自身、警備・公安警察の経験者から「情報収集のために密かに他人の家に侵入したり、書類を盗み出したりした」という話を幾度も聞いたことがある。

現在でも、警備・公安がこうしたやり方を続けているかは知らない。ただ、警備・公安の仕事は情報収集であるということには変わりはない。犯人を検挙するのは、二の次であり、情報収集のための情報収集、それが際限なく続けられるのだ。

ちなみに、警備・公安の仕事の進め方は、きわめて特異なものだ。

警察の通常の仕事は、警察署が主体になって行われる。刑事事件はどんな重大事件であっても、第一義的には現場を管轄する警察署長の責任で捜査が進められる。方面本部長や警察署長は管内のすべての警察事象に責任があるのだから、本来なら警備・公安警察であっても同様のはずだが、実態は違っている。皇族などの警衛、政府の要人警護、重要施設の警備など、大量の警察官を動員するような表向きに公になる仕事以外は、彼らが日常の仕事で何をしているかは、いっさい、方面本部長や署長に報告されることはないのである。彼らの協力者獲得工作は、警察署警備課員↓方面本部警備課↓道警本部警備部関係各課↓警察庁というタテのラインで進められ、獲得工作の内容は、現場の長である警察署長の耳にすら入らないようになっているのだ。とくに、私のように警備・公安部門の勤務経歴のない方面本部長や警察署長は、アンチ警備・公安とみなされ、徹底的に敬遠されることになる。

警備・公安部門は、どうして、このような仕事の進め方ができるのか。

それは、警備・公安部門の警察官は、他部門の警察官に比べて幹部に昇任する者が多いからである。警察署長に、警備・公安部門の出身者が多ければ、別ルートで仕事を進めても文句を言う署長は必然的に少なくなる。おそらく、地方の警視正以上に昇任した幹部の中では、警備・公安部門出身者がもっとも多いのではないか。

そのため、警備・公安部門は、まず優秀だと思われる者を優先的に登用する。その優秀さは、警察組織に無条件で忠誠を誓える人間かどうかで決められる。彼らは、刑事を〝泥ケイ〟といって内心さげすんでいる。泥棒の一人や二人を捕まえたとしても、国の安全とはなんの関係もない。自分たちは、国家の安全を守っている、という自負が彼らにはあるのだ。しかし彼らは事件の検挙に必要な実務能力という点では明らかにレベルが低い。

警備課には、国費の捜査費予算が配分されている。しかし、彼らはいつ、協力者を獲得できるのか見通しもないままに、延々と捜査員と捜査費を使っているのだ。いや、使っていたことになっていると、言ったほうがいいのかもしれない。その実態が、まったくわからないからである。

釧路方面本部長時代に、警備課長に対して、日常の仕事の報告をするように指示した。何回も督促してようやく来た報告は形式的で内容のないものだった。おそらく、警備課長は、道警本部警備部の指示を受け、差し支えのない範囲で私に報告したのだろう。もうすぐ、私は退職になる身だ。その後に警備・公安の経験のある本部長が来れば、報告などしなくても、なんの問題もないと思ったのであろう。事実、私の後任者は警備・公安出身エリートであった。かくして、警備・公安で何が行われているかは、方面本部長である私でさえ、まったく、内容を把握することができないままだったのである。

警備・公安の裏金

以上のことからもわかるように、警備・公安部門は、警察組織の中でも、もっとも、そのガードが堅い。構成員は、優秀でかつ結束が固く、刑事部門や生活安全部門に比べて秘密保持能力も高い。警察にとって、最後まで「裏金システム」を温存できるのは、この組織しかないのだ。しかも、その予算額は他部門に比べて多い。

警備・公安部門の勤務経験のない私には、残念ながら、この部門の裏金がどのように作られて、また使われるのか詳細はわからない。ただし、人事を担当していた警務課長時代に警務部長とともに飲食やゴルフの接待を受けたことがあったし、異動に際して警備・公安部門の所属長などから、餞別を受け取ったこともある。その事実からすると、他の部門とほとんど違いがなかったのではないか。

私が裏金告発を行ったあと、私の元には、道警の警備部門の何人ものOBから内部告発が寄せられている。そのひとつを紹介しよう。

〈私は数年前に道警を退職したOBです。私は長年、警備警察で仕事をしていました。警備警察でも裏金作りが行われていましたが、大半は所属長が自由に使っていました。私たちが協力者を獲得する作業では、たしかに上部から金が渡されていました。しかし、それは正規の会計手続きによるものではなく、いわゆる〝つかみ金〟でした。

相手と接触して酒を飲み、あともう一歩といったところまで迫ったときに、二次会まで行けばなんとかなりそうだと思っても、そのあとは自腹を切ることになりました。実績を上げるためにはそうしなければ仕方なかったのです。毎月の小遣いなど、すぐなくなってしまい、女房に小言を言われながら仕事をしたものでした。こうした苦労は最高幹部は知らないでしょうね〉

ちなみに、警備・公安警察の予算は基本的に国費で、過去、一度たりとも一般に公表されたことはない。

私の手元には千葉県警の資料があるが、これによると、千葉県警の〇三年度の捜査三課の捜査費予算は、国費三一七万円と県費三七〇万円を合わせても六八七万円である。捜査三課は、刑法犯で最も多い泥棒を捜査する課である。つまり、県民の日常生活に密着した犯罪を捜査している部署である。ところが、公安一課の捜査費予算は国費のみだが一一六八万円と、捜査三課の約二倍の予算を取っている。国費だけで見ると、じつに三・六倍にもなっているのだ。この資料を入手した千葉県市民オンブズマン連絡会議は、警備部の予算が突出しているのは、はたして千葉県だけなのかと大きな疑問を呈したが、これは、税金を支払っている者が持つ当然の疑問だろう。

その意味からしても、道警をめぐる裏金疑惑の最大の特徴は、警備・公安の鉄壁だったはずの裏金システムにほころびが生じたことだろう。

斎藤邦雄氏の告発によって、弟子屈《てしかが》警察署では警備・公安関係の固定協力者をデッチ上げ、毎年四二万円の裏金を捻出《ねんしゅつ》していたことが発覚し、道警北見本部警備課でも、〇二年度と〇三年度に捜査費五二万円が裏金化されていた事実が報告されたのである。

当然、これは巨大な氷山の一角、しかもごくごく小さい氷塊であり、場合によっては警備課の幹部が詐欺、業務上横領、文書偽造などで刑事責任を追及されるケースもある。警備・公安の深すぎる闇の奥で、これまで、どれほど大量の裏金が消費されていたのか、国民はそれを知る権利があるはずだ。

第八章　いまだ「鉄のピラミッド」落城せず

返還をめぐり揺れる道警

二〇〇四年一二月一七日、北海道警（および公安委員会など）は、本部長以下全職員一万一〇〇〇人のうち約三〇〇〇人の処分を発表した。

もっとも重い処分は停職一ヵ月、減給は前・道警本部長を含む八六人、ほかは口頭注意などである。芦刈道警本部長は国家公安委員会訓戒であった。これが重いか軽いか、公正な処分なのか。そもそも、不十分な調査結果に基づく処分である。公正かどうかそれ以前の問題でもある。

道警は処分の直後の〇四年暮れに、道費分の二億五六〇〇万円を道に返還した。これは明らかに返還と処分を行うことによって、事件の幕引きを急ごうとしたものである。同じころ足並みをそろえたように福岡県警でも、同じ裏金問題で五二人を処分し二億一〇〇〇万円を返還すると発表した（このほか静岡県警も二三〇〇万円を返還した）。北と南の警察が歩調を合わせて幕引きを急ぐ。これは明らかに警察庁主導による動きである。

だが、この返還は明らかにまやかし以外のなにものでもない。

なぜならば、そもそも返還とは、道警が北海道に与えた損害額を返すことである。したがってその額は、被害者である道の監査委員の確認監査を経てはじめてその額が決定されるのである。それをデタラメな内部調査によって二億五六〇〇万円を慌てて返したといってとおるわけがない。一〇〇〇万円盗んだ泥棒が、いやじつは盗んだのは五〇〇万円だったとウソをついて自首してきたのに等しい。

その後さらにそのデタラメぶりが明らかになる。翌〇五年の二月一〇日、道警は監査委員に裏金が新たに三四〇万円判明したと報告したのである。〇四年の中間報告でも裏金額を一四億円から一一億円に訂正していることを考えると「内部調査」がいかにデタラメであるか、雄弁に物語っている。

ちゃんちゃらおかしい調査報告であり、お手盛り処分なのである。

裏金はもともと公金すなわち税金である。これをネコババして私的に使い込んでいたのである。一般に、本来受け取ってはならないおカネを得、しかも税務報告しなければ、それは脱税行為にあたり法により裁かれるはずである。

しかも道警が道に慌てて返還した二億五六〇〇万円のカネは、その後、道警の現職、OBが負担することになる。この負担をめぐって道警の現職とOBの中で不平不満が渦巻いた。私のところには現職やOBやその家族から「納得できない」という声がずいぶん耳に入ってきた。上が下に異論を許さない組織にあっては、返還金への「協力要請」は強制に等しい。とりわけ現職がこれを拒むことは組織から排除されることになる。

組織に対する忠誠心を計る踏み絵なのだ。この返還対象は、道警の調査対象になった期間に在職したＯＢだけではなく、それ以前のＯＢも対象になった。ＯＢの団体の警友会の会長はＯＢにこう呼びかけた。

〈多くの拠出者にとっては何らの瑕疵《かし》のあるものではありません。後輩現職諸氏の負担を少しでも軽減するため、およそ三億円程度、一人二〇〇万円から一〇万円を拠出してほしい〉つまり、九七年以前の拠出の理由は、あくまでも瑕疵があってのことではなく、後輩の負担軽減なのである。そこにはわれわれＯＢが道警に遺した負の遺産であるとの認識も道民に対する謝罪の言葉もない。そのためかどうかは知らないが、こうした要請にそっぽを向いたＯＢもかなりの数に上っているようだ。

〇五年一月三〇日付の北海道新聞はこう伝えている。

〈道警裏金の返還額に格差〉〈キャリア、地元組の三割〉

道警は、警部以上に、その責任への度合いと在任期間を勘案して返還額を決めたとしていたが、報道によれば警察庁から出向したキャリア組は地方組の三割程度に抑えられていて、それは、キャリアの在任期間が短いからだという。

これはおかしい。道警は、返還金を「上に重く、下に軽く」設定したと言ったではないか。キャリアはいずれも重要なポストに就いていて、当然、責任の度合いも大きいのだ。ここにもキャリアの無責任さが顔を出している。それともこの先、警察庁の〝本丸〟まで情報公開の波が押し寄せたら、全国都道府県に異動のたびに要職に就き県庁所在地の一流料亭や高級クラブ、ゴルフ場でさんざん遊興したおカネの返還を、各自治体から求められるのを恐れているのだろうか。

結局、道警が警部以上の幹部やOBから集めた拠出金は約一二億六三〇〇万円に上った。〇五年二月に入り、道監査委員による確認監査が始まった。これまでの監査結果から見て返還額はさらに膨らむ可能性があると見られていた。

ところが、五月に道監査委員が発表した確認監査結果は意外だった。前年末に発表した特別監査では、返還対象額を道警の内部調査のそれの約二倍近い四億四九〇〇万円と認定していたが、確認監査では道警の内部調査の返還額を三七〇〇万円上回る約二億四〇〇〇万円に圧縮したのだ。

さらに、道監査委員は、国費を含む裏金約一一億円のうち「使途不明金」は約三億九〇〇〇万円に上ったが、刑事罰につながる私的流用は認められなかったと報告した。

この確認監査結果については、マスコミや多くの道民が道警の疑惑は晴れないと批判したものの、強制権限のない監査委員としてはこれが限界だとする見方もあった。

高橋はるみ知事は監査委員の確認監査を「日本一の監査」と絶賛し確認監査結果を了承し、道警本部長も三七〇〇万円を「早急に返還する」と表明、公安委員会もその方針を了承した。

あとは道議会が調査権限の強い百条委員会を設けて真相を明らかにすることに期待が集まったが、最大与党自民党・道民会議などがそれまで五度にわたってこれを否決していたことからそれも難しいと思われた。

会計検査院は、〇五年六月に道警の内部調査による国費の返還額の妥当性を検証するため道警の実地検査を行ったが、返還額が事務的なミスで四七一万円不足していると指摘しただけで、道警の内部調査結果を妥当と判断した。

結局、道警は〇五年一一月までに国と道に総額で約九億六二七二万円を返還した。国費の返還額は会計検査院から指摘された国への返還額の不足分約五九九万円（利息を含む）を加えた約六億五六八一万円、道費は約三億五九一一万円だった。

道警は、「裏金は返せば良いんだろう」と言わんばかりに、余った拠出金の約三億円を拠出した幹部やＯＢに拠出額に応じて返還した。

改革はまやかし

道警は、〇四年一一月、最終調査結果とあわせて「適正かつ効果的な予算執行のための改善方策」を打ち出した。

それによると、監査機能等の強化、会計業務に関する教養の充実、「現場の声」を踏まえた今後の検討課題などなど、仰々しい活字が並んでいる。調査結果の結論が、「裏金システム」は現場が勝手にやったことで道警本部や会計課の与り知らないことにしたのだから、当然こうした対策にならざるを得ない。

私は、監査の強化では根本的な解決にはならないと思う。捜査費や旅費は現場が仕事をするために必要な経費である。そうであれば、まず第一にこうした経費をどうしたら現場の警察官が使いやすくなるのかを考えるべきである。つまり「捜査協力者」とは誰か、謝礼を支払うべき協力は、どのようなケースで、その金額の基準はどのくらいかなどを明確にするべきなのだ。そのうえで、部署ごとの予算配分額を部内で明示し、幹部会議などの場で各課のおおよその使用可能額を決定するなどその透明化を図ることが必要だ。さらに、捜査費等の使用手続きを簡素化したうえで、現場の警察官の捜査費等を扱う際の責任を明確にすべきだろう。

繰り返すが、協力者の組織的管理と捜査費の運用をリンクするシステムが必要なのである。

そもそも、捜査費は捜査員の責任において使われるべき経費である。所属長などはその使用状況をチェックするべき立場にあるだけである。現場の警察官は未成年者でもなんでもない。もっと自らの仕事に責任と自覚を持たなければならない。

〇三年度から警察庁が鳴り物入りで導入したという捜査諸雑費（三〇〇〇円）も実態とは合わない。これでは、まるで小学生の小遣いだ。私は、協力者の運用を専門的に行う捜査員には民間の会社の営業社員のように待遇面で配慮すべきではないかと思う。たとえば刑事手当のようなものである。そのかわりそれなりの成果も求める。それをどのように使うかは捜査員に任せるが、実績がなければ支給しないか別の仕事をやらせればよい。

『明るい警察を実現する全国ネットワーク』の設立

私は、内部告発に当たり、予想されるバッシングや警察の圧力からどうして自分や家族を守るか、とても悩み、それが原因で実名での告白を躊躇《ちゅうちょ》した。このことは第一章で述べたとおりだが、たしかに、警察内部でなんらかの組織的な不正や異常な事態があった場合、一般に知らせたくても、いったいどうすればいいのか相談するところがない。

私の場合は幸い市川守弘弁護士と出会えたので何とか切り抜けることができたが、こうした手続きに明るい人がどこにでもいるわけではない。また、一連の問題を通じて、警察官の自殺が多いことに気がついた。

二〇〇四年までの一〇年間で全国の警察でなんと三三一人もの自殺者を出している。本書でふれた、「稲葉事件」でも一人、「裏金問題」で一人、自らその命を絶っている。自殺者の多い職場は明るいとはいえない。暗い職場ではよい仕事はできない。そんな思いで〇四年一〇月に市民オンブズマンの弁護士の方々のご協力で『明るい警察を実現する全国ネットワーク』を設立した。現在は、北海道、宮城、栃木、東京、愛知、大阪、愛媛、福岡に拠点を置きそれぞれ守秘義務のある弁護士が対応する体制を整えることが出来た。

すでに高知県警の元警部・片岡壮起氏が部下の贈収賄事件に巻き込まれて諭旨免職処分を受けた事件の辞職承認・停職六ヵ月の処分取消し控訴審への支援をしている。〇五年一月二〇日に実名告発した愛媛県警の現職巡査部長・仙波敏郎氏への支援も始めた。また、

ＯＢからの内部告発や一般の市民の方からの参加申し込み、私への講演依頼なども相次いだ。

私は、今後も、警察官の超過勤務手当の支給実態など処遇の面の実態を調査したいと思っている。これからもこうした活動を続けて行くと同時に、各地の市民オンブズマンの大会などに参加して警察や警察官の仕事の実態を訴えていきたいと思う。警察の裏金問題が、一過性の警察バッシングで終わってしまっては、警察が内部から改革されることは期待できないからである。

チェック機能不全は続く

読者の皆さんは、こうした警察の裏金システムが、どうして長年にわたり発覚しなかったのか不思議に思われるだろう。その最大の要因は、警察組織がもっている隠蔽体質など警察のさまざまな内部の体質や組織の論理にあることをだいぶお分かりになっていただけたと思う。

しかし、それだけではない。警察という強大な権力機関をチェックするべきものが本来の役割を果たしていなかったことにも警察の専横を許した大きな原因がある。

北海道議会は、〇四年末の議会で、警察の内部調査の最終結果と監査委員による監査結果の報告を受けながら、与党自民党・道民会議等の反対で百条委員会の設置を否決した。

私は、百条委員会が否決されたことは、しょせん議会は数の世界だから、ある意味ではやむを得ないことだと考えている。しかし、議会は、道警をもっと追及できる場面があったと思う。議員の質問を聞いていてもいかにも生ぬるい。もちろん議員は、捜査官ではない。〝疑惑〟や〝犯罪〟追及の技術を持っていないこともわかる。私が心配しているのは、そんなことではなく、議会での質問が生ぬるかったのは、道議会のセンセイたちは、実は権力機関を追及するのが恐ろしくて腰が引けていたのではないか、ということなのだ。

おりしも道警は、裏金問題が発覚してから、民主党の選挙違反事件、北海道新聞の支社幹部の業務上横領事件、道幹部職員の贈収賄事件を立て続けに摘発した。道警は、たまたまこの時期に重なっただけだというだろう。しかし、道警を追及する側にあるマスコミ、道庁、そして議会には相当な牽制球《けんせいきゅう》になったことは間違いない。

警察を管理する公安委員会はどうか。北海道公安委員会の実情についてはすでに述べた。警察を管理するどころか警察に管理されている御用委員会であると説明した。しかし、国民の間にこれだけ警察不信の声があがり、公安委員長が数十年ぶりに議会に登場し陳謝したからには少しは変わるのかと期待していた。その期待は見事に裏切られた。道警の最終調査結果にはさまざまな問題があり、発表一〇日後には、監査委員の監査結果との食い違いが明らかになったのに、そのまま内部調査の結果を追認してしまった。

矢吹徹雄委員長は、記者会見で、「道の監査委員の今後の確認監査でも監査委員が（捜査）協力者に事情聴取することを認めないとする道警の姿勢を容認する」と発言した。これまで、旭川中央警察署や弟子屈警察署の裏金問題で、領収書に書かれた協力者が架空であったり偽名であったりした事実が明らかになっているというのに、さらには捜査員の多くが捜査協力者は架空であったと証言しているというのに、「捜査上の秘密」をタテにすることの発言である。まさに御用委員会の面目躍如といったところだ。

このように、警察という権力をチェックする機関だと法律で定められている公安委員会や、行政をチェックする言論の府が機能不全に陥っている社会は、けっして民主主義社会とは言えないだろう。

まだ広がる警察不信

警察庁は、裏金問題を地方の問題で収めようと躍起になっている。

しかし、全国市民オンブズマンの活動はよりいっそう活発になり、警察が、隠そうとすればするほど情報公開の波は津波のように警察に襲いかかる。私はいたずらに警察バッシングが続くことを望んでいるのではない。一日も早く正常化されることが、国民の安全を確保する上からも望ましいことである。

これまで述べてきたとおり、裏金問題の真相が解明されたとは言えないのである。解明されたのはそのほんの一部であり、警察庁の関与やその責任はまだ闇《やみ》の中である。裏金スキャンダルは始まったばかりなのである。しかしながら、マスコミは早々に幕引きモードに入った。警察の裏金問題は、いまだに地方の問題にとどまっている。

警察に対するチェック機能が有効にはたらかずマスコミの多くが無関心となれば、残るは国民の監視である。その牽引車《けんいんしゃ》的役割を果たすのは全国の幅広い市民オンブズマンの活動だ。全国一斉の情報公開請求やそれと並行して北海道をはじめ宮城県、滋賀県、鳥取県、高知県、愛媛県など全国各地で多くの訴訟が続けられてきた。

二〇〇五年一月、民主党北海道代表の鉢呂吉雄衆議院議員が、道警幹部七人を東京地検に業務上横領罪で告発した。裏金問題は、刑事責任を追及するのには多くの隘路《あいろ》がある。また、その結果も実態とはかけ離れた形で終わってしまい、真の責任者は不問に付されて終わってしまった。

今回の問題でも、道警本部長は告発の対象にはなっていないし、道警の内部調査の対象となった期間に道警の最高幹部であった者ですでに退職したものは告発の対象になっていない。なかには、先を見越してさっさと退職して体をかわした幹部もいる。変わり身の速さは見事というほかはない。本来は、刑事責任が時効になっていない限り現職であろうとなかろうと責任が追及されなければならない。

現に、退職した上級幹部がかつて所属長を務めた部署の多くで不適正経理が明るみに出ている。もうすでに公平さを欠いているのである。告発された現役幹部にすれば、どうして俺《おれ》たちだけなんだと思うだろう。

裏金問題をめぐって警察幹部が刑事責任を問われたのは、高知県警と道警と静岡県警の三件であるが、これからもこうした動きは広がるだろう。検察がどの程度、本気で警察の捜査をするのかはなはだ疑問ではあるが。

こうした流れのなかで、警察に対する不信感はますます広がる。

警察の裏金をめぐるスキャンダル追及は、いまようやくそのとば口にかかった。

われわれは「鉄のピラミッド」の扉をようやくこじ開けたところなのである。

文庫版あとがきに代えて　たたかう警官

北海道警察（以下 道警）で長年にわたって続いていた裏金システムについて告発記者会見を開いてから五年の歳月が流れた。

それまで裏金づくりを頑《かたく》なに否定していた道警は、予算執行調査委員会を立ち上げ、その九ヵ月後の平成一六年一一月には、私的流用や上層部の関与は否定しながらも組織的な裏金づくりを認めた。幕引きを急ぐ道警は、北海道監査委員の確認監査を経て、平成一七年六月までに約九億六〇〇〇万円の返還を終わる。この金額には約三億九〇〇〇万円もの使途不明金が含まれていた。

一説によれば、警察の裏金システムのルーツは戦前の特高警察にあるとされる。警察の裏金疑惑には、それまでも単発的に発覚してはヤミに消えていった歴史がある。この問題は昨日今日に始まったことではないのだ。裏金システムが警視庁をはじめ全国の警察に存在したであろうと考えるのはごく自然であった。

平成一六年三月四日、北海道議会総務委員会に参考人として出席した私の発言はテレビを通じて全国に流された。警察の裏金疑惑は次々と他府県に波及した。私は全国の市民オンブズマン等に招かれて、北海道は勿論《もちろん》、青森、宮城、東京、神奈川、大阪、兵庫、京都、岡山、福岡、大分、愛媛等、全国各地を回る忙しい日々を送ることになる。

道警から始まった平成一六年版の警察疑惑裏金シリーズは、平成二一年九月までくすぶり続ける。知る限りでは裏金疑惑が発覚したのは一七道府県警察、そのうち裏金づくりを認めて、県（道）や国に返還したのは、道警をはじめ静岡県警、福岡県警、愛媛県警、高知県警、宮崎県警、岩手県警、熊本県警の八道県警察、その返還額は総額約一二億四七六五万円（全国市民オンブズマン連絡会議の調査）に上った。しかし、これはまさに氷山の一角だった。

国家公安委員会と警察庁は、一連の道府県警察の裏金疑惑に関して、最後まで地方の問題であるとの姿勢を崩さず、発覚した裏金疑惑の早期幕引きと更なる拡大を防ぐために躍起となった。

こうした国の動きに呼応するように、道警を管理する北海道公安委員会は極めて問題の多い道警の内部調査結果を追認し、北海道議会与党の自民党・道民会議、公明党は七回にわたって野党提出の百条委員会設置決議案を否決、北海道監査委員は最初の勢いは何処《どこ》へやら、最後の確認監査では腰砕けし、北海道知事はその監査結果を「日本一の監査」と持ち上げた。業務上横領等の疑いで告発された道警幹部たちも誰一人として起訴されなかった。

今回も警察の裏金疑惑の真相は解明されないままに終わった。こうした結果は発覚したほかの府県警察でも同じであった。

しかし、一連の警察の裏金疑惑は警察の無謬《むびゅう》と正義の旗印は欺瞞《ぎまん》であったことを国民にはっきりと示した。そして、警察が暴走したとき、それをチェックする様々な制度が存在しながら、実際にはそれが機能しなくなっていたことも明らかになった。警察は裏金を喰《く》い物にしながらいつの間にか巨大な化け物に増殖していたのだ。

　私は平成一七年三月、裏金告発の記者会見に至った経緯、告発のきっかけの一つになった「稲葉事件」、自らが体験した道警の裏金の実態等について綴《つづ》った『警察内部告発者』（講談社）を世に出した。

　ちょうどその原稿を書いている最中だったと思う。かっての部下が「原田さんの名前が出ている。面白いから読んでみたら」と届けてくれたのが佐々木譲氏の『うたう警官』（のちに『笑う警官』に改題　角川春樹事務所）だった。こうしたタイトルの本が発売されたことは知っていたが、「うたう」は内部の不祥事等を「証言する」とか「密告する」の意味らしく、当時、かなりナーバスになっていた私は、ひょっとしたら私に対する誹謗《ひぼう》・中傷が書かれているかも知れないと考えた。読むのを躊躇《ちゅうちょ》していたのだ。

　読んでみるとそれは全くの見当違いだった。

　物語は北海道の西、日本海に浮かぶ小島にある羽幌警察署の駐在所に勤務している警察官が、「私はうたってない」と書き残してけん銃自殺するシーンから始まる。

　物語には、平成一四年七月に実際にあった道警始まって以来の不祥事といわれた稲葉事件が「郡司警部事件」として登場、そして、平成一六年二月、道警の裏金疑惑を告発した釧路方面本部長だった私が実名で登場する。『うたう警官』の初版発行は平成一六年一二月だから、物語の舞台は平成一六年二月から一二月ころまでの北海道ということになる。札幌市内の分譲マンションの一室で道警本部生活安全部防犯総務課の女性警察官が殺される。現場は道警銃器対策課のアジトだった。

道警上層部は、銃器薬物対策課の津久井卓巡査部長を犯人と断定して射殺命令を出す。それを知ったかつて津久井巡査部長と仕事をしたことのある大通警察署の刑事課盗犯係長佐伯宏一警部補が、上層部の判断に疑問を持ち極秘裏に信頼できる警察官とともに捜査を開始、殺人事件の真犯人を突き止める。

物語には、現場の捜査員が私の告発を評価している場面がある。

「釧路方面本部長だった原田さんの告発はどう思う？　あれは『うたった』ことになるか。それとも、警官としてとるべき正しい態度か」

「正しいことだと思います」

「おれも、そう思う」

町田が言った。

「現場の警官で、原田さんを悪く言うひとはいないでしょう」

津久井巡査部長は北海道議会の百条委員会で裏金疑惑等を証言することになっていた。同巡査部長は銃器対策課で郡司警部の部下でもあった。

『うたう警官』が、私の裏金告発を肯定的に受け止めてくれていることにほっとしたが、私が何よりうれしかったのは、作者佐々木氏の現場の警察官に対する暖かいまなざしであった。『うたう警官』に登場する現場の捜査員たちは、組織の厳しい監視の眼《め》を巧みに避けながら、自分たちで判断し行動する。

皮肉なことに、彼らの極秘捜査にはそれまで裏金になっていた「捜査報償費」が使われる。その捜査員のやり取りの一部だ。

「先月、前の事件の捜査報償費が出た」佐伯は財布を取り出して言った。「郡司事件以来のいい変化のひとつだな。きちんと現場にも、本来の捜査報償費が下りてくるようになった」

小島百合は、愉快そうに言った。

「きちんと領収書は書きました?」

「本名も、金額も、正確に」

「いくら?」

「二万円」

現場の警察官は、捜査報償費という予算があることすら知らなかった。捜査報償費を使って協力者を獲得する技術もなかった。裏金疑惑が発覚してから、上司から突然、「金を使え、使え」と言われても、金を渡す「捜査協力者」もいないのにとまどっている警察官も多い。

佐々木氏の作品には警察官が自ら命を断つ場面がよく登場する。彼はおそらくそんな組織は異常だと指摘しているのだろう。警察官の命を粗末にする組織が国民の命を守れるのかという素朴な疑問が湧《わ》く。

私の『警察内部告発者』は、ノンフィクションであるが、佐々木氏の『うたう警官』は小説とはいいながら、綿密な取材を基に警察が抱えている問題を見事に突いていた。一度、作者の佐々木氏に会ってみたいという思いに駆られた。

ただ、当時はまだ私に対する誹謗・中傷が続いていた。道警の返還金集めが始まるとその不満の矛先は道警上層部だけにではなく私にも向けられた。「お前が余計なことをうたうからこんなことになったんだ」というわけだ。誹謗・中傷の紙爆弾は断続的に続いた。私の姿がテレビで流れた直後に増えるようだった。私自身に対するだけではなく、私と酒を飲んだOBが満座のなかで罵倒《ばとう》されたという話も耳に入ってきた。

平成一七年二月、大阪のオンブズマン団体に招かれて大阪伊丹《いたみ》空港に降りた私は、得体の知れない男たちに尾行されていることに気がついた。それはイベント会場やホテル、バスで翌日高知入りしたJR高知駅まで続いた。

万が一にも佐々木氏の作家活動に迷惑をかける訳にはいかない。佐々木氏に会う事は断念せざるを得なかった。

私が『警察内部告発者』の序文で「巨悪を追いつめた地方紙ジャーナリズムの爽《さわ》やかな勝利、大金星だった」と評した北海道新聞は、一転して巨悪の前に屈した。

北海道新聞は、北海道警察の裏金疑惑追及キャンペーンを張り、日本新聞協会賞等を総なめにした。これらの賞は「道警裏金問題」取材班（以下　取材班）に与えられたものだ。キャンペーン記事を書いた取材班の記者たちはいずれも道警記者クラブの記者たちだった。日常の取材活動を続ける記者たちには道警の様々な嫌がらせが繰り返されたという。それでも記者たちは屈しなかった。しかし、道警も黙っては引き下がらなかった。

道警の矛先が最初に向けられたのは「泳がせ捜査失敗」記事だった。

この問題は、稲葉元警部がその裁判で「けん銃を摘発する目的の泳がせ捜査で大量の覚せい剤の密輸を見逃した。自分が所持していた覚せい剤九三グラムはその一部だ」と証言したことに端を発している。

私の知る限りでは、道警はこの覚せい剤九三グラムの入手先捜査など本来やるべき捜査を行ったような形跡はない。稲葉証言が事実であれば、前述した神奈川県警や富山県警の覚せい剤事件のもみ消しのように、警察本部長の刑事責任も追及されかねない大スキャンダルに発展する可能性があった問題だ。それをマスコミ各社が報道しなかったのも不思議だ。

平成一七年三月になって、北海道新聞がこの問題について「覚せい剤一三〇キロ道内流入？　道警と函館税関『泳がせ捜査』失敗」という大見出しの記事を掲載した。書いたのも取材班の記者たちだ。

私の『警察内部告発者』にも「莫大《ばくだい》な薬物密輪を容認?」と書いたが、北海道新聞のこの記事は、裏金疑惑で揺れる道警の息の根を止めるようなスキャンダルだった。道警は誤報だと抗議、記事を削除するように要求した。

北海道新聞は道警の要求を拒否するが、北海道新聞ではその前後に立て続けに金にまつわる不祥事が発覚する。北海道新聞の裏金報道キャンペーンでさんざん叩《たた》かれた道警がこれを見逃すはずもなかった。捜査着手をほのめかしながら北海道新聞を揺さぶった。

このころになると北海道新聞社内には道警との関係を正常化しようとする勢力が台頭する。北海道新聞は取材班の反対を無視して、平成一八年一月「泳がせ捜査失敗記事」についてお詫《わ》び記事を掲載し、取材班の記者たちなど関係者を処分してしまった。私の目には北海道新聞があえなく警察権力の前に屈したように見えた。

これだけでは終わらなかった。

道警の裏金疑惑発覚時に道警総務部長として、議会やマスコミ対策に当たった佐々木友善氏が、定年退職後の平成一八年五月、道警の裏金疑惑を追及した二冊の書籍に捏造《ねつぞう》記事があり名誉を毀損《きそん》されたとして、出版社二社のほか、著者の元取材班の記者二人と北海道新聞社を相手取り、慰謝料の支払いなどを請求する訴訟を起こしたのだ。

原告の佐々木氏とは、私が道警本部総務課長時代に共に勤務した間柄だ。その当時も道警の裏金システムが存在していた。彼がそのことを知らないはずはない。彼が元道警のナンバー3として裁判でそのことをどう話すのか知りたかった。

この訴訟には、途中で共著者である作家の宮崎学氏とジャーナリストの大谷昭宏氏が、補助参加を申し立て、さらに、両氏は佐々木氏が記者会見で「北海道新聞取材班などが著した二冊の書籍に掲載された捏造記事」と述べたのは、名誉を毀損するものだとして逆提訴した。

この二件の訴訟は、札幌地裁において併合審理されたが、平成二一年四月に原告佐々木氏側の一部勝訴の判決が言い渡され、双方が控訴した。

この訴訟では、被告とされた元取材班の記者二人は、会社側の顧問弁護士のほかに個人で東京の弁護士を代理人に依頼した。

ところが、この訴訟の過程で、北海道新聞の上層部が密《ひそ》かに和解交渉を進めながら「出来レース裁判をやろう」などと持ちかけていたことを原告の佐々木氏が暴露した。この裏交渉は、北海道新聞の内部で「道警との関係を正常化」の動きが出始めた平成一七年八月ころから佐々木氏が提訴する直前までの間に実に三五回も行われていた。裏交渉は元取材班の記者たちには一切知らされなかった。

原告佐々木氏のターゲットは北海道新聞社と元取材班の記者たちだったことは間違いない。その北海道新聞社がこうした弱腰な姿勢では敗訴するのも当然の結果だった。そこにはもはや報道機関としての姿はなかった。取材班の記者たちが道民・世論を味方に巨悪を追い込みながら、北海道新聞は再び警察権力に屈したのだった。

ちなみに、この訴訟で証言台に立った佐々木氏と道警の裏金疑惑発覚時に道警本部長だった芦刈勝治氏は「道警で裏金づくりが行われていたことは知らなかった」と証言している。

一連の北海道新聞の動きは、ある意味では現在のマスコミと警察の関係を象徴しているように思える。警察記者クラブでの警察発表に依存するマスコミの記者たち、それを利用してマスコミをコントロールしようとする警察、これが警察とマスコミとの正常な関係なのだという、そうした暗黙の了解を破ったときの警察の執拗《しつよう》な攻撃、それにあえなく屈服した北海道新聞。

そこから見えてくるのは、道警が道民・世論を無視したのと同じ北海道新聞の道民・読者の無視だ。組織防衛と隠蔽体質、そして現場の切り捨てだ。これでは新聞が標榜《ひょうぼう》する権力の監視などは及びもつかない。

ここで『警察内部告発者』で扱った「稲葉事件」をめぐるその後の動きを説明しておこう。

稲葉元警部が裁判で暴露した銃器対策課の数々の違法捜査については、道警は完全に無視した。稲葉元警部の「泳がせ捜査失敗」証言についても、未《いま》だにその裏付け捜査をした形跡もないが、銃器対策課に関連して二つの訴訟が進められている。

平成一七年四月、札幌市の市川守弘弁護士は北海道警察本部長に対して銃器対策課が平成一二年四月から同一四年六月までに作成した「一切の会計書類」について情報開示請求をしたが、北海道警察本部長は開示することによって犯罪捜査の秘匿を要する警察活動に支障が生ずるおそれがあるという理由で非開示の決定をした。市川弁護士は、これを不服として北海道公安委員会に対して審査請求を申し立てたが、平成一九年三月一四日に棄却された。

そこで、平成一九年九月四日、市川弁護士が北海道警察本部長を相手取り、札幌地裁に「公文書一部非開示決定処分取消」を求めて訴訟を提起した。この訴訟では、私と斎藤邦雄氏が証言台に立った。

また平成一七年七月、平成九年にロシア人男性が小樽港でけん銃を所持していたとして道警の銃器対策課に逮捕された事件（小樽事件）で、弁護人を務めた札幌市の吉原美智世弁護士らが、ロシア人男性の逮捕は道警の違法な「おとり捜査」であるとして、道（道警）と国に対して、計二三一〇万円の損害賠償を求める訴訟を札幌地裁に起こした。

これに対して、道警は「男性がロシア人だと立証されていない」などと主張し、訴えの棄却を求めてきた。札幌地裁は、平成二一年一月に中間判決を示し、ロシア人男性の裁判を受ける権利を認め、提訴から四年近くたった本年一月、ようやく本格的な審理が始まることになった。

この二つの訴訟では原告側が服役中の稲葉元警部を証人申請をした。

「おとり捜査」訴訟では、平成二一年七月三一日、稲葉元警部の証人尋問が千葉刑務所内で非公開で行われた。マスコミによると稲葉元警部は「違法なおとり捜査だった」と証言したという。

道警銃器対策課の違法捜査が発覚してから既に七年を経過している。私は稲葉元警部と毎月のように文通を続けている。彼は静かに服役中だ。おそらく仮釈放の時期も近いだろう。

稲葉元警部は、「俺は自分の犯した罪や過ちの償いをしている。どうして今更自分が証言しなければならないのか。もうそっとしておいてくれ。在職中の捜査については全て上司に報告していた。聞くのなら幹部に聞いてくれ」と考えているに違いない。

私は彼に無理に証言台に立ってもらおうとは思わない。違法捜査の責任も裏金疑惑の責任も、全て当時の銃器対策課の課長以下の幹部が負うべきものだ。銃器銃対課の一警部補だった稲葉元警部一人に責任を負わせるべきものではないだろう。幹部こそ証言台に進んで立つべきだ。


一連の裏金疑惑は、警察庁による拡大阻止の方針が功を奏し、氷山の一角が明るみに出ただけに終わったが、国民の警察に対する不信感を一挙に増幅させたことは間違いない。信賞必罰が行われない組織はさらに腐敗し、現場の警察官のモラールの低下を招く。とりわけ、裏金疑惑への対応を巡ってさらけ出した警察上層部の醜態が現場で働く警察官に与えた影響は極めて大きい。

警察官による凶悪犯罪や性的犯罪の続発、幹部警察官による不祥事、凶悪事件の初動捜査の失敗、検挙率の低下、誤認逮捕・冤罪《えんざい》等による人権侵害の続発、こうした警察にかかわる様々な問題が依然として後を絶たない。警察神話は崩壊した。

しかし、どんな社会になっても警察はどうしても必要な機関だ。犯罪の被害にあったり事故に遭遇したとき、国民は警察を頼らざるを得ない。そのために、警察には強い権限が与えられている。しかし、その警察もその運用に行きすぎがあったり、偏ったり、誤ったりすることがある。警察は無謬でも正義の味方でもない。国民はこのことを忘れてはならない。

私は警察の裏金疑惑追及で支援してくれた人々に働きかけ、平成一九年二月一〇日「市民の目フォーラム北海道」を立ち上げその代表に就任した。設立日はその三年前に私が記者会見を開いた日だった。設立総会の場所も同じ札幌弁護士会館だった。

設立に当たっては、年令、職業、性別を問わず、幅広い人々に会員になってもらった。私とともに道警の裏金を告発した斎藤邦雄君が事務局を担当してくれている。盟友の市川守弘弁護士にも法律問題の相談に乗ってもらっている。

「市民の目フォーラム北海道」は、「明るい警察を実現する全国ネットワーク」（代表　清水勉弁護士　東京）とも連携しながら活動を続けている。

ホームページで国民の知らない警察の姿を知らせる。警察等に対して情報開示を求める。警察への市民の苦情等の相談に乗る。警察相手の訴訟を支援する等々である。こうした活動は、警察の活動を市民が監視するいわば民間の公安委員会の役割を果たすことになるのかも知れない。

警察は国民のためにある。警察はその原点に戻らなければならない。現場の警察官は自分の顔と責任で仕事をするべきだ。

そんな警察であるためには、中央集権化している警察もまた地方分権が必要だろう。当面の課題は、形骸化している公安委員会制度を変えることだ。そのためには警察法の改正が必要になる。趣旨に賛同して貰《もら》える政党に対する働きかけも行った。

折しも、今年八月三〇日の衆議院選挙で民主党が圧勝、民主、社民、国民新党による連立政権が誕生した。五五年体制は終焉《しゅうえん》を迎えたが、そう簡単に警察改革が実現するわけでもない。

今年五月からは裁判員制度が始まった。裁判員制度が適用される裁判は全体のごく一部に過ぎないとはいえ、刑事司法の入り口に位置する警察の犯罪捜査に大きな影響を与える。

特に、最近は鹿児島県の志布志《しぶし》事件、富山県の氷見《ひみ》事件、茨城県の布川《ふかわ》事件（再審請求中）、栃木県の足利《あしかが》事件と冤罪事件が相次いでいる。いずれも、自白の強要など取調の問題が指摘され、取調の可視化（取調べの録音・録画）をすべきだとの要求も強まっている。取調べの可視化はある意味では情報公開の側面も持つ。こうしたこともあって、私も日弁連製作の短編映画「志布志の悲劇　つくられる自白」に出演した。最近は冤罪国賠訴訟の弁護団等、全国各地の弁護士の方とのお付き合いも増えている。

今年の一月、私を支援してくれているある企業の社長から佐々木氏の『警官の紋章』をいただいた。

いよいよ作者の佐々木氏に会いたくなった。最近では誹謗・中傷の手紙もほとんどなくなった。得体の知れない男の尾行もなくなったのか姿を見ない。もう大丈夫だろう。人づてに佐々木氏とコンタクトがとれ、月刊誌「オール讀物」での対談も実現した。

月刊誌の対談で佐々木氏は警察小説を書くときの原則を語った。警察官に正義を語らせない。警察組織が体現しているのは正義ではない。警察官が正義を口にした瞬間、その正義は腐る。警察官が拠り所にしているのは法律であり、それ以上のものではない。彼はそう語る。

私は何故《なぜ》かほっとしてこう答えた。警察官は法の執行者として淡々と任務を果たせばいいのだ。そのためにプロとして必要な知識と技術を学び体力を養う。そして、それに見合った報酬を受け取る。それ以上でもそれ以下でもない。

世の中には、警察を正義の味方にしておきたい人もいる。まるで警察を悪の権化のように言うアンチ警察の人もいる。私はいずれにも与《くみ》しない。それは結局どちらも同じことだからだ。

佐々木氏と私の警察に関する考えはほぼ同じだった。彼とは何回も会ったが、口数の少ない物静かな男だ。どちらかというと私の喋《しゃべ》っている時間が多い。久しぶりに会うと時間を忘れて話し込んでしまう。

そんなうちに、佐々木氏から映画「笑う警官」の試写会を見に行かないかと誘われた。喜んで上京、監督の角川春樹氏とともに試写を見せていただいた。私は映画を見ていて北海道議会に参考人として出頭したときのことを思い出した。自然に涙が流れてきた。周囲の人に気付かれないようにハンケチを取り出した。おそらく、あのシーンで涙を流したのは私だけだろう。

「笑う警官」は一一月に全国で上映されることになった。この映画には私が登場するシーンはないが、道警の裏金疑惑と稲葉事件が題材になっていることはすぐ分かる。道警の過ちを風化させないためには願ってもない映画である。製作したスタッフの方、監督の角川春樹氏にはそうした意味でお礼を申しあげなければならない。

ところが、話はこれで終わらなかった。

角川春樹事務所のスタッフの方から今度は『警察内部告発者』を文庫本にしないかとの打診を受けた。これも私にとっては願ってもないことだった。題名も角川氏とも相談して、佐々木氏の北海道警察シリーズにあやかって『たたかう警官』としていただくことになった。私の「たたかい」も当分続きそうだ。

映画をご覧いただく前に『笑う警官』とともに読んでいただけるとありがたい。

ハルキ文庫
は8-1

たたかう警官《けいかん》

著者 原田宏二《はらだこうじ》

2009年10月18日第一刷発行

発行者 角川春樹

発行所 株式会社角川春樹事務所
〒101-0051東京都千代田区神田神保町3-27二葉第1ビル

電話 03(3263)5247(編集)
03(3263)5881(営業)

印刷・製本 中央精版印刷株式会社

フォーマット・デザイン 芦澤泰偉
表紙イラストレーション 門坂 流

ISBN978-4-7584-3439-3 C0195 ©2009 Kouji Harada Printed in Japan
http://www.kadokawaharuki.co.jp/[営業]
fanmail@kadokawaharuki.co.jp[編集] ご意見・ご感想をお寄せください。

佐々木 譲の本

笑う警官

札幌市内のアパートで、女性の変死体が発見された。遺体の女性は北海道警察本部生活安全部の水村朝美巡査と判明。容疑者となった交際相手は、同じ本部に所属する津久井巡査部長だった。やがて津久井に対する射殺命令がでてしまう。調査から外された所轄署の佐伯警部補は、かつて、おとり捜査で組んだことのある津久井の潔白を証明するために有志たちとともに、極秘裡に捜査を始めたのだったが……。北海道道警を舞台に描く警察小説の金字塔、「うたう警官」の文庫化。

佐々木 譲の本

警察庁から来た男

北海道警察本部に警察庁から特別監察が入った。監察官は警察庁のキャリアである藤川警視正。藤川は、半年前、道警の裏金問題の為に百条委員会でうたった（証言した）津久井刑事に監察の協力を要請した。一方、札幌大通署の佐伯刑事は、ホテルでの部屋荒らしの捜査を進めていた。被害者は、すすき野の風俗営業店で死んだ男の父親だった。大通署に再捜査の依頼の為、そのホテルに泊まっていたのだという。佐伯は、部下の新宮と事故現場に向かうのだが……。道警シリーズ第二弾！

ハルキ文庫

浜田文人の本

公安捜査

渋谷と川崎で相次いで起こった殺人。被害者は会社社長・松原と渋谷署刑事坂東。詐欺・贈収賄などの疑惑が囁かれていた松原だが、常に追及の手をかわしていた。事件直後警察に届いた、松原と内通していた警察関係者のリストの中には殺された坂東の名が——。北朝鮮への不正送金疑惑に関連して松原に接触していた公安刑事・螢橋は事件の背後関係に迫るのだが……。警察内部の腐敗と不正送金問題に鋭くメスを入れる、迫真の警察小説。